LH한국토지주택공사

직업기초능력평가

봉투모의고사

1회

박문각

제1회 직업기초능력평가

(40문항 / 50분)

01 다음 보도자료의 내용과 일치하는 것을 〈보기〉에서 모두 고르면?

> ### 반지하 공간이 우리동네 창고로...'LH 스토리지'
>
> 오래된 매입임대주택 반지하 공간이 모두가 활용할 수 있는 다기능 공간으로 변신한다. 한국토지주택공사(LH)는 매입임대 반지하 거주 입주민의 주거 상향률이 절반을 넘은 만큼, 주거 기능이 사라진 반지하 공간을 활용한 시범사업을 추진한다고 2024년 11월 12일 밝혔다. 지난 2020년부터 LH는 매입임대주택 반지하 세대 1,810호*를 대상으로 반지하 거주 입주민을 지상층으로 이주 지원하는 '주거상향 사업'을 추진 중이며, 이를 통해 현재까지 총 909호 이전 지원이 완료됐다.
>
> 안전과 직결된 만큼 LH는 유사 임대조건 주택 매칭, 이주비 지원, 임대료 유예(2년) 등 이주에 대한 경제적 부담 완화를 위한 다양한 혜택을 마련해 이주를 촉진하고 있으며, 반지하 세대 현장 실사와 '찾아가는 이주상담'을 통해 파악한 주택별 침수 위험 수준, 재해 취약 가구 여부(아동·고령자·장애인) 등을 토대로 오는 2026년까지 단계별 이주 지원을 완료할 계획이다.
>
> LH는 이와 같은 반지하 이주 지원으로 생겨난 반지하 공실 17호(7개 자치구)를 대상으로 'LH 스토리지' 시범사업을 추진한다. LH 스토리지는 매입임대주택 반지하 공간에 사물인터넷(IoT) 기술을 접목한 무인 보관시설을 설치하여 입주민과 인근 주민 모두 저렴한 비용으로 짐 보관 서비스를 이용할 수 있는 사업이다. LH는 민간사업자에 반지하 공간을 제공하고 개보수 비용 등을 공동 분담한다. 사업 수익의 일부는 수익분배금으로 회수하여 임대주택 관리에 활용하는 것은 물론 임대주택 입주민들에게 환원하여 지속적으로 주거비 부담을 완화해 나갈 계획이다. 첫 번째로 문을 여는 곳은 서울 성동구 성수동 소재 매입임대주택으로 반지하 공실 4개 호(약 138m²)가 스토리지 공간으로 새롭게 변신한다. 서울숲역(수인분당선) 인근이자 근처에 상가와 주거지가 밀집해 있어 배후 수요가 풍부할 것으로 기대된다고 LH 관계자는 밝혔다.
>
> * '04년 매입임대 사업 초기 단계 취득한 반지하 세대로, 입주자 주거 안전 등을 이유로 '20년부터 반지하 공급 중단 (전 세대 차수판 설치 완료)

┌ 보기 ┐

ㄱ '주거상향 사업'의 결과로, 2024년 11월 12일 현재 반지하 거주 입주민 909호가 지상층으로 이주를 완료했다.

ㄴ LH는 이주비 지원, 유사 임대조건 주택 매칭 등으로 반지하 세대의 지상층 이주를 지원하고 있다.

ㄷ 장애인 등 재해 취약 가구 여부, 침수 위험 수준에 따라 반지하 가구의 이주 지원 수준이 달라진다.

ㄹ LH 스토리지 시범사업에서는 LH가 반지하 공간을 제공하고 민간사업자가 공간의 개보수 비용을 부담한다.

① ㄱ, ㄴ　　　　　　　　　② ㄱ, ㄷ

③ ㄷ, ㄹ　　　　　　　　　④ ㄱ, ㄴ, ㄷ

⑤ ㄴ, ㄷ, ㄹ

[02~03] 다음 보도자료를 보고 이어지는 물음에 답하시오.

한국토지주택공사(LH)는 전세사기 피해자 지원 및 주거안정에 관한 특별법(이하 특별법) 개정안 시행에 맞춰 2024년 11월 11일부터 전세사기 피해자 주거지원 강화 방안을 본격적으로 시행한다고 밝혔다. 이번 강화 방안의 골자는 전세사기 피해주택(이하 피해주택) 경매차익을 활용한 피해보증금 회복과 매입대상주택 전면 확대 등이다.

LH는 경·공매를 통해 피해주택을 낙찰받은 뒤 경매차익(LH 감정가 − 낙찰가액)을 활용해 임대료로 지원한다. 이를 통해 피해 임차인은 최장 10년 동안 임대료 부담 없이 거주할 수 있으며, 희망하는 경우 시세 30 ~ 50% 수준의 저렴한 임대조건으로 최장 10년간 더 거주할 수 있다(경매차익을 공공임대 보증금으로 전환하여 월세 차감, 부족 시 재정 보조 10년). 또한 임대료 지원 후 남는 경매차익이 있다면 피해 임차인의 퇴거 시점에 지급하도록 하여 피해자의 보증금 손실 회복을 지원한다.

아울러 LH는 특별법 개정에 따라 이번 공고부터 모든 피해주택을 매입대상으로 하고 주택 유형, 면적 등 매입 제외 요건을 대폭 완화하였다. 특히 안전에 문제가 없는 위반건축물, 신탁사기 피해주택, 선순위 임차인의 피해주택까지 매입 대상에 포함돼 보다 폭 넓은 피해자 지원이 가능할 것으로 기대된다.

전세사기 피해주택 매입대상 요건 확대

현행		개선(확대)
• 매입대상 : 다가구, 공동주택(다세대·연립·아파트), 주거용 오피스텔, 도시형 생활주택(85m² 이하) • 제외요건 : 위반건축, 반지하, 최소주거기준 미달, 중대하자, 매입 후 인수되는 권리(선순위임차인 등)		• 매입대상 : 주택유형·면적 제한 없이 전체 피해주택을 대상으로 매입 • 제외요건 : 매입 후 인수되는 권리(가등기 등)

LH는 특별법 개정안 시행에 앞서 전세피해 지원 전담조직 직제를 본사 독립 조직으로 상향(1개 팀 → 3개 팀)하고, 피해가 집중된 수도권 지역에는 '전세피해지원팀'을 신설하는 등 신속한 사업추진을 위한 기반을 마련했으며 피해지원 전담 인력 확대(18명 → 51명)도 추진하고 있다. 이번 개정법은 시행일 이전에 LH가 매입을 완료한 주택의 피해 임차인에게도 소급 적용이 가능하며 법 개정 전에 위반건축물 등의 사유로 매입 불가 통보를 받은 피해자도 재신청이 가능하다. 피해주택 매입 사전협의 신청은 특별법에 따라 전세사기 피해자(또는 신탁사기피해자)로 결정된 날부터 3년 내 가능하며, 피해주택 소재지 관할 LH 지역본부 전세피해지원팀(주택매입팀)을 방문해서 신청하면 된다. 방문이 어려운 경우에는 우편 접수도 가능하다. 자세한 사항은 LH 청약플러스(apply.lh.or.kr)에 게시된 '전세사기 피해주택 매입 통합 공고'를 통해 확인할 수 있다.

02   위 보도자료의 내용과 일치하지 않는 것을 〈보기〉에서 모두 고르면?

┌ 보기 ┐
ⓣ 수도권 지역에 '전세피해지원팀'을 신설한 것은 2024년 11월 11일 이후이다.
ⓛ LH는 전세피해 지원 전담 인력을 전세사기 피해자 지원 및 주거안정에 관한 특별법 시행에 맞춰 51명으로 늘렸다.
ⓒ 전세사기 피해자 지원 및 주거안정에 관한 특별법은 2024년 11월 11일 이전에 LH가 매입한 주택의 피해 임차인에게도 소급 적용이 가능하다.
ⓔ 피해주택 매입 사전협의 신청은 우편 접수, 방문 접수, 온라인 접수를 통해 할 수 있다.

① ㉠, ㉡   ② ㉠, ㉢
③ ㉡, ㉣   ④ ㉠, ㉡, ㉣
⑤ ㉡, ㉢, ㉣

03 위 보도자료에서 제시된 전세사기 피해자 주거지원 강화 방안의 내용으로 옳지 않은 것은?

① LH가 전세사기 피해주택을 경매, 공매를 통해 낙찰받고 경매차익을 피해 임차인에 대한 임대료로 지원한다.

② 전세사기 피해 임차인은 LH가 낙찰받은 피해주택에서 최대 20년 동안 임대료 부담 없이 거주할 수 있다.

③ 다가구, 공동주택이 아닌 전세사기 피해주택도 LH의 매입대상에 포함된다.

④ 위반건축물, 신탁사기 피해주택, 선순위 임차인의 피해주택도 LH의 매입대상에 포함된다.

⑤ 피해 임차인은 LH가 낙찰받은 피해주택에 거주한 뒤 퇴거 시 경매차익을 지급받을 수도 있다.

04 다음 보도자료의 내용과 일치하는 것을 〈보기〉에서 모두 고르면?

한국토지주택공사(LH)는 2024년 11월 21일부터 3일간 인도 뉴델리에서 개최된 '대한민국 산업전시회'에서 LH K-TECH 전시관을 운영하여 총 319억 원에 달하는 중소기업 해외 수주를 지원했다고 밝혔다. 대한민국 산업전시회(KoINDEX)는 중소벤처기업부, 산업자원통상부 등이 주최하고 KINTEX, KOTRA 등이 주관하는 전시회다. LH는 한국 선설 분야 중소기업의 신기술과 우수제품을 알리기 위해 'LH K-TECH 전시관'을 운영했다. 전시관에는 인도, 중동, 동남아시아 등에서 500명 이상의 해외 바이어가 방문하여 높은 관심을 보였다.

LH K-TECH에 참여한 우수 중소기업은 LH가 인증하는 신기술, 혁신제품을 보유한 곳으로, 인도 현지 진출을 위한 시장 수요평가와 바이어 매칭 가능성 등의 검증을 거쳐 선정되었다. LH는 참여기업에 통역·MOU 체결 지원부터 원활한 업무 진행을 위한 편의 공간 제공까지 해외 바이어와의 B2B 상담이 성공적으로 진행될 수 있도록 도왔다.

LH는 이번 해외전시회를 통해 국내 우수 중소기업의 기술력과 경쟁력을 해외 바이어에게 입증하는 데 주력했다. 전시 기간 이뤄진 상담은 총 380건이며 상담 이후 MOU로 연계된 건은 13건(305억 원 규모)에 달한다. 업무협약 13건 중 6건은 친환경 열복합 냉난방 설비와 관련된 것으로, 인도 현지 제조공장 설립 등을 목적으로 진행됐다. 나머지 7건은 인도 현지 수요가 많은 공기순환기, 가스차단기 등 스마트 및 안전 관련 제품이다. 특히, 인도와 동남아시아 바이어들이 많은 관심을 보인 건물일체형 태양광 마감재(생산기업 세종인터내셔널)의 경우, 전시관 내에서 인도 바이어와의 계약(14억 원 규모)까지 이뤄지기도 했다. LH는 2024년 총 구매(예정) 금액(8.6조 원) 중 약 84%(7.2조 원)를 중소기업제품으로 구매하여 중소기업을 지원하고 있다. 아울러 단순한 수요기관 역할에서 벗어나 중소기업의 신기술 발굴, 제품 품질향상 및 안정적인 판로확보 지원까지 영역을 확대해 나가고 있다. 이한준 LH 사장은 "우수한 기술을 보유하고 있음에도 우리 중소기업들이 해외판로를 개척하는 데 여러 어려움이 있는 게 사실"이라면서, "LH는 계속해서 중소기업이 해외 바이어와 만날 수 있는 홍보의 장을 열고, 새로운 판로를 개척해 나갈 수 있도록 적극적으로 지원해 나가겠다"라고 말했다.

┌ 보기 ┐
ㄱ. 대한민국 산업전시회에서 LH는 통역과 MOU 체결을 지원하는 등 우수 중소기업의 해외 수주를 도왔다.
ㄴ. 대한민국 산업전시회는 중소벤처기업부, 산업자원통상부 등이 주최하고 LH, KOTRA 등이 주관하는 전시회다.
ㄷ. 대한민국 산업전시회에서 실제 계약이 체결된 경우는 세종인터내셔널과 인도 바이어 간의 14억 원 규모의 계약 한 건이다.
ㄹ. LH K-TECH에 참여한 우수 중소기업은 LH가 인증하는 신기술, 혁신제품을 보유한 곳인지의 검증을 거쳐 선정되었다.

① ㄱ, ㄷ   ② ㄱ, ㄹ
③ ㄴ, ㄷ   ④ ㄴ, ㄹ
⑤ ㄷ, ㄹ

05 다음 보도자료의 내용과 일치하지 않는 것을 〈보기〉에서 모두 고르면?

LH, 3기 신도시 차별화된 '숲길과 정원' 100여 곳 조성한다

LH는 3기 신도시에 공원 접근성을 높이는 선(線)형 중심의 '숲길과 정원' 100여 곳을 조성한다. 아울러 '파크커넥터'를 통해 분산된 공원 녹지를 연결해 일상생활에서 쉽게 접근 가능한 도보생활권 공원을 만들 계획이다. 3기 신도시는 과거 면(面)형 중심 공원의 낮은 접근성과 활용도를 보완할 수 있는 선(線)형 공원으로 조성된다. 선형 공원이란 도심 내 어디에서든 공원과 연결 조성된 길을 통해 누구나 쉽게 녹지를 즐길 수 있도록 하는 조경방식이다.

3기 신도시 평균 공원 녹지율은 30% 이상 수준으로 조성된다. 1인당 공원면적은 평균 18.8m² 수준으로, 이는 싱가포르, 뉴욕, 파리 등 주요 글로벌 도시 평균(13.3m²)이나 서울(17.9m²)에 비해 높은 편이다. 3기 신도시는 대형 면적의 공원을 조성하기보다 도보생활권 공원 면적을 1인당 15.2m²로 높여 도보 10분 이내 누구나 공원에 접근할 수 있도록 한다. 등하교길, 출퇴근길 등 일상생활 속 여러 이동 구간이 공원과 맞닿아 편리한 이용이 가능할 것으로 기대된다.

LH는 3기 신도시의 선형 공원에 '파크커넥터'를 적용해 공원 간 연계 활용도를 크게 높인다. '파크커넥터'란 분산된 공원 녹지를 보행길로 연결해 공원 이용 및 녹지 체감을 높이는 것을 말하며 싱가포르에서 최초 도입됐다. LH는 폭 30m 내외의 넓은 선형의 공원을 '큰 이음길', '작은 이음길'을 활용해 확장 연계해 나갈 계획이다.

LH는 공원접근성을 높인 도시 조경계획을 반영해 연내 3기 신도시 인천계양지구에 첫 번째 발주를 진행한다. 계양지구에는 '맨발숲길', '꽃길정원', '단풍정원' 등 다양한 숲길 및 정원을 특화 조성한다. 계절에 따라 다채롭게 변화하는 자연형 식재를 활용해 색감있는 자연경관을 제공할 예정이다.

보기

㉠ 3기 신도시의 1인당 공원면적은 뉴욕 등 주요 글로벌 도시 평균에 비해 30% 이상 높다.

㉡ 3기 신도시에 조성될 공원은 과거 1, 2기 신도시 공원보다 접근성을 높인 것이다.

㉢ 면(面)형 공원보다는 선(線)형 공원이 이용자의 접근성과 자연친화성이 높다.

㉣ 3기 신도시 공원은 접근성을 높이는 대신 과거 1, 2기 신도시 공원보다는 전체 면적이 줄어들 전망이다.

① ㉠, ㉡   ② ㉡, ㉢
③ ㉢, ㉣   ④ ㉠, ㉡, ㉢
⑤ ㉡, ㉢, ㉣

[06~07] 다음 보도자료를 보고, 이어지는 물음에 답하시오.

LH는 국민이 체감할 수 있는 밀착형 사업을 추진하고 국민중심 경영을 가속화하기 위해 '국민 마음에 쏙 드는 아이디어 발굴 프로젝트, 국민마음愛' 아이디어 공모전을 2023년 3월 6일부터 실시하기로 했다. 이번 공모전은 국민이 필요로 하는 것, 불편해 하는 것, 바라는 것 등에 대해 의견을 받고 LH가 이를 정책에 적극 반영해 국민들의 요구사항을 이행하기 위해 마련됐다. 공모 분야는 국민 관점 사업추진을 위해 LH가 수립한 '23년 7대 중점 추진과제 중 국민과 밀접하게 연관된 △도시·주택 건설 △국민 주거안정 △지역 활력 △국민편익 증진 네 가지 분야다. △도시, 신도시, 주택, 교통, 아파트 품질 △주거복지, 임대주택, 맞춤형 주거지원, 입주민 서비스 △인구소멸 대응, 지역활력 △국민편익증진 등 자유롭게 공모 주제를 선정하면 된다. 공모 주제 및 분야는 다음과 같다.

분야	공모주제(안)
① 누구나 살고 싶은 집과 도시	신도시 교통불편 해소 아이디어, 층간소음 없는 LH 아파트 만들기, 아이 키우기 좋은 도시 제안, 냉·난방비가 저렴한 아파트 등
② 국민 희망을 지키는 주거 안심지킴이	저출생 극복을 위한 아이디어, 임대주택 편견 해소 방안, MZ세대의 새로운 시작을 위한 주거지원 방안, 재해·재난 시 '국민지킴이 LH'의 역할 등
③ 지역사회에 활력을, 함께 성장하는 대한민국	지방 소도시 인구유입 아이디어, 지역의 잠재력을 활용한 맞춤개발 등
④ 국민불편 해결사, LH	청약절차 불편 해소 아이디어, 신속한 하자보수 처리방안 등

이번 공모전에는 전문가뿐만 아니라 국민 누구나 참여 가능하다. 개인 또는 팀(3인 이내)으로 신청할 수 있으며 최대 3건까지 중복으로 응모 가능하다. 공모전 전용 홈페이지(www.lh-idea.com)를 통해 참가 신청이 가능하며, 제안서, 영상, 사진, 웹툰·웹소설 등 형식 제한 없이 자유롭게 아이디어 제출이 가능하다. 심사 항목은 △제안 내용의 실현 가능성 △창의성 △효과성 등이며 LH는 공정성, 전문성을 높이기 위해 외부 전문가를 위촉할 예정이다. 대상 1인(팀), 최우수 4인(팀), 우수 8인(팀), 장려 20인(팀) 등 총 33인(팀)을 선정하고, 총 2,000만 원의 상금을 지급한다. 오는 2023년 3월 24일(금)까지 아이디어를 접수받으며, 심사결과는 4월 중으로 발표된다. LH는 이번 공모전에서 선정된 작품들에 대해 내부 검토를 거쳐 정책에 반영하고 실제 사업으로 추진할 계획이다. 공모와 관련한 기타 자세한 사항은 공모전 전용 홈페이지를 참조하면 된다.

06 위 보도자료의 내용과 일치하는 것을 〈보기〉에서 모두 고르면?

┌ 보기 ┐
㉠ 공모 분야는 LH의 2023년 7대 중점 추진과제와 연관된 것이면 어떠한 것도 가능하다.
㉡ 2인이 함께 아이디어를 내, 총 3건의 아이디어를 공모전에 응모하는 것이 가능하다.
㉢ 실현 가능성에 가장 높은 비중을 두어 심사하며, 심사위원은 외부 전문가가 맡는다.
㉣ 공모전에 선정된 작품은 정책에 반영하고 실제 사업으로 추진할 계획이다.

① ㉠, ㉡   ② ㉠, ㉣
③ ㉡, ㉢   ④ ㉡, ㉣
⑤ ㉢, ㉣

07 위 보도자료에서 알 수 없는 내용은?

① 공모전 실시 이유   ② 공모전 참여 자격
③ 공모전 상금 규모   ④ 공모전 오프라인 응모 방법
⑤ 공모전 심사 항목

08 다음은 LH의 핵심서비스 이행표준 내용이다. 이 내용과 일치하지 않는 것은?

핵심서비스 이행표준

◎ 고객중심의 사업계획
- 개발과 보전이 조화된 친환경적인 사업계획을 수립하겠습니다.
- 선 계획 후 개발 원칙에 입각하여 체계적인 개발을 하도록 노력하겠습니다.
- 고객의 요구를 수렴하여 단지를 설계하는 등 고객중심의 사업계획을 수립하겠습니다.

◎ 최고 품질의 단지조성 및 주택건설
- 국민 눈높이에 맞는 품질혁신 및 명품공원 조성을 통해 누구에게나 열린 녹색복지를 실현하겠습니다.
- 공종별 1회 이상 시공평가 및 지구별 월 1회 현장점검 실시, 시공업체 등 공사참여자 의견수렴 등을 통해 부실공사를 사전에 예방하도록 하겠습니다.

◎ 최상의 토지·주택공급 서비스
- 연중 분양계획을 지역별, 사업지구별, 용도별로 정리하여 홈페이지에 게시하겠습니다.
- 분양공고는 신청접수 7일 전까지 일간신문, 인터넷홈페이지 등을 통하여 알려드리도록 하겠습니다.
- 분양계약서는 쉬운 용어를 사용하고 고객의 입장에서 작성하겠습니다.
- 희망고객에게는 분양공고, 팸플릿, 대금납부일정 및 수납 처리결과 등 우리공사에서 제공할 수 있는 각종 정보를 우편, 이메일, 문자서비스 등을 통하여 제공하겠습니다.

◎ 주민편익을 위한 입주지원 및 사후관리
- 입주자모집 공고문에 게시된 입주 예정일을 준수하겠습니다.
- 입주예정자가 입주준비를 충분히 할 수 있도록 입주 전 2회(입주개시 6개월 전, 50일 전)에 걸쳐 입주안내를 드리겠습니다.
- 연 1회 이상 단지관리 평가를 통해 쾌적하고 편리한 주거서비스를 제공토록 하겠습니다.

◎ 신속하고 철저한 하자보수
- 입주예정자가 직접 입주개시 45일 전까지 사전 하자점검을 할 수 있도록 하고, 점검결과 발견된 하자는 입주 개시 전까지 보수완료토록 하겠습니다.
- 입주 후 발생한 하자에 대하여는 하자접수 후 15일 이내 하자사항 확인 및 보수를 실시하고, 즉시 보수가 불가할 경우 최소한의 보수기한을 알려드리고 그 기한 내 보수를 완료토록 하겠습니다.
- 연 2회(해빙기, 우기) 주택단지 안전점검을 실시하겠습니다.

---

① 분양공고는 신청접수 7일 전까지 일간신문, 인터넷 홈페이지 등을 통하여 공고한다.

② 선 계획 후 개발 원칙에 입각한 개발을 하고, 고객의 요구를 수렴하여 단지를 설계한다.

③ 모든 고객에게 분양공고, 팸플릿 등 각종 정보를 우편, 이메일, 문자서비스 등을 통하여 제공한다.

④ 입주예정자가 입주준비를 충분히 할 수 있도록 입주개시 6개월 전과 50일 전 두 차례에 걸쳐 입주안내를 한다.

⑤ 입주예정자가 직접 입주개시 45일 전까지 사전 하자점검을 할 수 있도록 하고, 발견된 하자는 입주개시 전까지 보수를 완료한다.

09 다음 보도자료의 내용과 일치하지 않는 것은?

> LH가 2022년 상반기 시범 실시했던 QR코드를 활용한 하자관리서비스를 2022년 10월부터 신규 입주하는 모든 건설임대주택에 도입한다. '바로처리 품질관리시스템'은 주택 입주 전 방문행사 시 입주자가 세대 현관문 안쪽에 부착된 QR코드와 스마트폰을 통해 하자 내역과 관련 이미지 등을 전송해 하자 보수를 신청하고 보수완료 후 처리결과를 통보 받는 서비스이다. 입주 이후 발생한 하자에 대해서도 24시간 비대면으로 하자 접수가 가능하다.
>
> LH는 2022년 상반기, 부산명지 행복주택, 세종 행복도시 3-3M2블록(국민임대) 등을 대상으로 바로처리 품질관리시스템을 시범 적용한 바 있다. 그 결과, 입주민은 '전화연결 기다림 없이 언제든 하자 접수가 가능해 편리하다', 보수 업체는 '전산을 통한 사진 확인으로 하자 발생 위치 및 보수처리 여부 파악이 쉽다' 등의 의견을 보이며 바로처리 품질관리시스템에 대해 높은 만족도를 보였다. 그러나, '좀 더 쉬운 사용설명이 필요하다', '동일 세대 내 유사 공정에 대한 하자 보수 접수 시 보수작업 혼선 발생' 등의 지적도 있었다.
>
> 이에 LH는 문제점 개선을 통해 더욱 고도화된 시스템을 개발했다. 먼저, QR코드 내구성을 높이기 위해 종이 스티커를 아크릴 표찰로 바꾸고 입주민들이 시스템을 더욱 쉽게 활용할 수 있도록 관련 안내문과 웹툰을 제작·배포했다. 또한, 입주민이 더욱 편리하게 서비스를 이용할 수 있도록 기존 하자 건별로 QR코드를 인식해 하자 접수를 진행했던 방식을 QR코드 1회 인식만으로도 하자 접수를 여러 번 가능하도록 개선했다. 아울러, 하자 건별 고유번호를 부여해 보수 작업에서 발생하는 업무혼선과 불편함도 줄였다.
>
> 특히, 기존에는 QR코드를 활용한 하자 접수가 입주 전 방문 행사에서만 가능했던 것을 입주 후에도 24시간 비대면 하자 접수가 가능하도록 개선해 하자 접수의 불편함도 획기적으로 줄였다.

바로처리 품질관리시스템 개선사항

구분	주요 내용	
	당초	변경
시스템 고도화	QR코드 입주품질관리시스템	바로처리 품질관리시스템
	Q＋웰컴데이~보수확인평가	Q＋웰컴데이~입주 후 하자접수
	https://qr.lh.or.kr	https://qr.lh.or.kr/whole
	개별QR코드 스티커(종이)	바로처리 QR코드 표찰(아크릴)
	사전방문 지적사항 건별 QR코드 인식 후 등록 및 보수처리 진행	바로처리 QR코드 1회 인식 후 지적사항 등록 및 처리가능
	사전방문 지적사항 고유번호 無	사전방문 지적사항 고유번호 부여 등
하자접수 기능생성	입주 후 QR코드 사용 불가	입주 후 All-Day 비대면 하자접수 서비스 제공

> LH는 이번 시스템 개선으로 시간 제약 없는 비대면 하자 접수가 가능해짐에 따라 입주민 불편이 줄어들 것으로 기대하고 있다. 아울러, LH 지역본부별 'QR코드 온라인 대시보드'를 활용해 하자접수 현황 등을 단지관리자, 하자보수 담당자에게 실시간으로 제공함으로써 하자관리의 정확성을 높일 것으로 예상된다. LH는 2023년 상반기까지 기존 건설임대주택 세대별 현관문에도 QR코드를 부착해 바로처리 품질관리시스템을 확대 적용할 예정이다.

① '바로처리 품질관리시스템'은 입주자가 QR코드와 스마트폰을 통해 하자 보수를 신청하면, 24시간 내에 처리결과를 통보 받는 시스템이다.
② '바로처리 품질관리시스템' 개선 후에는 QR코드를 1회 인식하는 것만으로 한 세대에서 여러 개의 하자 접수가 가능하다.
③ '바로처리 품질관리시스템'을 시범 적용할 당시에는 입주 후 QR코드를 활용한 하자 접수가 불가능했다.
④ 단지관리자, 하자보수 담당자가 'QR코드 온라인 대시보드'로 하자접수 현황 등을 실시간으로 확인할 수 있다.
⑤ LH는 2023년 상반기까지 기존 건설임대주택 세대에서도 '바로처리 품질관리시스템'을 이용할 수 있게끔 할 예정이다.

[10~11] 다음은 강릉송정단지 50년공공임대주택 예비입주자 모집공고문의 일부 내용이다. 이를 보고 이어지는 물음에 답하시오.

- 이 주택의 예비입주자 모집공고일은 2024.05.30(목)이며, 이는 입주자격과 예비입주자 선정과정에서 경쟁이 있을 때 적용하는 순위 및 배점의 판단 기준일이 됩니다. 제출서류는 모집공고일 이후 발급분이어야 합니다.
- 본 모집공고문의 모집내상 주택에 내하어 1세내 1주택 신청을 원칙으로 하며, 중복 신청하는 경우 진부 무효처리 합니다.
- 순위별로 청약일자가 지정된 경우 반드시 해당순위 날짜에 신청하여야 하며 다른 순위 날짜에 접수 시에는 모두 부적격 처리됩니다.
- 고객의 신청 편의를 위하여 인터넷 및 모바일 신청 제도를 운영하고 있습니다. 현장에 방문하여 신청하는 경우 장시간 대기와 혼잡에 따른 불편함이 있으니, 가정 또는 직장에서 인터넷이나 모바일로 편안하게 신청하여 주시기 바랍니다.
- 신청서의 주소지는 새로운 주소(도로명 주소)만 사용하고 있으니, 반드시 도로명 주소로 신청하시어 계약안내문 수령 등에 불이익이 없도록 유의하시기 바랍니다.
- 무주택세대구성원 기준을 충족하여야 하며, 입주를 신청하신 신청자와 해당 세대구성원 전원은 국토교통부 주택소유확인시스템을 통하여 주택소유 여부, 전산관리지정기관을 통하여 불법전대자 재입주 금지기간 위반 여부를 검증한 후 자격 충족 시 입주자로 선정됩니다.

1. 주택단지 개요

단지명	단지 위치	건설호수	최초입주
강릉송정	강원도 강릉시 하평길 55(포남동 1293-4)	5개동 623호	'95.09

2. 모집대상 주택

단지명	주택형	세대당 계약면적(m²)				구조/난방	건설호수	대기 중인 예비자수	모집할 예비자수
		주거전용	주거공용	기타공용	합계				
강릉송정	49.44	49.44	15.24	—	64.68	복도식/중앙	180	10	26

3. 임대조건

단지명	주택형	임대조건				전환가능 보증금 한도액(원)	최대전환 시 임대조건	
		임대보증금(원)			월임대료(원)		보증금(원)	월임대료(원)
		계	계약금	잔금				
강릉송정	49.44	12,496,000	2,499,000	9,997,000	181,230	18,000,000	30,496,000	76,230

4. 신청자격

입주자모집공고일(2024.05.30) 현재 주택건설지역(강릉시)에 거주하는 무주택세대구성원으로서 아래의 기준을 충족하는 사람

(1) 성년자

민법상 미성년자(만 19세 미만)는 공급 신청할 수 없습니다. 단, 아래의 어느 하나에 해당하는 경우 미성년자도 신청 가능합니다.
- 자녀가 있는 세대주인 미성년자(단, 동일한 세대별 주민등록표에 자녀가 등재되어야 함)
- 직계존속의 사망, 실종, 행방불명 등으로 형제자매를 부양하여야 하는 미성년 세대주(단, 행방불명의 경우 신고접수증으로 증빙해야 하며, 부양해야 하는 형제자매는 동일한 세대별 주민등록표상에 등재되어 있어야 함)
- 외국인 부모와 미성년 자녀(내국인) 세대주로 구성된 한부모가족인 경우

(2) **무주택세대구성원**

　　세대에 속하는 사람 전체가 무주택인 세대의 구성원

(3) **불법전대자 입주자격 제한**

　　불법양도·전대자 재입주 금지 규정(공공주택 특별법 시행규칙 제36조의2)에 따라 신청자의 세대구성원 중에 과거에 공공임대주택 임차인으로서 불법양도·전대 행위로 적발된 후 4년이 경과되지 않은 자가 있는 경우 신청자는 공공임대주택 입주자로 선정 불가

5. 선정기준

(1) **선정절차**

청약신청 (현장· 인터넷· 모바일) '24.06.12(수)~ 24.06.13(목)	⇨	서류제출 대상자 발표 (인터넷· 모바일 신청자 한함) '24.06.28(금)	⇨	(인터넷·모 바일신청자) 서류제출 대상자 서류접수 '24.07.01(월)~ 7. 05(금)	⇨	입주자격 검증 및 부적격자 소명 '24. 7월	⇨	소명 접수 및 심사 '24. 8월	⇨	예비입주 당첨자 발표 '24.08.29 (목)

(2) **순위 결정기준**

구분	순위결정 방법
1순위	예비입주자 모집공고일(2024.05.30) 현재 주택청약종합저축(청약저축 포함)에 가입하여 6개월이 지난 자로서 매월 약정납입일에 월납입금을 6회 이상 납입한 자(단, 시·도지사는 청약과열이 우려되는 등 필요한 경우 주택청약종합저축 가입기간 및 납입 횟수를 12개월 및 12회로 연장 가능)
2순위	예비입주자 모집공고일(2024.05.30) 현재 주택청약종합저축(청약저축 포함)에 가입되어 있고 1순위에 해당되지 아니하는 자

　※ 동일순위 내 경쟁 시 해당 주택건설지역(강릉시)의 거주자에게 우선 공급하고, 남은 주택이 있을 경우 다른 지역(강릉시 외 강원도 지역) 거주자에게 공급

(3) **일반공급 대상자 간 경쟁 시 입주자 선정기준**

입주자 선정순서					비고
순위 ⇨	강릉시 주택건설지역 거주자 ⇨	예비입주자 선정기준 ⇨	강릉시 외 주택건설지역 거주자 ⇨	예비입주자 선정기준	예비입주자 선정기준도 동일한 경우 추첨으로 결정

　※ 신청형별에 따라 동일순위 경쟁 시 예비입주자 선정기준에 의거 예비입주자 순번을 결정하되, 동일 순위인 경우와 2순위 신청자는 추첨을 통하여 예비입주자 순번을 결정함

(4) **동일순위 경쟁 시 예비입주자 선정기준**

구분	경쟁 시 예비입주자 순차별 공급방법
전용면적 40m² 초과 주택	① 3년 이상의 기간 무주택세대구성원 전원이 주택을 소유하지 아니한 자로서 저축총액이 많은 자 ② 저축총액이 많은 자
전용면적 40m² 이하 주택	① 3년 이상의 기간 무주택세대구성원 전원이 주택을 소유하지 아니한 자로서 납입횟수가 많은 자 ② 납입횟수가 많은 자

10 위 공고문의 내용과 일치하는 것은?

① 1순위자인 갑이 입주 신청접수 시기를 놓쳤다면 1순위 접수날인 6월 12일에서 하루가 지난 6월 13일에 접수를 하는 것도 가능하다.

② 신청서 주소지에 도로명 주소가 아닌 주소를 사용하면 접수가 되지 않는다.

③ 혼인을 했으니 자녀가 없는 미성년자 을의 경우, 무주택세대의 세대주라면 신청을 할 수 있다.

④ 2024년 5월 30일 현재 강릉시에 거주하는 자가 아니면 신청이 불가하다.

⑤ 2024년 1월 2일 주택청약종합저축에 가입하였고, 공고일 현재 월납입금을 5회 납입한 병은 신청이 불가능하다.

11 위 공고문은 전체 입주 공고문 내용의 일부이다. 제시된 내용 다음에 나올 수 있는 항목으로 적절한 것을 〈보기〉에서 모두 고르면?

```
┌─ 보기 ┌────────────────────────────────────────────────────┐
│  ㉠ 모집일정                                                │
│  ㉡ 강릉시 외 거주자의 입주 신청방법                        │
│  ㉢ 인터넷·모바일 신청방법                                  │
│  ㉣ 서류제출대상자 청약서류 제출방법                        │
└────────────────────────────────────────────────────────────┘
```

① ㉠, ㉢

② ㉡, ㉢

③ ㉠, ㉡, ㉢

④ ㉡, ㉢, ㉣

⑤ ㉠, ㉢, ㉣

12 다음 글의 내용을 이해한 것으로 적절하지 않은 것은?

그간 음주운전에 대해 경각심을 가져야 한다는 사회 전반의 요구가 있었으나, 음주운전에 대한 처벌 수위는 이러한 사회적 요구에 부응하지 못한 부분이 있었다. 수많은 인명 피해를 불러일으킨 음주운전의 심각성에 비해 음주운전 처벌 기준과 수위가 낮았기 때문이다.

이러한 문제들을 적극 반영하여 음주운전의 기준과 처벌을 강화한 '제2윤창호법'이 2019년 6월 25일부터 시행되었다. '윤창호법'이란, 2018년 9월 군 복무 중 휴가를 나온 군인 윤창호 씨가 부산에서 만취 운전자가 몰던 차량에 사고를 당해 목숨을 잃은 사건으로 인해 만들어진 법안이다. 당시 젊은 청년이 부주의한 음주운전자로 인해 소중한 목숨을 잃은 것에 대해 국민의 분노 여론이 쉽사리 잦아들지 않고, 이에 국민들이 음주운전 사고에 대한 강력한 처벌을 촉구하면서 이를 반영하여 법안의 취지에 맞게 음주운전의 단속기준을 기존보다 강화하는 법률을 내놓은 것이다.

제2윤창호법은 개정 '특정범죄 가중처벌 등에 관한 법률'인 '제1윤창호법'의 후속 법안으로, 음주운전 단속기준을 강화한 개정 도로교통법이다. 해당 법안에 따르면 면허정지 기준은 혈중알코올농도 0.03%, 취소는 0.08%로 각각 강화된다. 이전에 혈중알코올농도 0.05% 이상이면 면허정지, 0.1% 이상이면 취소처분이 내려졌던 것과 비교할 때 더욱 엄격한 처벌 수위가 적용된다. 제2윤창호법에 따른 면허정지 기준인 혈중알코올농도 0.03%는 일반적으로 소주 한 잔을 마시고 1시간이 흘러도 쉽게 측정되는 수치이다. 다시 말하자면, 본인 임의대로 술이 깼다고 판단하지 말고, 술을 한 잔이라도 마셨다면 아예 운전을 하지 못하게 만드는 것이 이번 법 개정의 주된 목적이다.

처벌기준이 달라짐에 따라 예전과 동일한 양의 알코올을 섭취해도 처벌 수위가 달라진다. 보통 체중이 60kg인 남성이 19도짜리 소주 2병(720㎖)을 섭취하고 7시간이 지나더라도 혈중알코올농도는 약 0.041%로, 완전히 술에서 깨지 않은 상태에 머무르게 된다. 예전에는 혈중알코올농도 약 0.041% 상태에서 음주운전으로 적발된다 하더라도 그 처벌수위가 고작 훈방조치에 그칠 뿐이었지만, 제2윤창호법의 시행에 따라 해당 수치는 면허정지 사유에 해당된다. 따라서 음주 후 약간의 시간 차가 있다 하더라도 반드시 술이 완전히 깬 상태에서만 운전을 해야 한다.

인명사고를 냈을 때의 처벌 수위도 훨씬 높아진다. 이전에는 사람을 다치게 한 경우 10년 이하 징역이나 500~3,000만 원 이하의 벌금형에 처했으나, 앞으로는 부상 정도에 따라 1~15년 이하 징역이나 1,000~3,000만 원 이하의 벌금형에 처한다. 사람을 사망에 이르게 한 경우 예전에는 1년 이상의 다소 가벼운 징역형에 처해졌으나, 제2윤창호 법의 시행과 함께 무기 또는 3년 이상의 징역으로 형이 매우 무거워졌다. 음주운전의 경우 재발 우려가 크다는 점을 고려하여 가중처벌 기준 역시 3회 적발 시 가중처벌로 1~3년 이하 징역 혹은 500~1,000만 원 이하 벌금형에 처했던 것에서 2회 적발 시 가중처벌 2~5년 이하 징역 혹은 1,000~2,000만 원 이하 벌금형에 처하게 된다.

① 혈중알코올농도 수치가 0.04%에서 운전을 했을 경우 이전까지는 면허가 정지되지 않았으나, 제2윤창호법의 시행으로 면허정지에 해당된다.

② 제2윤창호법의 취지는 매우 적은 양의 알코올을 섭취했다 하더라도 알코올을 섭취한 상태에서는 그 어떠한 경우에도 운전을 허용하지 않겠다는 데 있다.

③ '윤창호법'이라는 명칭은 음주운전으로 목숨을 잃은 피해자인 윤창호 씨의 이름을 따서 만들어진 것이다.

④ 제2윤창호법에 따르면, 이전과는 달리 음주운전으로 인한 사상자가 발생할 경우 운전자를 무조건 징역형에 처한다.

⑤ 그간 음주운전의 고질적 문제였던 재발 발생을 줄이기 위하여 기존에 음주운전 가중처벌이 3회 적발부터였던 것을 제2윤창호법에서는 2회로 줄이게 되었다.

13 다음 글의 내용과 부합하는 것은?

사회적으로 복지에 대한 중요성이 대두되며 국내에서도 다양한 사회복지 정책이 확대 실시되고 있다. 사회복지 정책의 확대는 소외된 이들을 사회 구성원으로 포용한다는 점에서 반드시 이루어져야 마땅하다. 문제는 사회복지 수요가 증가하면서 관련 업무는 늘어나고 있으나, 이를 담당하는 사회복지직 공무원은 한정되어 있다는 것이다. 이로 인해 업무 과다와 직무 스트레스로 우울감을 호소하는 사회복지직 공무원들이 늘어나고 있다. 극심한 스트레스로 인해 우울감은 물론, 그 정도가 심할 경우 자살 충동을 느끼는 사회복지직 공무원들도 많아 사회복지직 공무원의 정신건강 문제에 대한 사회적 관심이 요구되는 시점이다.

사회복지직 공무원의 정신건강 문제는, 강원도광역정신건강복지센터가 발표한 '2018 강원도 사회복지직 공무원의 정신건강증진사업 보고서'를 통해 그 심각성을 파악할 수 있다. 이 보고서는 도내 공무원을 대상으로 정신건강 실태를 조사한 것으로, 조사에 응한 총 767명의 사회복지직 공무원 중 13.6%에 해당하는 104명이 '자살을 생각한 적이 있다'고 응답한 것으로 나타났다. 자살 생각의 빈도수를 묻는 질문에 대해서는 2명은 정도가 가장 심한 단계인 '매우 자주 자살을 생각'한 것으로, 10명은 그 이전 단계인 '자주 자살을 생각'한 것으로 응답했다. 해당 보고서는 사회복지직 공무원의 우울감을 느끼는 정도도 함께 조사하였는데, 전체의 23.1%에 해당하는 177명이 우울감을 자주 느끼는 '우울군'으로 분류되었다. 성별에 따른 차이로는 여성 사회복지직 공무원이 우울감을 느끼는 빈도수가 남성 사회복지직 공무원에 비해 잦은 것으로 나타났다.

보고서는 사회복지직 공무원의 업무 만족도에 대한 조사도 함께 시행했다. 업무 만족도가 보통인 경우가 가장 많아, 전체의 44.2%에 해당하는 339명이었다. 그 뒤를 이어 업무에 만족한다고 응답한 이들이 230명으로 전체의 30%를 차지했다. 업무에 불만족이라고 응답한 이들은 130명으로 16.9%, 매우 불만족은 42명으로 5.5%, 매우 만족한다고 응답한 이들이 가장 적어 3.3%에 해당하는 25명인 것으로 나타났다. 사회복지직 공무원들이 업무의 가장 큰 어려움으로 꼽은 것은 악성 민원과 신변위험 문제였으며, 그 뒤를 이어 업무 과다와 조직 구조적 문제, 정체성 혼란, 사회적 인식 부족, 타 부서와의 소통 미흡 등을 업무상 어려운 부분이라 응답했다.

이와 같은 결과에 대해 강원도광역정신건강복지센터는 지역사회의 복지 업무를 담당하고 있는 사회복지직 공무원이 업무상 어려움으로 인해 정신 건강에 입는 피해는 이들이 정상적으로 업무를 수행하는 데 장애가 될 수 있어 가뜩이나 인력난 문제를 겪고 있는 사회복지직 공무원을 이중으로 고통받게 할 수 있다는 점을 경고했다. 이에 사회복지직 공무원이 업무로 인한 정신건강 문제를 겪지 않도록 근무 여건과 업무환경을 개선하는 것을 비롯하여 과중한 사회복지 업무를 고르게 분배할 수 있도록 현실적인 수준에서의 인력증원과 함께 사회복지직 공무원들이 공통적으로 받을 수 있는 정신건강과 자살 예방 상담 지원 대책이 필요하다고 조언하였다. 무엇보다 사회복지직 공무원들에게 신변의 위협을 가하는 민원인의 폭언이나 폭행으로부터 이들을 안전하게 지킬 수 있는 실질적인 대책을 마련하고, 직무 스트레스 관련 교육을 강화하는 것을 비롯해 조직 차원에서의 사명감과 정체성 형성을 위한 노력 역시 동반되어야 함을 강조하였다.

현재 강원지역의 사회복지직 공무원들이 심리적·물리적 어려움을 토로하는 이러한 상황에서도 도 차원에서 일방적인 공약 이행과 물량 위주 복지사업 추진에 치중하여 적합한 복지업무 수요량을 파악한 납득할 만한 수준의 인력충원 검토가 이루어지지 않고 있는 것도 문제이다. 이에 기존 복지시책 확대와 새로운 신규 복지시책에 대해 도정 복지예산을 늘리고, 관련 공무원들의 업무 수요량을 측정하여 적정 인력을 충원해 활용하는 등 사회복지직 공무원에 대한 실효성 있는 보호 대책을 마련하는 것이 시급하다.

① 사회복지 업무 관련 공무원들만 특정하여 별도의 정신건강 대책을 마련하는 것은 전체 공무원 사회에 형평성 문제가 제기될 수 있다.

② 단기간에 증원의 폭이 컸던 사회복지직 공무원들의 업무 공백은 스스로의 효용성에 대한 회의적 시각으로 인한 우울감 문제로 이어졌다.

③ 전반적으로 자신의 업무에 대해 만족한다고 답한 사회복지직 공무원들이 업무에 불만족이라고 답한 이들보다 많은 것으로 나타났다.

④ 사회복지직 공무원들 중에서도 업무 스트레스로 인한 심각한 정신 건강 문제를 겪고 있는 사람들을 특정하여 해당 공무원들에 대한 집중적인 자살 예방 상담을 지원해야 한다.

⑤ 공무에 대한 민원인의 불만을 접수하는 것은 불가피한 과정이므로 이를 막는 것은 공무원의 직무 유기 문제로 확대될 수 있다.

[14~15] 다음 글을 읽고 이어지는 물음에 답하시오.

20년 전까지만 해도 우리가 들고 다닐 수 있는 데이터의 한계는 1.5MB의 플로피디스크가 전부였다. 100MB 용량의 컴퓨터 하드디스크는 백만 원을 호가하는 첨단 장비였다. 그런데 과학 기술이 발달하면서 현재 우리는 만 배가 넘는 1TB 용량의 하드디스크를 10만 원 이하로 구매할 수 있다. 통신망도 마찬가지다. 전화접속 모뎀으로 초당 2,440bps가 고작이었던 통신체계는 현재 초당 20Gbps를 바라보고 있다. 하루에도 몇 번씩 4~5MB의 사진, 2~3GB의 동영상 등을 잠깐 내려받았다가 지우곤 한다. 백만 배 이상 빨라진 것이다. 이처럼 저장체계와 통신체계가 발달하면서 데이터도 다양해지고 있다. 문서, 사진, 동영상 등 기본적인 데이터들은 상황정보, 지형정보, 결재정보, 이동정보 등으로 다양해지며 무수한 데이터가 자유롭게 오가며 쌓이고 있다. 그리고 그 데이터를 분석한 결과가 우리 삶을 변화시킬 준비를 하고 있다. 커진 데이터, 그리고 그 데이터에 대한 분석이 우리 삶을 어떻게 바꿀 수 있을까?

신용카드 결제일이 다가오면 애플리케이션을 통해 결제금액 청구서와 함께 쇼핑 패턴 보고서가 날아온다. 지난달에 카드를 쓴 사용처와 결제비용의 비율을 알려주며 필요한 쿠폰도 몇 가지 챙겨 준다. 내가 관심을 보일 만한 공연 관련 쿠폰이다. 나의 관심 정보를 어떻게 알았을까? 개인의 거래 내역, 개인의 소비 품목, 개인의 쇼핑 지역이 모두 데이터 분석을 통해 나온다. 내가 쇼핑한 정보 하나하나가 데이터가 되고, 그 데이터를 분석하면 나에게 꼭 맞는 정보를 도출할 수 있다.

데이터 분석은 개인에게만 해당되지 않는다. 여러 사람들의 정보, 다양한 공간과 상황에 대한 정보가 쌓이면 훨씬 더 풍부하게 의미를 추출할 수 있다. 이른바 빅데이터는 분석에 따라 실생활에 유용한 정보를 제공하는 것이라 할 수 있다. 어디에 어떤 계층의 사람이 많이 사는지, 사람들은 어느 시각에 어떤 방법으로 이동하는지, 주변에는 어떤 건물들이 위치하는지, 삶의 환경은 어떠한지 등의 분석에 따라 빅데이터는 다양한 정보를 산출해 낼 수 있다. 이런 정보들이 축적되면 출근길에 길이 자주 막히는 곳에 우회 도로를 마련한다거나 평소 응급환자가 자주 발생하는 곳에 병원을 짓는 등 우리 삶을 훨씬 풍요롭게 바꿀 수 있다. 또, 개인의 의사결정에도 도움을 줄 수 있다. 집을 구할 때 교통이 편리한 곳이나 주변에 녹지가 많은 곳을 찾을 수 있고, 가게를 차리려고 할 때 주변 여건을 파악하여 적절한 위치를 정할 수 있다.

빅데이터는 단순히 크기가 큰 데이터가 아니라 개별 행위주체들의 행위에 관한 각종 기록들이 계속적으로 축적되는 방대한 집합이라고 할 수 있다. 따라서, 빅데이터는 미시적(Micro)이고, 동적(Dynamic)이며, 필요에 따라 다양한 형태로 가공될 수 있는 유연한(Flexible) 특성을 가지고 있다. 이러한 빅데이터를 새로운 차원의 데이터로서 적극적으로 활용할 필요가 있다.

14 윗글의 서술상 특징으로 적절하지 않은 것은?
① 중심 대상이 과거에는 어떠했는지 비교하여 제시하고 있다.
② 중심 대상이 가지고 있는 특징은 무엇인지 설명하고 있다.
③ 중심 대상이 활용될 수 있는 방안들에 대해 제시하고 있다.
④ 중심 대상을 설명하기 위해 사례를 들어 쉽게 이해시키고 있다.
⑤ 중심 대상이 가지고 있는 문제점에 대해 제시하고 있다.

15 윗글을 읽고 이해한 내용으로 적절한 것은?
① 내 주변의 모든 정보들이 하나하나 모이면 유용한 정보를 도출할 수 있다.
② 빅데이터는 미시적인 동시에 거시적인 특징을 가지고 있다.
③ 데이터 분석을 통해 사회적 차원의 의사결정에만 도움을 줄 수 있다.
④ 빅데이터는 기록들이 계속적으로 축적된 단순히 크기가 큰 데이터이다.
⑤ 문서형태로만 존재하던 데이터가 기술의 발달로 형태가 다양해졌다.

16 다음 글에 자연스럽게 이어지도록 〈보기〉의 (가)~(마)를 순서대로 나열한 것은?

> 신이 만든 자연은 인간이 만들어 낸 수학에 비해 훨씬 복잡할 수도 있고 오히려 단순할 수도 있다. 그럼에도 불구하고 자연을 묘사하고 해석하는 데 있어 수학은 가장 뛰어난 방법적 도구로서 건재함을 과시한다. 이것은 여러 학문 중 오직 수학만이 거둘 수 있는 성과이다.

┌ 보기 ┐

(가) 그러나 수학이 이와 같은 한계를 가지고 있음에도 기대 이상의 성과를 거둔 것은 분명하다. 이러한 성과가 어떻게 가능했는지를 이해하지 못한다는 이유만으로 과연 수학을 버려야 하는가? 수학이 성공적인 지식 체계임은 분명하다. 이는 수학이 엄밀한 내적 일관성을 지닌 체계라는 데에서 기인하는 것이다. 그뿐만이 아니다. 수학적 지식은 천문 현상의 예측에서, 실험실에서 일어나는 수많은 사건들에서 끊임없이 입증되고 있다.

(나) 실제로 인간이 만들어 낸 수학 덕분에 자연과학의 일부 영역에서 인간은 기대를 훨씬 웃도는 큰 진보를 이루었다. 실재 세계와 동떨어져 보이는 추상화가 엄청난 성과를 내놓았다는 점은 역설적이기도 하다. 수학은 세상을 꿈으로 채색한 동화로 이해될지도 모른다. 그러나 설명되지는 않지만 강력한 힘을 지닌 이성이 이 교훈적 동화를 쓴 것이다.

(다) 하지만 수학이 가져온 이러한 성공은 응분의 대가를 치른 후에 가능했다. 그 대가란 복잡한 세계를 질량, 시간과 같은 개념들로 간단하게 설명하는 것이다. 이런 단순한 설명은 풍부하고 다양한 경험을 완벽하게 반영하지 못한다. 즉, 한 사람의 키를 바로 그 사람의 본질이라고 말하는 것과 마찬가지이다. 수학은 자연의 특수한 과정을 묘사할 따름이며, 과정 전체를 온전히 담아내지 못한다.

(라) 더욱이 수학은 생명 없는 대상을 다룬다. 이런 대상은 반복적으로 움직이는 것처럼 보이며 수학은 그런 반복적 현상을 잘 다룰 수 있는 것처럼 보인다. 하지만 정말 그런가? 수학은 마치 접선이 곡선의 한 점만을 스치고 지나가듯 물리적 실체의 표피만을 건드린다.

(마) 지구는 완전한 타원 궤도를 그리면서 태양을 도는가? 절대 그렇지 않다. 지구와 태양을 모두 점으로 간주하고 다른 항성이나 행성을 모두 무시한다는 조건을 달 때만 그런 결론이 나온다. 지구의 사계절은 항상 정확하게 되풀이될까? 그렇지 않다. 인간이 파악할 수 있는 낮은 수준의 정확도에서만 반복이 예측될 따름이다.

① (나) − (다) − (라) − (마) − (가)
② (나) − (라) − (마) − (다) − (가)
③ (다) − (가) − (나) − (마) − (라)
④ (다) − (라) − (마) − (나) − (가)
⑤ (라) − (마) − (가) − (나) − (다)

[17~18] 다음은 2020~2024년 甲~丙국의 GDP 및 조세부담률을 나타낸 자료이다. 이를 보고 이어지는 물음에 답하시오.

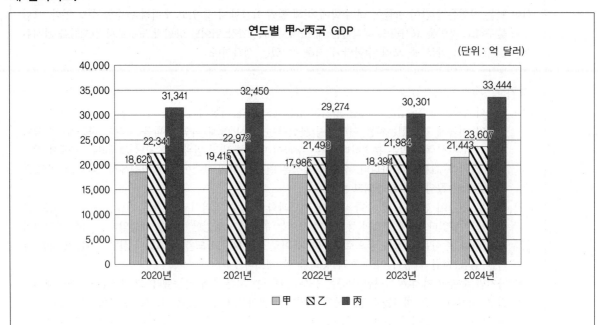

연도별 甲~丙국 GDP

(단위 : 억 달러)

연도별 甲~丙국 조세부담률

(단위 : %)

연도	구분	甲	乙	丙
2020	국세	14.7	12.5	11.9
	지방세	5.3	3.6	2.8
2021	국세	16.6	11.8	11.2
	지방세	5.5	3.6	2.5
2022	국세	18.4	11.4	11.0
	지방세	5.5	3.5	2.5
2023	국세	19.2	10.6	10.3
	지방세	5.6	3.5	2.1
2024	국세	20.5	10.1	9.8
	지방세	5.6	3.3	1.9

※ 1) 조세부담률 = 국세부담률 + 지방세부담률

2) 국세(지방세)부담률(%) = $\dfrac{국세(지방세)\ 납부액}{GDP} \times 100$

17 위 자료에 대한 설명으로 옳지 않은 것은?

① 2021년에는 전년 대비 GDP 증가액이 가장 높은 국가가 조세부담률도 가장 높다.

② 乙국의 조세부담률은 2020년 이후 매년 감소 추이를 보인다.

③ 2021년 지방세 납부액은 甲국이 乙국의 약 1.3배이다.

④ 2023년 甲국의 국세 납부액은 丙국의 지방세 납부액보다 많다.

⑤ 2020~2024년 甲국과 丙국의 조세부담률 증감 추이는 서로 상반된다.

18 2025년 甲~丙국의 GDP가 전년 대비 각각 5%, 10%, 7% 상승했다고 할 때, 지방세부담률이 전년 대비 변화가 없다면 甲~丙국의 지방세 납부액 합으로 옳은 것은? (단, 만 달러 미만은 절사하여 계산한다.)

① 2,625억 9,768만 달러

② 2,688억 7,698만 달러

③ 2,786억 7,698만 달러

④ 2,797억 6,990만 달러

⑤ 2,856억 6,990만 달러

[19~20] 다음은 2019년부터 2021년까지 행정부 국가공무원의 직종별 총 인원을 조사한 자료이다. 이를 보고 이어지는 물음에 답하시오.

2019년~2021년 행정부 직종별 국가공무원 총 인원

(단위 : 명)

구분			직종	합계	성별 인원	
					남	여
2021년	행정부 전체	656,545	일반직	162,530	104,948	57,582
			특정직	493,636	221,555	272,081
			별정직	379	251	128
2020년	행정부 전체	650,032	일반직	160,159	104,793	55,366
			특정직	489,594	221,480	268,114
			별정직	279	190	89
2019년	행정부 전체	637,528	일반직	158,181	104,854	53,327
			특정직	478,991	217,150	261,841
			별정직	356	243	113

2021년 행정부 직종 및 나이대별 국가공무원 총 인원

(단위 : 명)

구분	일반직		특정직		별정직		행정부 전체	
평균연령	전체	43.5	전체	42.6	전체	43.6	전체	42.8
	남	44.7	남	43.5	남	46.8	남	43.9
	여	41.2	여	41.7	여	39.5	여	41.6
만 20세 미만	남	7	남	0	남	0	남	7
	여	13	여	0	여	0	여	13
만 20~24세	남	340	남	1,941	남	0	남	2,281
	여	914	여	7,413	여	0	여	8,327
만 25~29세	남	㉠ 4,125	남	㉡ 22,141	남	㉢ 6	남	26,272
	여	㉣ 5,891	여	㉤ 33,479	여	㉥ 16	여	39,386
만 30~34세	남	㉩ 8,642	남	◎ 30,885	남	㉪ 25	남	39,552
	여	㉫ 6,690	여	㉠ 35,801	여	㉺ 20	여	42,511
만 35~39세	남	17,143	남	31,636	남	59	남	48,838
	여	11,688	여	45,171	여	35	여	56,894
만 40~44세	남	19,761	남	26,580	남	54	남	46,395
	여	10,052	여	46,907	여	27	여	56,986
만 45~49세	남	21,778	남	36,877	남	44	남	58,699
	여	12,474	여	37,390	여	19	여	49,883
만 50~54세	남	18,874	남	34,483	남	35	남	53,392
	여	6,240	여	38,426	여	6	여	44,672
만 55~59세	남	14,133	남	32,763	남	23	남	46,919
	여	3,611	여	25,477	여	5	여	29,093
만 60세 이상	남	145	남	4,249	남	5	남	4,399
	여	9	여	2,017	여	0	여	2,026

19 위 자료에 대한 설명으로 옳은 것을 〈보기〉에서 모두 고르면?

┌ 보기 ┌
ㄱ 2019년부터 행정부 전체의 여성 공무원 비율은 계속 증가하였다.
ㄴ 2021년 모든 직종에서 여성 공무원 비율이 남성 공무원 비율보다 낮다.
ㄷ 소사 기간 동안 특정직의 공무원 수가 다른 직종보다 항상 많다.
ㄹ 행정부 전체 공무원 중 남자 인원이 가장 많은 연령대는 행정부 전체 남자 평균연령보다 어리다.
ㅁ 2021년 각 직종별 남성 공무원 비율은 모두 전년 대비 감소하였다.

① ㄴ, ㄹ
② ㄱ, ㄴ, ㄷ
③ ㄷ, ㅁ
④ ㄱ, ㄷ, ㅁ
⑤ ㄱ, ㄷ, ㄹ, ㅁ

20 A씨 부부는 둘 다 공무원이다. A씨의 남편은 일반직에 속하는 시청 행정직을 맡고 있고, A씨는 특정직에 속하는 교사이며, 두 사람 모두 1992년 8월생이다. 2021년 기준 국가공무원 총 인원 자료를 토대로 이 두 사람이 직종 · 나이 · 성별에 맞게 각각 표의 ㄱ ~ ㄷ 중 한 곳에 속할 때, 해당 직종의 인원수에서 해당 성별 · 연령대 인원이 차지하는 비율이 바르게 짝지어진 것은? (단, 소수점 둘째 자리에서 반올림하여 계산한다.)

① A씨 − 6.8%, A씨의 남편 − 5.3%
② A씨 − 3.6%, A씨의 남편 − 5.3%
③ A씨 − 7.3%, A씨의 남편 − 2.5%
④ A씨 − 6.8%, A씨의 남편 − 2.5%
⑤ A씨 − 7.2%, A씨의 남편 − 4.5%

[21~22] 다음은 2024년 경지 면적, 논 면적, 밭 면적 상위 5개 지역에 대한 자료이다. 이를 보고 이어지는 물음에 답하시오.

경지 면적, 논 면적, 밭 면적 상위 5개 지역

(단위 : ha)

구분	순위	지역	면적
경지 면적	1	전라남도	324,827
	2	경상북도	238,304
	3	전라북도	226,112
	4	충청남도	211,167
	5	경상남도	150,529
논 면적	1	전라남도	215,506
	2	전라북도	162,445
	3	충청남도	142,159
	4	경상북도	110,123
	5	경상남도	94,384
밭 면적	1	경상북도	128,181
	2	전라남도	109,321
	3	강원도	69,932
	4	충청남도	69,008
	5	경기도	66,126

※ 1) 경지 면적 = 논 면적 + 밭 면적
2) 순위는 면적이 큰 지역부터 순서대로 부여함

21 위 자료에 대한 설명으로 옳은 것을 〈보기〉에서 모두 고르면?

┌ 보기 ┌
　ㄱ 전라남도의 논 면적은 전라남도 밭 면적의 2배 이상이다.
　ㄴ 전라북도의 밭 면적은 경상남도 밭 면적보다 크다.
　ㄷ 충청남도의 밭 면적은 경지 면적의 약 32%이다.
　ㄹ 강원도의 논 면적은 전라남도 논 면적의 60% 이하이다.

① ㄱ, ㄴ　　　　　　　　　　② ㄴ, ㄷ
③ ㄴ, ㄹ　　　　　　　　　　④ ㄱ, ㄷ, ㄹ
⑤ ㄴ, ㄷ, ㄹ

22 다음은 각 지역의 밭 경지 이용률에 대한 자료이다. 위 자료와 비교했을 때 옳지 않은 것은? (단, 경지 면적은 1헥타르 미만을 절사하여 계산한다.)

밭 경지 이용률

(단위 : %)

구분	서류	두류	잡곡	채소	과수	기타
경기도	5.1	8.6	2.7	33.7	9.8	40.1
강원도	9.1	7.1	9.9	39.8	6.5	27.6
충청북도	3.9	10.9	5.9	23.9	22.5	32.9
충청남도	6.8	9.7	0.8	31.4	10.2	41.1
전라북도	6.5	10.6	1.6	25.5	12.6	43.2
전라남도	7.9	8.1	3.1	34.9	14.8	31.2
경상북도	2.4	7.3	1.1	21.7	39.0	28.5
경상남도	2.7	4.1	1.2	26.2	26.6	39.2
제주도	2.4	9.7	8.9	32.5	42.1	4.4

① 충청남도의 서류 경지 면적은 9,666ha이다.
② 경기도의 두류 경지 면적은 강원도의 두류 경지 면적보다 크다.
③ 경상북도의 채소 경지 면적과 과수 경지 면적의 차는 22,175ha이다.
④ 경상남도 과수 경지 면적은 전라북도 과수 경지 면적의 1.8배 이상이다.
⑤ 밭 면적 상위 5개 지역에서 잡곡 경지 면적이 두 번째로 큰 지역은 전라남도이다.

[23~24] 다음은 2024년 부산광역시 A~D 지역의 음식물 쓰레기 배출량과 인구에 관한 자료이다. 이를 보고 이어지는 물음에 답하시오.

2024년 부산광역시 A~D 지역의 음식물 쓰레기 배출량

(단위 : 만 톤)

구분＼지역	A	B	C	D
주택	9.4	4.3	3.2	2.0
주거용 빌딩	13.6	5.8	4.5	3.5
상업용 빌딩	18.4	5.9	4.8	3.7
기타	12.4	42.0	7.8	4.4
총배출량	53.8	58.0	20.3	13.6

2024년 부산광역시 A~D 지역의 인구

(단위 : 십만 명)

지역	A	B	C	D
인구	10.2	3.6	3.0	2.2

※ 1인당 음식물 쓰레기 총배출량(만 톤/명) = $\dfrac{음식물\ 쓰레기\ 총배출량}{인구}$

23 위 자료와 〈조건〉을 보고 A~D에 해당하는 지역을 바르게 연결한 것은?

┌─ 조건 ───
• '중구'의 음식물 쓰레기 총배출량은 50만 톤 이상이고, 1인당 음식물 쓰레기 총배출량이 가장 적다.
• '남구'와 '해운대구'의 1인당 음식물 쓰레기 총배출량의 합은 약 1.3톤/명이다.
• 주거용 빌딩과 상업용 빌딩의 음식물 쓰레기 배출량 합은 '남구'가 가장 적다.
└──

	A	B	C	D
①	중구	해운대구	동래구	남구
②	중구	동래구	남구	해운대구
③	중구	동래구	해운대구	남구
④	동래구	중구	남구	해운대구
⑤	동래구	중구	해운대구	남구

24 위 자료를 보고 1인당 음식물 쓰레기 총배출량이 가장 큰 지역과 가장 작은 지역의 1인당 배출량 차이를 구하면?

① 0.79톤
② 1.08톤
③ 1.25톤
④ 1.54톤
⑤ 1.86톤

25 다음은 지역별 수도권 사립대학의 장학금 총액 및 등록금 수입을 나타낸 자료이다. 이때, 학생규모가 1만 명 이상인 수도권 사립대학의 총 장학금 지원율이 높은 지역을 순서대로 바르게 나열한 것은?

수도권 사립대학의 학생규모별 장학금 총액 및 등록금 수입

(단위 : 백만 원)

구분		수도권	서울	경기	인천
장학금 총액	5천 명 미만	162,827	56,059	103,022	3,746
	5천 명 이상 1만 명 미만	385,609	202,830	182,779	−
	1만 명 이상	1,817,930	( )	296,736	71,385
	소계	2,366,366	1,708,698	582,537	75,131
등록금 수입	5천 명 미만	376,414	142,605	225,271	8,538
	5천 명 이상 1만 명 미만	845,881	452,404	393,477	−
	1만 명 이상	4,634,301	3,769,840	( )	165,109
	소계	5,856,596	4,364,849	1,318,100	173,647

※ 총 장학금 지원율(%) $= \dfrac{\text{장학금 총액}}{\text{등록금 수입}} \times 100$

① 서울, 경기, 인천
② 경기, 서울, 인천
③ 경기, 인천, 서울
④ 인천, 서울, 경기
⑤ 인천, 경기, 서울

[26~27] 다음은 2021~2023년 경기도 지역 과학중점 고등학교의 과학융합과정 개설 과목 수 추이에 관한 자료이다. 이를 보고 이어지는 물음에 답하시오.

2021~2023년 경기도 지역 과학중점 고등학교에는 과학융합과정 과목이 개설되어 있는데, 오프라인 및 온라인 개설 과목 수는 각각 매년 증가하고 있으며 개설 과목 수의 전년 대비 증가율은 온라인 개설 과목이 오프라인 개설 과목보다 매년 높았다.
오프라인 과학융합과정 과목의 경우, 학교규모별로 보면 모든 규모의 학교에서 개설 과목 수가 매년 증가하였고, 대규모 학교의 개설 과목 수가 해당연도 전체 개설 과목 수에서 차지하는 비율이 매년 가장 높게 나타났다. 지역을 대도시, 중소도시, 읍면지역으로 구분하여 살펴보면, 각 지역의 학교에서 개설한 과목 수가 매년 증가하였다. 또한, 대도시에서 개설된 과목 수가 해당연도 전체 개설 과목 수에서 차지하는 비율이 매년 가장 높게 나타났다. 이는 전체 고등학교 중 대규모이거나 대도시에 소재한 고등학교의 수가 많고, 그 학교에 소속된 학생 수 역시 다른 규모나 지역에 비해 많기 때문이다.
온라인 과학융합과정 과목의 경우, 학교규모별로 보면 모든 규모의 학교에서 연도별로 개설 과목의 수가 증가하였고, 대규모 학교의 개설 과목 수가 해당연도 전체 개설 과목 수에서 차지하는 비율이 매년 가장 높았다. 지역별로 보면 개설된 과목 수가 해당연도 전체 개설 과목 수에서 차지하는 비율은 2022년 이후 중소도시가 매년 가장 높았다.

26 위 자료를 표와 그래프로 만들었을 때 부합하지 않는 것은?

① 지역별 오프라인 과학융합과정 개설 과목 수

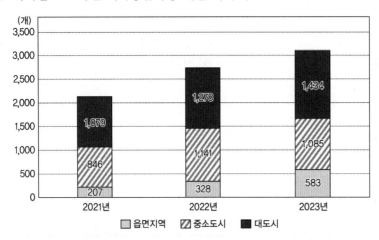

② 학교규모별 온라인 과학융합과정 개설 과목 수

(단위: 개)

학교규모＼연도	2021년	2022년	2023년
대규모	50	187	541
중규모	15	81	222
소규모	1	47	91
전체	66	315	854

③ 연도별 오프라인·온라인 과학융합과정 개설 과목 수

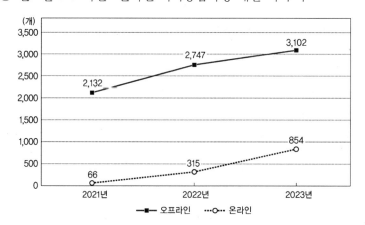

④ 온라인 과학융합과정 개설 과목 수의 지역별 구성비

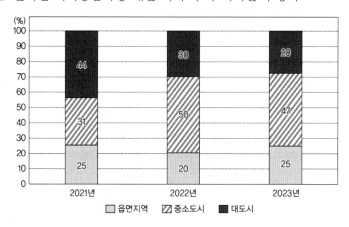

⑤ 학교 규모별 오프라인 과학융합과정 개설 과목 수

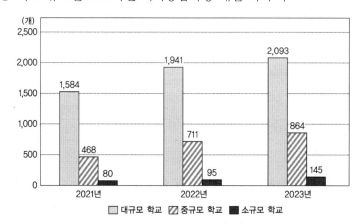

27 위 26번 문제를 참고할 경우 전년 대비 2024년 대규모 학교의 온라인 개설 과목 수는 50% 증가했고, 중규모 학교의 오프라인 개설 과목 수는 120% 증가했다고 한다. 이때 2024년 대규모 학교의 온라인 개설 과목 수와 중규모 학교의 오프라인 개설 과목 수의 차이로 옳은 것은? (단, 소수점 이하는 절사하여 계산한다.)

① 984개 ② 1,051개

③ 1,077개 ④ 1,089개

⑤ 1,903개

[28~29] 다음 보도자료를 보고 이어지는 물음에 답하시오.

LH, 신혼·다자녀 등 전세임대주택 9,250호 입주자 모집

□ LH는 2024년 4월 29일 신혼, 다자녀 가구 등을 대상으로 전세임대주택 입주자 수시 모집공고를 실시한다고 밝혔다. 공급호수는 총 9,250호이며 공급 지역은 전국을 대상으로 한다.
전세임대사업은 입주대상자로 선정된 자가 거주를 원하는 주택을 직접 물색하면 LH가 주택 소유자와 전세계약을 체결한 뒤 이를 입주대상자에게 저렴하게 재임대하는 제도이다. 원하는 주택을 직접 고를 수 있고, LH가 직접 보증보험 가입을 진행해 보증금 보호와 보험비용 절감이 가능하다. LH는 지난해 전세임대 사업을 통해 신혼, 다자녀 가구 등에 약 8천 7백 호를 공급했다. 이번 공고는 △신혼·신생아Ⅰ 유형 5,000호 △신혼·신생아 Ⅱ 유형 2,000호 △다자녀 유형 2,250호를 모집한다.

□ 신혼·신생아 유형은 2년 이내 출산한 자녀가 있는 신생아가구, 한부모가족, 혼인 7년 이내 (예비)신혼부부 등을 대상으로 한다. 소득 및 자산기준 등에 따라 신혼·신생아Ⅰ, Ⅱ 유형으로 구분된다.
신혼·신생아Ⅰ 유형은 해당 세대의 월평균 소득이 전년도 도시근로자 가구원수별 가구당 월평균 소득의 70%(맞벌이의 경우 90%) 이하이고, 국민임대주택 자산기준을 충족하는 경우 신청할 수 있다. 신혼·신생아Ⅱ 유형은 해당 세대의 월평균 소득이 전년도 도시근로자 가구원수별 가구당 월평균 소득의 100%(맞벌이의 경우 120%) 이하이고 행복주택 신혼부부 자산기준을 충족하는 경우 신청이 가능하다. 다자녀 유형은 2명 이상의 직계비속을 양육하는 다자녀 가구 중 수급자·차상위계층·한부모가족에 해당하거나, 전년도 도시근로자 가구당 월평균 소득의 70% 이하이고 국민임대주택 자산기준을 충족하는 경우 신청할 수 있다.

〈참고 1 – 전세임대주택 입주자격 순위〉

구분	신혼·신생아Ⅰ	신혼·신생아Ⅱ	다자녀
입주요건	월평균소득 70% 이하(맞벌이 90% 이하)이며 국민임대주택 자산기준 충족	월평균소득 100% 이하(맞벌이 120% 이하)이며 행복주택(신혼) 자산기준 충족	2명 이상의 직계비속을 양육하는 다자녀 가구
1순위	– 신생아 가구 – 지원대상 한부모가족		– 신생아 가구인 수급자 가구·차상위계층·지원대상 한부모가족
2순위	– 미성년 자녀가 있는 (예비)신혼부부 – 6세 이하 자녀를 둔 한부모가족		– 수급자 가구 – 차상위계층 – 지원대상 한부모가족 – 신생아 가구(소득 70% 이하)
3순위	– 자녀가 없는 신혼부부, 예비신혼부부		– 소득 70% 이하인 자
4순위	– 유자녀 혼인가구(6세 이하 자녀)		

〈참고 2 – 전세임대주택 지원한도액 및 임대조건〉

구분	신혼·신생아Ⅰ	신혼·신생아Ⅱ	다자녀
공급목표	5,000호	2,000호	2,250호
소득요건	소득기준 70% 이하 (맞벌이 90% 이하)	소득기준 100% 이하 (맞벌이 120% 이하)	소득기준 70% 이하
지원한도액	수도권 14,500만 원 광역시 11,000만 원 기타 도 지역 9,500만 원	수도권 24,000만 원 광역시 16,000만 원 기타 도 지역 13,000만 원	수도권 15,500만 원 광역시 12,000만 원 기타 도 지역 10,500만 원
입주자부담	지원한도액 내 전세보증금의 5%	지원한도액 내 전세보증금의 20%	지원한도액 내 전세보증금의 2%
월 임대료	보증금 지원 금액에 대한 연 1~2%		
임대기간	최장 20년	최장 14년	최장 20년

28 위 보도자료의 내용과 일치하지 않는 것은?

① 전세임대주택 제도의 장점은 입주자가 자신의 원하는 주택을 직접 고를 수 있고, 보증금을 안전하게 보호할 수 있다는 것이다.

② 신생아인 자녀가 1명 있고, 월평균소득이 전년도 도시근로자 가구원수별 가구당 월평균 소득의 100%인 맞벌이 가구인 A가족은 신혼·신생아Ⅰ유형 입주 1순위에 해당한다.

③ 자녀가 없는 신혼부부도 위 공고를 보고 전세임대주택을 신청할 수 있다.

④ 3명의 자녀가 있는 차상위계층인 A가족과, 2명의 자녀가 있는 지원대상 한부모가족인 B가족 중 전세임대 입주자격순위가 높은 가족은 B가족이다.

⑤ 신혼·신생아Ⅰ과 신혼·신생아Ⅱ 유형에 공급하는 물량이 다자녀 유형에 공급하는 물량의 3배 이상이다.

29 위 보도자료에서 설명한 전세임대주택 관련 설명으로 옳은 것을 〈보기〉에서 모두 고르면?

> 보기
> ㉠ 신혼·신생아Ⅱ 유형의 전세임대주택 최장 임대기간은 신혼·신생아Ⅰ보다 짧다.
> ㉡ S가족은 맞벌이 가구이며 월평균소득이 전년도 도시근로자 가구원수별 가구당 월평균 소득의 100%이다. S가족이 광역시 주택에 대해 전세임대주택 지원을 받을 때, 지원받을 수 있는 최대 금액은 11,000만 원이다.
> ㉢ 5살 자녀 한 명을 둔 A가족은 맞벌이이며 월평균소득이 전년도 도시근로자 가구원수별 가구당 월평균 소득의 80%이다. A가족은 신혼·신생아Ⅰ 유형으로만 전세임대주택 입주를 신청할 수 있다.
> ㉣ B가족이 경기도 성남시에 구한 전세임대주택의 월 임대료가 1년에 360만 원이라면, B가족은 신혼·신생아Ⅱ 유형으로 전세임대주택에 입주한 것이다.

① ㉠, ㉡, ㉢   ② ㉡, ㉢, ㉣
③ ㉠, ㉣   ④ ㉡, ㉢
⑤ ㉢, ㉣

[30~31] 다음은 수서역세권 A3블록 신혼희망타운(공공분양) 잔여세대 입주자 모집 공고문의 일부이다. 이를 보고 이어지는 물음에 답하시오.

본 공고는 최초 입주자모집공고(2019.12.12), 추가모집공고(2022.03.18) 이후 해약 등의 사유로 발생한 잔여세대(1호)를 공급하기 위한 공고입니다.

☐ A3블록 내 신혼희망타운은 소셜믹스 방식으로 조성되어 같은 동, 같은 라인에 공공분양(398세대) 및 행복주택(199세대)이 혼합되어 있으며, 동·호는 무작위 전산추첨으로 배정되었습니다.

☐ 수서역세권 A3블록의 견본주택은 설치되어 있지 않으며 팸플릿 및 사이버 견본주택(www.lh-syg.co.kr)으로 대체되오니 청약 전 세부 내용을 확인하시기 바랍니다.
  ※ 사이버 견본주택 및 팸플릿은 최초 입주자모집공고 당시를 기준으로 제작되었으며, 금회 공급 세대는 추가선택품목 선택이 불가하오니 반드시 확인하여 주시기 바랍니다.

☐ 금회 공급되는 주택의 입주자로 선정된 분은 대상주택 가격이 총자산기준가액(379백만 원)을 초과함에 따라, 공공주택 특별법 시행규칙 별표6의3에 의거 "신혼희망타운 전용 주택담보 장기대출상품"에 의무 가입하여야 하고 입주 시까지 해당 모기지 가입 사실을 증명해야 합니다. 만약, 해당 자격을 갖추지 못하였음이 판명되는 경우 입주가 불가하고 공급계약이 취소됩니다.

☐ 금회 공급되는 주택은 공공주택 특별법 시행규칙 별표6의3과 주택공급에 관한 규칙 제4조 제1항 규정에 의거, 입주자모집공고일 현재 서울특별시에 거주(주민등록표등본 기준)하는 무주택세대구성원인 성년자로서 〈표1〉의 각 자격을 갖춘 분에게 1세대 1주택 기준으로 공급(1세대 2인 이상이 청약하여 한 명이라도 당첨될 경우 중복청약으로 모두 부적격처리됨)합니다.

〈표1〉 신청자격별 신청 및 검증 기준

신청자격	기본요건	주택·소득·자산 등의 자격검증 범위
신혼부부	혼인 중인 자로서 혼인기간이 7년 이내 또는 6세 이하 자녀(태아 포함)를 둔 자	무주택세대구성원
예비신혼부부	혼인을 계획 중이며, 공고일로부터 1년 이내 혼인사실을 증명할 수 있는 자	혼인으로 구성될 세대(신청자가 청약 시 직접 입력)
한부모가족	6세 이하 자녀(태아 포함)를 둔 부 또는 모	무주택세대구성원

  ※ 예비신혼부부 자격으로 청약하는 경우, 필히 입주 시[입주지정기간(2023.06.27~2023.08.25)]까지 혼인사실 증명이 가능하여야 하오니 각별히 주의하시기 바랍니다.
  ※ 신혼희망타운의 청약자는 입주 시까지 무주택자격을 유지해야 하고, 해당 자격을 갖추지 못하였음이 판명되는 경우 입주가 불가하고 공급계약이 취소됩니다.

☐ 공고일 기준 수서역세권 A3블록 기계약자 및 세대원(예비신혼부부 자격 신청자의 경우 '혼인으로 구성될 세대'), 최초모집공고(2019.12.12) 및 추가모집공고(2022.03.18) 시 부적격당첨자는 본 공고로 공급하는 주택에 청약불가하며 계약체결 이후라도 위 사실이 확인될 경우 계약이 취소됩니다.

☐ 신청접수는 당첨자 발표일이 동일한 주택 전체에 대해 1세대 내 무주택세대구성원 중 1인만 신청 가능하며, 동일세대 내에서 1인 이상이 금회 공급하는 주택과 당첨자 발표일이 동일한 다른 주택(민간 사전청약 포함)에 중복청약할 경우 모두 무효 또는 부적격처리하오니 유의하시기 바랍니다.
  ※ 금회 공급 주택과 위례A3-3a블록은 당첨자 발표일이 동일함에 따라, 동일세대 내 중복청약을 금하며, 중복청약하여 한 곳이라도 당첨되는 경우 모두 부적격처리됨을 알려드립니다.

☐ 동일세대 내에서 1인 이상이 당첨자 발표일이 서로 다른 국민주택에 청약하는 경우 당첨자 발표일이 우선인 단지의 당첨만 유효하며 계약체결이 가능합니다(후당첨 단지 무효 또는 부적격처리됨).

□ 금회 공급되는 주택은 공공주택 특별법 시행규칙 별표6의3 및 주택공급에 관한 규칙 제54조에 따라 과거 재당첨 제한 대상 주택(분양가상한제 적용주택, 분양전환공공임대주택, 토지임대주택, 이전기관 종사자 특별공급주택, 투기과열지구 및 청약과열지역에서 공급되는 주택 등)에 당첨된 자의 세대에 속하여 재당첨 제한 기간 중에 있는 분은 청약할 수 없으며, 청약하여 당첨 시 부적격 당첨자로 처리되어 부적격 당첨자 본인은 향후 청약하려는 지역에 따라 최대 1년간 다른 분양주택(분양전환공공임대주택을 포함)의 입주자로 선정될 수 없는 불이익이 있으니 유의하여 주시기 바랍니다.

□ 신청자격은 당첨자를 대상으로 전산조회, 제출서류 등을 통해 우리 공사에서 확인하며, 확인결과 신청자격과 다르게 당첨된 사실이 판명되거나 당첨자 서류 제출일에 당첨자 서류를 제출하지 아니할 경우에는 불이익(계약체결 불가, 일정기간 입주자저축 사용 및 입주자선정 제한 등)을 받으니 반드시 입주자모집공고문의 신청자격, 기준, 일정, 방법, 유의사항 등을 정확히 확인 후 신청하시기 바랍니다.

□ 금회 공급되는 주택에 대한 제한 및 의무사항은 아래와 같으며, 향후 관계법령 개정 시 변경될 수 있습니다.

구분	기준일(~로부터)	기간	관련 법령
재당첨제한	금회 입주자선정일('23.04.14)	10년	공공주택 특별법, 수도권정비계획법, 주택공급에 관한 규칙
전매제한	최초 입주자선정일('19.12.30)	10년	주택법 시행령
거주의무	최초 입주가능일('23.06.27)	5년	공공주택 특별법 시행령

30 위 공고문의 내용과 일치하지 않는 것은?

① A3 신혼희망타운은 공공분양과 행복주택 세대가 모든 동·호수에 무작위로 배정되어 구성되었다.
② 혼인한 지 3년 된 신혼부부 중 남편과 아내가 모두 청약에 참여해 아내만 당첨될 경우 중복청약으로 부적격처리된다.
③ 공공주택 특별법에 따르면, 총자산기준가액 3억 7,900만 원을 초과할 경우 입주자는 신혼희망타운 전용 주택담보 장기대출상품 가입이 권고된다.
④ 청약자가 당첨된 이후에 유주택자가 되었다면 신혼희망타운 입주가 불가하다.
⑤ LH는 당첨자를 대상으로 전산조회, 제출서류 등을 통해 신청자격에 부합하는지 확인하며, 신청자격과 다르게 당첨된 경우에는 계약체결이 이루어지지 않을 수 있다.

31 위 공고문에서 공급되는 주택에 대한 제한 및 의무사항에 대한 설명으로 옳은 것을 〈보기〉에서 모두 고르면?

┌─ 보기 ───┐
㉠ 당첨자는 2028년 6월 27일까지는 반드시 거주해야 한다.
㉡ 당첨자는 2029년 12월 30일까지 전매가 제한된다.
㉢ 당첨자는 당첨일로부터 향후 5년간 투기과열지구 및 청약과열지역에서 공급하는 주택의 청약접수가 제한된다.
㉣ 공공주택 특별법, 수도권정비계획법, 주택공급에 관한 규칙 등 관계법령이 개정되더라도 제시된 주택에 대한 제한 및 의무사항은 변하지 않는다.
└──┘

① ㉠, ㉡, ㉢
② ㉠, ㉢, ㉣
③ ㉡, ㉢, ㉣
④ ㉠, ㉡
⑤ ㉢, ㉣

[32~33] 다음은 A은행의 대출상품 안내문이다. 이를 보고 이어지는 물음에 답하시오.

직장인 우대 대출

◇ 대출 대상자는 다음 각 호를 모두 충족하는 자로 한다.

  1. 일반 법인기업체 또는 당행 전속 거래기업에서 1년 이상 재직하고 있는 자(단, 대표자는 제외한다.)

  2. 연간소득 4천만 원 이상인 자(전년도 기준)

◇ 대출한도

개인별 대출한도는 다음 공식에 의거 산출된 금액 이내에서 최대 1억 원으로 한다.

대출한도 = ['연소득 × 신용등급별 가중치'와 '신용등급별 최고한도' 중 적은 금액]
                − 당행 및 타 금융기관의 신용대출금액(현금서비스 포함)

• 신용등급별 최고한도 및 가중치

AS등급		1등급	2등급	3등급	4등급	5등급	6등급	7등급
개인 CSS	최고한도(십만 원)	1,000	1,000	1,000	900	800	700	600
	가중치	1.80	1.60	1.50	1.35	1.20	0.70	0.45

◇ 대출기간 및 상환방법

  1. 일시상환: 1년 이내

  2. 할부상환: 10년 이내(거치기간 지정 불가)

  3. 종합통장대출: 1년 이내

◇ 중도상환해약금

  1. 중도상환해약금: 중도상환금액 × 적용요율 × (잔여기간/대출기간)

구분	가계대출		기업대출	
	부동산 담보대출	신용/기타 담보대출	부동산 담보대출	신용/기타 담보대출
적용요율	1.4%	0.8%	1.4%	1.0%

  2. 인지세: 인지세법에 의해 대출약정 체결 시 납부하는 세금으로 대출금액에 따라 세액이 차등 적용되며, 각 50%씩 고객과 은행이 부담한다.

대출금액	인지세액
5천만 원 이하	비과세
5천만 원 초과 1억 원 이하	5만 원
1억 원 초과 10억 원 이하	12만 원
10억 원 초과	40만 원

새희망 대출

◇ 대출신청일 현재 6개월 이상 직장에 근무하고 있거나 사업을 영위하고 있는 자로서 다음 각 호의 어느 하나에 해당하는 자로 한다. (소득은 전년도 기준임)

  1. 연소득 50백만 원 이하이면서 CB등급(KCB 또는 NICE 신용등급)이 6등급 이하인 자

  2. 연소득 45백만 원 이하인 자

◇ 대출한도

['연소득 × 한도 등급별 가중치'와 '한도 등급별 최고한도' 중 적은 금액]
   − 당행 및 타 금융기관 신용대출(예금담보대출 및 주택담보대출 등을 제외한 순수 신용대출 건)

- 한도 등급별 최고한도 및 가중치

	AS등급	1등급	2등급	3등급	4등급	5등급	6등급
개인	최고한도(십만 원)	1,000	1,000	800	800	700	600
CSS	가중치	2.00	1.80	1.60	1.10	1.00	0.90

◇ 대출기간 및 상환방법

대출기간은 7년 이내(대출기간의 1/3 범위 내 최장 1년 거치 가능)로 하며 상환방법은 원(리)금균등할부상환으로 한다.

◇ 중도상환해약금

중도상환해약금은 면제한다.

◇ 특약체결

대출일부터 연체 없이 대출원리금을 성실히 납부하는 경우에는 대출 실행일로부터 3개월 단위로 0.1%p씩 감면(최대 0.2%p), 대출금이자 감면 이후에 연체 발생 시에는 최초 약정 당시의 가산금리로 환원하기로 한다.

32 위 대출상품에 대한 설명으로 가장 적절하지 않은 것은?

① 직장인 우대 대출은 새희망 대출보다 재직 기간 조건이 더 까다롭다.

② 연간소득이 3천만 원인 자는 직장인 우대 대출을 받을 수 없다.

③ 최대한 장기간의 분할상환방식을 원하는 고객은 직장인 우대 대출 상품이 적합하다.

④ 대출기간 중에 원금을 상환하고자 하는 고객에게는 새희망 대출이 유리하다.

⑤ 새희망 대출을 4년간 분할상환조건으로 대출받은 고객은 연체 없이 대출원리금을 납부하면 최대 2.0%p 감면받을 수 있다.

33 다음은 대출을 신청하려는 직장인 갑의 현재 대출 현황을 나타낸 것이다. 갑에게 적합한 상품 및 최대 대출 가능 금액을 고르면?

---
1. 직장 재직기간 : 2년 6개월
2. 직전연도 소득 : 5,000만 원
3. AS등급 : 4등급
4. 부채현황
    1) 당행
        • 예금담보대출 : 2,000만 원
    2) 타행
        • 주택담보대출 : 8,000만 원
        • 신용카드 카드론 : 200만 원
---

① 직장인 우대 대출, 5,600만 원

② 직장인 우대 대출, 5,300만 원

③ 직장인 우대 대출, 4,850만 원

④ 새희망 대출, 5,800만 원

⑤ 새희망 대출, 5,300만 원

[34~35] 다음은 점검대상 건축물 관련 자료이다. 이를 보고 이어지는 물음에 답하시오.

○ 다음 건물은 건축물관리법에 따른 점검의 대상이 된다.
- 다중이용 건축물
- 접합건축물 중 연면적 3천 m² 이상
- 다중이용업의 용도로 쓰는 건축물 중 지자체가 조례로 정하는 건축물
- 준다중이용 건축물 중 특수구조 건축물

○ 건축물 점검기관은 점검대상 건축물의 연면적에 따라 다음과 같이 책임자와 점검자를 각각 따로 두어야 한다.

인력 \ 연면적	3천 m² 미만	3천 m² 이상 1만 m² 미만	1만 m² 이상
책임자	1명 이상	1명 이상	1명 이상
점검자	2명 이상	3명 이상	4명 이상

※ 연면적: 한 건축물의 각층 바닥면적의 합계

○ 책임자와 점검자는 다음의 교육을 받아야 한다.
1. 교육의 종류 및 시간
   - 최초교육: 7시간(단, 책임자는 35시간)
   - 보수교육: 7시간
2. 교육 이수 주기
   - 최초교육: 매년 이수
   - 보수교육: 3년마다 이수
   ※ 보수교육은 최초교육 이수 후 3년마다 실시함

34 위 자료의 내용으로 보았을 때, 옳은 설명은?

① 접합건축물 점검 시 점검자는 반드시 4명 이상이어야 한다.
② 책임자 1명, 점검자 3명으로 구성된 점검기관은 각층 바닥면적이 2천m²인 5층 건축물을 점검할 수 있다.
③ 책임자 1명, 점검자 4명으로 구성된 점검기관은 각층 바닥면적이 3천m²인 3층 건축물을 점검할 수 있다.
④ 연면적 2만m²인 건축물을 점검하는 점검기관의 책임자와 점검자가 1년에 이수해야 하는 최소 교육시간 합은 총 35시간이다.
⑤ 다중이용업 용도로 쓰는 건축물은 모두 건축물관리법에 따른 점검 대상이다.

35 다음 〈보기〉의 빈칸 A, B에 들어갈 값의 합으로 옳은 것은?

┌ 보기 ┐
- 연면적 2천m²인 건축물을 점검하는 점검기관의 책임자와 점검자가 이수해야 할 연간 교육시간의 총합은 (A)시간 이상이다.
- 각층 바닥면적이 5천m²인 3층 건축물을 점검하는 점검기관의 책임자와 점검자가 3년마다 이수해야 하는 보수교육 시간 합은 최소 총 (B)시간이다.

① 92 ② 84 ③ 72
④ 65 ⑤ 58

36 △△회사에서는 지난 분기 프로젝트를 진행한 팀에 대한 업무능력 평가를 진행하여, 평가결과에 따라 성과급을 지급하려고 한다. 평가항목별 최종점수 합이 높은 두 팀에게 성과급을 지급할 때, 성과급을 받게 되는 팀은?

○ 4명의 평가위원(가 ~ 라)이 성과기여도, 효율성, 성장성의 3개 평가항목 점수를 부여한다. 각 평가항목의 배점은 성과기여도 40점, 효율성 30점, 성장성 30점으로 한다.

○ 평가항목별 최종점수는 아래의 식에 따라 산출한다. 단, 최고점수 또는 최저점수가 복수인 경우 각각 하나씩만 차감한다.

$$\frac{\text{평가항목에 대한 점수 합계} - (\text{최고점수} + \text{최저점수})}{\text{평가위원 수} - 2}$$

○ 평가결과는 다음과 같다.

구분	평가위원	평가항목		
		성과기여도	효율성	성장성
기획팀	가	38	15	30
	나	34	22	23
	다	40	18	30
	라	35	20	27
마케팅팀	가	24	20	20
	나	30	20	21
	다	35	18	22
	라	28	16	25
제작팀	가	30	28	25
	나	27	24	22
	다	23	26	20
	라	29	25	19
홍보팀	가	32	30	23
	나	36	30	22
	다	28	28	20
	라	34	30	21

① 기획팀, 마케팅팀
② 기획팀, 제작팀
③ 기획팀, 홍보팀
④ 마케팅팀, 제작팀
⑤ 제작팀, 홍보팀

[37~38] A회사는 생산의 일부를 외부 협력업체를 선정해 맡기기로 하고, 협력업체를 선정할 평가작업을 진행 중이다. 다음은 협력업체 후보인 가~마 업체의 평가 정보 및 평가요소 점수표이다. 이를 보고, 이어지는 물음에 답하시오.

업체별 평가 정보

업체	공장 규모	단가(만 원)	신뢰도
가	1,200평	2억 5천만 원	8.9
나	1,350평	2억 8천만 원	9.4
다	1,150평	3억 2천만 원	9.7
라	1,380평	2억 4천만 원	9.2
마	1,280평	2억 5천만 원	9.5

◎ 공장규모 점수표

규모(평수)	점수
1,100평 미만	7
1,100평 이상 1,200평 미만	8
1,200평 이상 1,300평 미만	9
1,300평 이상	10

◎ 단가 점수표

단가(만원)	점수
2억 5천만 원 미만	10
2억 5천만 원 이상 3억 원 미만	9
3억 원 이상 3억 5천만 원 미만	8
3억 5천만 원 이상	7

◎ 선정 방법
• 신뢰도 점수가 10점 만점에 최소 9.4점 이상인 업체를 선정한다.
• 공장 규모가 최소 1,200평 이상인 업체를 선정한다.
• 단가 : 공장규모 : 신뢰도 항목을 3 : 3 : 4의 비율로 평가하여, 합산한 점수가 높은 업체를 협력업체로 선정한다.

37 위 조건에 따라 협력업체로 선정되는 곳은?

① 가　　　　　　　　　　② 나
③ 다　　　　　　　　　　④ 라
⑤ 마

38 협력업체 후보인 가~마 외에 바, 사 업체까지 후보에 넣고 협력업체를 선정하기로 하였다. 또한 업체 선정 방법을 〈보기〉와 같이 수정하였을 때, 협력업체로 선정되는 곳은 어디인가?

업체	공장 규모	단가(만 원)	신뢰도
바	1,200평	2억 5천만 원	9.6
사	1,400평	2억 2천만 원	9.0

┌ 보기 ┐
- 신뢰도 점수가 10점 만점에 최소 9.0점 이상인 업체를 선정한다.
- 공장 규모가 최소 1,200평 이상인 업체를 선정한다.
- 단가 : 공장규모 : 신뢰도 항목을 5 : 2 : 3의 비율로 평가한다.

① 나　　　　　　　　　② 라
③ 마　　　　　　　　　④ 바
⑤ 사

[39~40] 다음은 어느 회사의 워크숍 일정 및 관련 자료이다. 이를 보고, 이어지는 물음에 답하시오.

워크숍 일정

시간		비고
첫째 날	09:00~11:00	워크숍 장소(리조트) 이동
	11:00~13:00	정리 및 점심 식사
	13:00~14:00	O.T
	14:00~16:00	전문 강의(재무 관리)
	16:00~18:00	조별 활동
	18:00~19:00	저녁 식사
	19:00~22:00	직원 화합의 밤
둘째 날	09:00~10:00	아침 식사
	10:00~11:00	조별 활동 및 정리
	11:00~	해산

※ 워크숍 참가 인원: 기획조정실 3명, 경영관리실 4명, 사업계획실 3명, 판매기획실 2명, 경리실 2명

워크숍 장소 후보 관련 정보

장소	강당	노트북	비용(원)		비고
			식비(인)	숙박비(2인실)	
A호텔	○	2대	10,000	100,000	강당 대여료 100,000원 노트북 대여료 1만 원/일
B리조트	×	3대	15,000	100,000	노트북 무료 대여
C호텔	○	2대	10,000	130,000	강당 대여료 50,000원 노트북 대여료 1만 원/일
D호텔	○	1대	10,000	110,000	강당 대여료 100,000원 노트북 무료 대여
E리조트	○	×	15,000	110,000	강당 대여료 50,000원

※ A, B, C, D, E 모두 1인당 식비로 3식 제공

39 〈보기〉의 요인을 고려했을 때 워크숍 장소 후보 중에서 가장 적합한 곳을 고르면?

┌ 보기 ┐
1. 가능한 비용이 저렴한 곳을 선택한다.
2. 강당 필수, 노트북 2대 필요
※ 노트북은 첫째 날만 필요하며, 1대를 외부에서 빌릴 경우 하루에 3만 원의 비용이 든다.

① A호텔　　　　　　　② B리조트
③ C호텔　　　　　　　④ D호텔
⑤ E리조트

40 워크숍 참가 인원이 기획조정실에서 1명, 경영관리실에서 2명이 늘어나게 되었다. 또한 강당에서 진행하기로 한 프로그램이 취소되었다고 할 때, 워크숍 장소 후보 중 가장 저렴하게 이용할 수 있는 곳의 비용은? (단, 다른 요건은 위 문제와 동일하다.)

① 985,000원   ② 1,050,000원
③ 1,090,000원   ④ 1,195,000원
⑤ 1,210,000원

LH한국토지주택공사

직업기초능력평가

LH한국토지주택공사

직업기초능력평가

봉투모의고사

2회

제2회 직업기초능력평가

(40문항 / 50분)

01 다음 보도자료의 내용과 일치하는 것을 〈보기〉에서 모두 고르면?

> 한국토지주택공사(LH)는 서울 영등포구 여의도동 61-2 부지를 실수요자 대상 경쟁입찰 방식으로 공급한다고 2024년 10월 16일 밝혔다. 공급대상 토지는 가톨릭대학교 여의도 성모병원 인근에 위치하고 있으며, 면적은 8,264m²이다. 공급예정가격은 약 4,024억 원이다. 2024년 10월 30일 1순위 입찰 신청 및 개찰이 진행되며, 유찰 시에는 10월 31일 2순위 입찰 신청을 받는다. 계약 체결일은 11월 26일이다. 1순위 매각 조건은 5년 유이자 분할납부(2년 거치기간 포함)이며, 2순위는 5년 무이자 분할납부(거치기간 없음) 조건이다. 1순위에서 낙찰자가 정해지면 2순위 접수는 받지 않는다.
>
> 〈매각 대상 토지〉
>
> | 소재지 | 지목 | 면적(m²) | 공급예정가격(원) |
> | --- | --- | --- | --- |
> | 서울시 영등포구 여의도동 61-2 | 대 | 8,264 | 402,456,800,000 |
>
> 지난 1, 2회차 공급과 달리 대금납부조건을 5년 분할납부로 대폭 완화하여 공급하는 만큼 실수요자들의 입찰 참여가 늘어날 것으로 예상된다. 또한, 2순위 입찰이 진행될 경우 낙찰자가 매매대금을 계약체결 시 일시에 선납하면 약 498억 원의 할인 효과가 있을 것으로 예상된다.
>
> 해당 부지는 올림픽대로, 여의대방로, 원효대교 등에서 진입이 편리해 우수한 교통여건을 갖추고 있다. 또한 지하철 9호선 샛강역, 5호선 여의나루역까지 도보 이동이 가능하고 여의도 환승주차장과 연계한 시내버스 광역교통망도 편리하게 이용할 수 있어 대중교통 접근성도 높다. 여의도는 국제금융 중심지로 계획되고 있어 한강 변의 국제적 수준을 갖춘 매력적인 도심환경을 갖추어 나갈 것으로 기대를 모으고 있다. 특히 서울시가 지난 2023년 5월 발표한 '여의도 금융중심 지구단위계획(안)'이 2024년 9월 서울시 도시건축공동심의회에서 가결된 뒤 최종 확정을 앞둔 만큼, 여의도 개발에 탄력이 붙을 것으로 전망된다. 자세한 사항은 LH청약플러스(apply.lh.or.kr)에 게시된 공고문을 참고하거나, LH 서울지역본부 보상2팀(02-3496-4147)으로 문의하면 된다.

┌ 보기 ┐
ㄱ. 1순위 매각 조건을 충족하는 대상자가 낙찰자로 정해질 경우, 2순위 접수는 진행되지 않는다.
ㄴ. 1, 2회차 공급 때는 대금 납부조건이 까다로워 실수요자들의 입찰 참여가 전혀 없었다.
ㄷ. 해당 여의도 부지는 대중교통뿐 아니라 자가용 이용 접근성도 좋다.
ㄹ. 2023년 발표한 여의도 금융 중심 지구단위 계획안이 확정되어 부지 개발에 대한 기대감이 매우 높아진 상태이다.

① ㄱ, ㄴ, ㄷ
② ㄴ, ㄷ, ㄹ
③ ㄱ, ㄴ
④ ㄱ, ㄷ
⑤ ㄷ, ㄹ

[02~03] 다음은 실버스테이 시범사업 민간사업자 공모 지침서 내용의 일부이다. 이를 보고 이어지는 물음에 답하시오.

◎ 사업 목적

본 사업은 민간임대주택법에 따라 LH가 공급하는 토지에 민간사업자가 공공지원민간임대주택사업을 수행함에 있어 민간이 창의력과 자본을 활용함과 동시에 실버스테이 입주민과 일반 입주민이 장기간 안정적으로 거주할 수 있는 임대주택을 시세 이하의 저렴한 임대료로 함께 공급하여 고령인구 증가에 대응하고 전월세 시장 안정 및 임대차 시장 선진화를 도모하는 것을 목적으로 한다. 본 사업에 따른 입주민은 아래와 같다.

1. 실버스테이 입주민 : 20년 이상 임대할 목적으로 주거 서비스를 결합하여 공급하는 공공지원민간임대의 입주민으로 60세 이상 고령자

2. 일반 입주민 : 10년 이상 임대할 목적으로 공급하는 공공지원민간임대의 입주민으로 청년·신혼부부 등 포함

◎ 민간사업자 공모 개요

1. 우선협상대상자 선정 일정
   (1) 민간사업자 공모 공고 : 2024. 12. 19(목)
   (2) 참가의향서 제출
   - 일시 : 2024. 12. 26(목) 10시 ~ 12. 27(금) 15시까지
   - 접수방법 : 방문접수 또는 우편접수
   ※ 우편접수의 경우, 참가의향서를 스캔하여 이메일로 발송하고 원본은 우편발송(제출 인정은 이메일을 발송한 시간 기준)
   ※ 방문접수처 : 경남 진주시 충의로 19, LH 본사 9층 부동산금융사업처
   (3) 질의접수 및 답변
   - 질의접수기간 : 2024. 12. 27(금) 10시 ~ 12. 30(월) 15시까지
   - 질의 및 답변은 인터넷 한국토지주택공사 홈페이지 "질의 및 답변"란을 통해서만 실시한다.
   - 질의에 대한 답변은 본 민간사업자 공모지침서와 동일한 효력을 가진다.
   (4) 신청서류 접수
   - 일시 : 2025. 3. 25(화) 13시~15시
   - 접수방법 : 직접 방문접수
   - 장소 : LH 경기남부지역본부 본관 7층 713-2호
       (주소 : 경기도 성남시 분당구 탄천상로 95)
   (5) 우선협상대상자 선정 발표 : 2025. 4월 예정(추후공지)
   ※ 발표는 LH 홈페이지 게시로 하고, 개별 통보 예정

2. 신청자격 및 방법
   사업신청자는 본 사업을 시행하고자 하는 자로서 아래 각 호의 요건을 모두 충족하여야 한다.
   (1) 사업신청자는 본 사업을 수행할 능력이 있는 단독 법인 또는 5개 이내 법인으로 구성된 컨소시엄이어야 하며, 동일 사업지구에 2개 이상의 컨소시엄이 신청하는 경우 컨소시엄의 구성원은 다른 컨소시엄에 중복하여 참여할 수 없다.
   (2) 사업신청자에는 아래의 요건을 충족하는 자가 1개 사 이상 반드시 포함되어야 한다.
   - 공고일 현재 건설산업기본법 제9조에 따라 등록한 건설업자(이하 "시공사"라 한다)로서 주택도시기금 주택계정 출자업무 시행세칙의 시공사 요건을 충족하는 자
   - 공고일 현재 민간임대주택법 제7조에 따라 주택임대관리업으로 등록한 자 또는 주택임대관리업 등록 계획이 있는 자(추후 주택임대관리회사를 설립하여 본 사업의 임대운영을 위탁하고자 할 경우)

3. 신청서류
   사업신청 시에는 다음 각 호의 사항을 기재한 사업신청서를 LH에 제출하여야 하며, 외국어로 작성된 서류 제출 시에는 별도로 국문 번역본을 제출하여야 한다.

No	구분		제출부수	쪽수	비고
1	사업신청서〈서식3〉및 붙임서류 1부		2부	–	종좌철 제본 (접착/단면)
2	사업계획서 (재무계획서/임대계획서/개발계획서)		20부	60쪽 이내 (가 15쪽 이상)	종좌철 제본 (접차/양면)
3	부록 (서식 작성자료 및 사업계획서 증빙서류 등)		20부	서식 제외 50쪽 이내	종좌철 제본 (접착/양면)
4	설계도서(A3)		20부	20쪽 이내	가로방향 좌편철 (접착/단면)
5	설명자료	사업계획서 설명자료 (Microsoft PowerPoint)	20부	30쪽 이내	횡좌철 제본 (접착/단면)
6	USB메모리 (제출서류일체)		2개	전체 성과물	상기제출 내용 전체수록

4. 신청서류 제출방법
- 사업계획서, 설계도서는 규격에 맞게 작성하여 제출한다.
- LH는 평가에 필요한 서류를 사업신청자에게 추가로 요청할 수 있다.
- 사업신청서의 제안내용에 포함되는 특허권, 실용신안권, 의장권, 상표권 등 법령에 의해 보호되는 제3자의 권리의 대상이 되는 재료, 공법 및 기타 신기술을 사용하는 결과 발생하는 책임은 사업신청자가 부담한다.
- 사업신청서류 제출은 사업신청자의 대표자가 인감 및 증빙서류를 지참하여 방문접수하여야 하며, 대표자가 아닌 자가 대리 신청하는 경우에는 신분증과 임직원임을 확인할 수 있는 증빙서류 및 대표자의 위임을 확인할 수 있는 증빙서류를 제출하여야 한다.

02 위 공고문의 내용과 일치하지 않는 것을 〈보기〉에서 모두 고르면?

┌─ 보기 ┐
ⓘ 60세 미만 입주민은 해당 사업의 일반 입주민에 해당한다.
ⓛ 공고문이 난 후 2달 이내에 우선협상자가 선정된다.
ⓒ 6개 법인으로 구성된 컨소시엄은 사업을 신청할 수 없다.
ⓔ 2024년 12월 30일 오후 3시까지 홈페이지를 통해 사업자 공모 관련 질의에 대한 답변을 받을 수 있다.
ⓜ 참가의향서와 신청서류 접수 모두 직접 방문접수가 가능하다.

① ㉠, ㉢   ② ㉡, ㉢   ③ ㉡, ㉣
④ ㉡, ㉤   ⑤ ㉢, ㉣

03 위 공고문에 따를 때, 제출해야 할 서류와 관련된 설명이 잘못된 것은?

① 서류는 2025년 3월 25일에 한해 사업신청자의 대표자가 직접 방문해 제출해야 하고, 이때 대표자는 인감을 지참하여야 한다.
② 재무계획서 20쪽, 임대계획서 15쪽, 개발계획서 22쪽으로 구성된 사업계획서를 제출할 수 있다.
③ 파워포인트로 제작한 사업계획서 설명자료는 30쪽을 넘지 않도록 하고, 사업계획서는 60쪽을 넘지 않도록 해야 한다.
④ 종좌철 제본하여 제출해야 하는 서류는 모두 40부이다.
⑤ 외국어로 작성된 서류는 국문 번역본과 함께 제출한다.

04 다음 보도자료의 내용과 일치하지 않는 것은?

LH는 노후임대주택 4만 호를 대상으로 약 5,900억 원을 투입하는 그린리모델링 사업계획을 수립하고, 2021년 9월부터 그린리모델링 공사를 본격 시작한다. 노후임대주택 그린리모델링 사업은 15년 이상 경과된 LH 노후 영구임대주택, 매입임대주택을 대상으로 단열·기밀성능 강화 등 에너지효율을 높이는 방향으로 시설물을 개선하는 사업이다.

LH는 2020년 시범사업을 통해 축적한 노하우를 바탕으로 사업을 대폭 확대해 노후 건설임대 28,135호, 매입임대 11,862호를 대상으로 그린리모델링을 실시한다. 건설임대주택 그린리모델링은 크게 △세대통합 리모델링, △단일세대 리모델링으로 추진된다.

세대통합 리모델링은 공가 상태인 연접한 소형평형(26m²) 2세대를 넓은 평형(52m²)으로 리모델링해 다자녀가구 등에 공급한다. 세대통합·발코니확장 공사로 평형이 확대되고, LED전등·단열창호·기밀 현관문 교체 등을 통해 에너지 성능 개선, 친환경 벽지·장판 교체로 거주 환경이 개선된다. 단일세대 리모델링은 공가 세대 또는 재임대 세대를 대상으로 빌트인가전 설치, 고성능 단열창호 설치, 친환경 자재 등을 적용해 리모델링한 후 기존세대를 재정착시키는 방식이다. 특히, 거주상태 리모델링 공사도 실시하는데, 비철거방식 현관타일교체, LED 전등 설치, 욕실 수전설비 교체 등 입주민이 거주한 상태에서 공사가 가능한 항목을 선정해 세대별 여건에 따라 리모델링을 진행한다.

매입임대주택 그린리모델링은 입주자의 생활안전과 에너지효율을 높일 수 있는 주거공간 개선과 노후 공용부문 리모델링으로 진행한다. 입주자 거주 상태에서 교체 가능한 LED 전등, 절수형 설비, 노후 주방가구 등을 교체하고, 공용부문은 옥상 방수, 태양광 발전설비 설치, 공동현관 자동문 설치 등 전체 입주자의 안전과 편의를 개선하는 시설 위주로 리모델링을 실시한다.

---

① LH가 추진하는 그린리모델링 사업은 노후 영구임대주택과 매입임대주택을 대상으로 진행된다.
② 매입임대주택 그린리모델링은 입주자의 안전과 편의를 개선하는 시설 위주로 실시한다.
③ 소형면적 주택 2채를 터 1채로 만드는 것은 '세대통합 리모델링'에 해당한다.
④ 준공 후 20년이 지난 영구임대주택의 경우 그린리모델링 사업 대상에 포함되지 않는다.
⑤ 입주자가 거주한 상태에서 진행하는 리모델링은 영구임대주택과 매입임대주택 모두에서 실시된다.

05 다음은 LH의 '페이퍼리스 청약서비스', 'MyMy 서비스'와 관련한 보도자료이다. 자료의 내용과 일치하지 않는 것은?

한국토지주택공사(LH)는 분양주택 자격검증 서류제출을 간소화하는 '페이퍼리스 청약서비스'를 개시한다고 2024년 9월 30일 밝혔다. 페이퍼리스 청약서비스는 청약신청, 당첨조회, 서류제출(행정안전부 공공마이데이터 서비스 및 온라인 서류제출 서비스), 계약까지 종이 서류를 출력해 제출할 필요 없이 온라인으로 손쉽게 처리할 수 있는 서비스다.

그간 분양주택 당첨자는 자격 검증에 필요한 각종 서류를 직접 발급받거나 출력한 뒤 우편, 방문 등을 통해 제출해야만 했었다. 이제부터는 페이퍼리스 청약서비스를 통해 언제 어디서나 LH청약플러스(PC, 모바일앱)에 접속하여 간편하게 서류 제출이 가능하다. 아울러 LH청약플러스 모바일앱에서는 각종 증빙서류를 촬영, 편집하여 바로 제출할 수 있어 보다 편리하게 서비스를 이용할 수 있다.

또한, '공공 마이데이터 서비스'의 본인정보 제공요구에 동의한 경우 주민등록표 등·초본, 가족관계증명서 등 주요 필수 서류 8종(주민등록표 등본, 주민등록표 초본, 가족관계증명서, 출입국에 관한 증명, 국내거소사실 증명, 외국인등록증, 한부모가족 증명서, 장애인 증명서)이 LH에 자동으로 제출돼 별도로 서류를 준비하지 않아도 된다. 공공 마이데이터 서비스는 당첨자 외 모든 세대원(만 14세 이상)의 본인정보 제공 요구가 필요하며, 세대원은 온라인서류제출 기능을 활용해 편리하게 본인정보 제공을 요구할 수 있다. LH는 분양주택 페이퍼리스 청약서비스로 고객의 시간과 금전적 불편을 해소할 수 있을 뿐 아니라 정부와 LH의 데이터 연계로 업무 효율성을 크게 높일 수 있게 될 것으로 기대하고 있다.

한국토지주택공사(LH)는 임대주택 청약 시 제출 서류를 대폭 줄여주는 'MyMy서비스(My information! My home! 서비스)' 시범 운영을 마치고, 본격적으로 도입한다고 2024년 10월 28일 밝혔다. MyMy서비스는 행정안전부의 '공공 마이데이터'를 활용한 비대면 온라인 임대주택 공급 서비스다. 임대주택 신청 시 기관별로 서류를 발급받으러 다닐 필요 없이 '본인 정보 제공 요구서' 제출만으로 필수 서류 제출을 끝낼 수 있다.

LH는 시범 운영을 통해 MyMy서비스 안전성 검증을 마친 뒤, 당초 33종이었던 연계 본인정보에 가족관계증명서 등 8종을 더하여 총 41종의 서류를 한 번에 제출할 수 있도록 서비스를 확대 개편했다. 또한 청약 신청자뿐만 아니라 주민등록상 함께 거주 중인 세대원도 '공공 마이데이터 제공 요구'를 통해 각종 서류를 제출할 수 있다.

MyMy서비스는 2024년 10월 28일부터 행복주택, 매입임대, 영구임대, 국민임대 유형 청약 신청 시 활용할 수 있으며 신규 계약뿐만 아니라 재공급, 예비자계약 시에도 이용할 수 있다. 전세임대와 통합공공임대 유형은 시스템 구축 후 시범사업을 거쳐 2025년 적용될 예정이다.

LH는 MyMy서비스로 고객의 임대주택 신청에 드는 번거로움과 불편함은 줄이고, LH는 업무 신속성과 편의성을 대폭 높일 수 있을 것으로 기대하고 있다.

① '페이퍼리스 청약서비스'와 'MyMy서비스'는 공공 마이데이터 서비스 활용해 서류제출 과정을 간소화할 수 있다는 것이 공통점이다.

② 분양주택 당첨자는 서류를 직접 발급받은 뒤에 우편제출이나 방문제출만 가능했으나, '페이퍼리스 청약서비스'를 이용하면 PC나 모바일앱으로 서류를 제출할 수 있다.

③ '페이퍼리스 청약서비스' 이용 시 증빙서류를 따로 촬영하지 않고 LH청약플러스 모바일앱을 통해 서류를 촬영하거나 편집할 수도 있다.

④ 2024년 12월에 전세임대 청약 신청을 하는 경우 'MyMy서비스'를 이용하여 신청할 수 있다.

⑤ 임대주택 청약 신청을 하는 경우, 청약 신청자와 주민등록상 함께 거주 중인 세대원도 'MyMy서비스'로 최대 41종의 서류를 한 번에 제출할 수 있다.

[06~07] 다음 보도자료를 보고 이어지는 물음에 답하시오.

LH, 국내 최대 규모 모듈러주택 건설로 OSC공법 활성화 앞장선다

LH는 2024년 세종 5-1생활권(스마트시티 국가시범도시) L5블록에 국내 최대 규모 모듈러주택을 스마트 턴키 방식으로 추진한다. 아울러 건설산업체계를 혁신하고 모듈러주택 시장 활성화를 위해 '2030 LH OSC주택 로드맵'을 수립했다고 밝혔다.
* OSC(Off-Site Construction) : 탈현장건설 기반으로 공장에서 주요 부재의 70% 이상을 사전 제작하여 현장으로 운반 후 조립하는 공법
* 스마트 턴키 : 공사 설계부터 시공까지 이르는 전 과정에 스마트 건설기술(모듈러, BIM 등)을 반영해 일괄입찰하는 방식

모듈러주택은 OSC 공법을 활용해 공장에서 부재의 80% 이상을 사전 제작해 현장에 운반 후 설치하는 주택이다. 철근콘크리트 공법 대비 약 30% 공사기간 단축이 가능하고, 건설 중 배출되는 탄소와 폐기물도 줄일 수 있어 친환경 건설이 가능하다.

공동주택 최초로 스마트 턴키 방식 적용
LH는 세종시 합강동 소재 세종 5-1생활권 L5블록에 국내 최초 공동주택 스마트 턴키 방식 사업을 적용해 총 450세대의 모듈러주택을 통합공공임대로 건설한다. 공사기간을 단축해 신속하게 주택을 공급할 뿐만 아니라 로봇배송, 제로에너지, 스마트 커뮤니티 등이 반영된 스마트 주거단지로 조성한다.
* 세종 L5블록 : 통합공공임대 1,327호(지상 12층), 모듈러주택 450호 적용되어 모듈러주택 세대수 기준으로 국내 최대 규모

모듈러주택 표준화 및 핵심기술 도입을 위해 설계 단계부터 제조사, 설계사, 건설사 등이 협업해 모듈러주택 특화 전용 평면을 적용한다. 아울러 층간소음 차단 성능 실증을 통해 국내 최고 수준의 바닥충격음 성능을 확보하고, 모듈러주택의 강점을 살려 장수명주택 인증도 추진한다. 2024년 3월 말 공사 입찰공고를 시작으로 입찰 참가자격 사전심사(4월), 설계도서 접수(8월), 설계평가(9월)를 거쳐 업체를 선정하여, 오는 2027년 5월 준공할 계획이다.

2030 LH OSC 로드맵 제시
□ LH는 국정과제인 모듈러주택 활성화와 OSC산업 선도를 위해 '2030 LH SC주택로드맵'을 수립하고 연내 국내 최초 모듈러주택 스마트 턴키방식(세종 5-1생활권 L5BL)과 국내 최고층(의왕초평 A4BL) 모듈러주택 건설을 함께 추진해 나간다.
□ 과거 OSC 방식은 프로젝트 위주의 단발성 시범사업으로 시행돼 경제성이 떨어지고 공사기간 단축 효과가 다소 미흡했다. LH는 로드맵을 통해 2030년까지 공사기간 50% 단축, 기존 공법 수준의 공사비 확보 등을 목표로 한 중장기 추진계획을 수립하고 점진적으로 모듈러·PC 주택 발주를 확대('23~25년 1천호/年 → '26~29년 3천호/年)해 나갈 계획이다.
□ 국내 OSC 주택시장의 안정적 정착을 위해 모듈러주택 설계 표준화, 제품화를 위한 LH 자체기술을 개발하고, 민간 신기술도 검증할 수 있는 Test-Bed를 제공할 예정이다.

---

06 위 보도자료의 내용과 일치하지 않는 것은?

① 세종 L5블록의 통합공공임대 주택은 모듈러주택을 포함해 1,327호로 조성한다.

② LH의 OSC 로드맵에 따르면, 2026년 이후 모듈러·PC주택의 연간 발주량은 3천 호로 늘어난다.

③ 국내에는 스마트 턴키 방식을 적용하여 건설한 공동주택이 없다.

④ 세종 5-1생활권 L5블록 공동주택 사업은 2024년 입찰공고를 시작으로 2027년에 준공 예정이다.

⑤ 기존에 진행했던 OSC 방식의 경제성이 떨어졌던 것은 장기 프로젝트로 진행돼 공사기간 단축 효과가 미흡했기 때문이다.

07 위 보도자료에서 알 수 없는 것은?

① 모듈러주택의 장단점
② 세종 5-1생활권 L5블록의 주택건설 방식
③ 세종 5-1생활권 L5블록 주택단지 건설 일정
④ 세종 5-1생활권 L5블록의 주택 규모
⑤ '2030 LH OSC주택 로드맵'의 수립 배경

[08~09] 다음은 LH가 시행하는 건설사업 지구에 설치할 미술작품을 공개 모집하는 공고문이다. 이를 보고 이어지는 물음에 답하시오.

---

1. 사업명
○ 양주회천 A−18BL 미술작품 제작 및 설치공사 − A, B
○ 고양장항 A−5BL 미술작품 제작 및 설치공사 − C

2. 공모개요
○ 미술작품의 종류 : 조형예술물 및 공공조형물
○ 사업비 및 공모수량

사업명	공모단위	수량(개소)	사업비
양주회천 A−18BL 미술작품 제작 및 설치공사	A	1	163,000,000원
양주회천 A−18BL 미술작품 제작 및 설치공사	B	1	162,500,000원
고양장항 A−5BL 미술작품 제작 및 설치공사	C	1	147,000,000원

○ 설치기간 : 계약일~건축물사용승인 이전까지

3. 응모자격
○ 만 19세 이상으로 (제3호의 미술작품 종류 표기)의 제작 및 설치가 가능한 자
○ 응모자격의 제한 : LH 현장에서 미술작품이 미준공 처리되어 미준공 판정일로부터 3년이 경과되지 않은 경우, 당해연도에 LH가 시행한 공모에 3회 이상 당선된 경우

4. 공모일정
○ 공모공고일 : 2023.04.03(월), 현장설명회 생략(현장설명서 참조)
○ 응모작품 제출기한 : 2023.05.04(목), 10:00~17:00
○ 작품 심사일자 : 2023.05.31(수), 13:30(심사발표일 2023.06.02)

5. 공모절차
○ 응모요령 : 공모조건 등의 세부사항은 공모지침서 등에 의함
  (응모신청서, 작품제출서, 공모지침서는 신청기간 중에만 배부함)
○ 응모작품 제출 시 응모 신청을 필한 작가에 한하여 응모 신청이 인정됨
○ 응모신청 및 응모작품 제출 방법
  − 작품 제출기한 : 2023.05.04(목) 10:00~17:00 (해당일자 시간 내 도착분에 한함)
  − 비대면 공모 추진에 따른 U-cloud(http://user-lhcloud.lh.or.kr) 접수
  − 게스트로 접속(ID : lhlh123@lh.or.kr, PW : lhzptmxm) 후 미술작품 공모폴더의 하위 각 공모단위별 폴더에 본인이름 폴더(중간글자 ○ 표기, 홍○동) 생성후 제출
    ⇒ 확인용 메일(작가이름) 송부(lhlh123@lh.or.kr)
  − 전화 : 02) 6908-1234
  ※ 응모작품은 판넬로 제출하지 않음

6. 응모작품 제출파일[전산파일 PDF만 허용]
※ 제출파일 : ①도판(50MB 이하)/②작품설명서/③기타서식으로 3개 파일 제출
○ 미술작품 응모작품 제출서 [서식1] : ③기타서식(공모군/작가명).pdf
○ 도판 : 841×594mm(A1규격, 1)매 : ①도판(공모군/작가명).pdf
  − 정면도・배면도・좌측면도・우측면도, 무배경 투시도 및 배경 투시도 등
○ 작품설명서   [서식2] : ②작품설명서(공모군/작가명).pdf
○ 미술작품 가격산출 내역서   [서식3] : ③기타서식(공모군/작가명).pdf
○ 서약서   [서식4] : ③기타서식(공모군/작가명).pdf
○ 중복응모신고서   [서식5] : ③기타서식(공모군/작가명).pdf
  ※ 타 지역본부 공모지구에 동일 작품을 중복 응모 시에는 중복응모신고서를 제출해야 하며, 중복응모신고서를 제출하지 않고 2개 이상의 응모지구에 당선될 경우 당선 작품은 "작품의 결격사유"에 해당되어 모든 당선은 취소됨

○ 미술작품 당선 및 설치 확인서[서식6] : ③기타서식(공모군/작가명).pdf
○ 개인정보 수집 및 이용 동의서[서식7] : ③기타서식(공모군/작가명).pdf
  - 신분증 사본(주민번호 뒷자리 삭제) 첨부
○ 제출도서 작성상의 세부적인 내용은 공모지침서에 의함

7. 기디 시항
○ 당선작가에게는 제작 및 설치에 대한 시공권한을 부여함(별도의 실시설계비는 지급하지 아니함)
○ 당선작품에 대한 저작권은 저작권법에 따라 협의함. 다만 당해 공모와 관련한 전시, 홍보, 자료집 발간 등은 별도 협의 없이 할 수 있음

---

08 위 공고문의 내용과 일치하지 않는 것은?

① 양주회천 A-18BL 미술작품 제작 및 설치공사 사업비는 3억 원 이상이며, 2개의 미술품을 설치 예정이다.

② 만 19세 이상이고 공고문에서 제시한 미술작품의 제작 및 설치가 가능한 자라면, 2023년 LH가 시행한 공모에 2회 당선된 경우라도 응모가 가능하다.

③ 이름이 '김민지'인 작가가 응모작품을 제출할 경우, U-cloud에 게스트로 접속해 미술작품 공모폴더 안 단위별 폴더에 '김○지' 폴더를 만든 후 작품을 제출하면 된다.

④ 한 사람이 타 지역본부 공모지구에 중복 응모 시에는 공모지구별로 다른 작품을 제출하더라도 중복응모신고서를 제출해야 한다.

⑤ 공모작품이 당선된 후, 당선된 작품을 포함해 전시회를 할 때는 LH와 별도의 협의를 할 필요가 없다.

---

09 위 공고문의 제출파일과 관련하여 인터넷 게시판에 문의사항이 게시되었다. 이에 대한 답변으로 적절한 것을 〈보기〉에서 모두 고르면?

> **보기**
>
> ㉠ Q : 파일을 제출할 때 용량 제한이나 특이사항이 있을까요?
>   A : 도판만 50MB 이하로 제출해주시고, 모두 PDF파일로 제출해주시면 됩니다.
> ㉡ Q : 작품설명서, 서약서, 개인정보 수집 및 이용 동의서 등은 모두 별도 파일로 제출하나요?
>   A : 도판, 작품설명서를 제외한 제출도서는 모두 기타서식 파일이므로 하나로 묶어 제출해주세요.
> ㉢ Q : U-cloud에 접속해 본인이름으로 폴더를 만든 후 작품을 제출하면 응모가 완료되나요?
>   A : 응모작품 제출 시 응모 신청을 필한 작가에 한하여 응모 신청이 인정되므로, 작품 제출과 신청을 모두 완료해주셔야 합니다.
> ㉣ Q : 개인정보 수집 및 이용 동의서에 신분증 사본을 첨부해야 하나요?
>   A : 네, 신분증 사본을 첨부하되, 앞면만 스캔하여 첨부해주세요.

① ㉠, ㉡
② ㉡, ㉢
③ ㉠, ㉡, ㉢
④ ㉠, ㉢, ㉣
⑤ ㉡, ㉢, ㉣

10 다음 보도자료의 내용과 일치하지 않는 것은?

> LH는 정부의 그린뉴딜 정책에 발맞춰 친환경 모빌리티 이용의 확대를 위해 '전기차 충전인프라 개선방안'을 수립하고, 2021년부터 발주하는 모든 LH 아파트(분양, 임대)에 전면 적용할 예정이다. 먼저, 관련법령 개정에 따라 전기차 충전인프라 설치비율을 확대(주차면수의 4%)하고, 새롭게 도입하는 충전시설 대부분을 과하기술정보통신부 R&D 과제를 통해 검증이 완료된 '공동주택 맞춤형 완속충전기'로 적용한다. '공동주택 맞춤형 완속충전기'는 핵심기능 위주로 최적화된다. 터치스크린, 충전케이블 등 불필요한 기능은 제거하고, IoT 무선통신, 전력분배 및 제어, 대기전력 낮춤 등 첨단기능을 지원한다. 또한 부피와 무게를 혁신적으로 줄인 벽부형(벽면부착형) 제품을 도입해 저비용 고효율을 추구할 방침이다. 아울러, LH는 전기차 확산으로 향후 폭발적 증가가 예상되는 충전인프라의 체계적인 관리체계 마련을 위해 국내 시험·인증 전문기관과의 긴밀한 협업으로 OCA(Open Charge Alliance)에서 만든 글로벌 표준 프로토콜(이하, OCPP) 기반의 규격을 마련했다.
>
> 이처럼, 향후 모든 LH 아파트의 전기차 충전기에 OCPP가 적용되면 충전사업자 간 호환성 제고에 따른 활용성과 운영·관리상의 편의성이 높아지며, '스마트 충전'을 통해 실시간 충전부하에 맞춰 탄력적인 전력제어가 가능하므로 사용자들의 충전요금 부담도 경감될 전망이다.
>
> 이 같은 개선방안은 2021년부터 LH가 발주하는 모든 공공주택(분양, 임대)에 전면 적용될 예정으로, LH는 이를 통해 정부의 그린뉴딜 정책을 견인함과 동시에 연간 약 150억 원 규모의 신규시장 창출로 전기차 충전 관련 국내산업도 활성화될 것으로 기대하고 있다.

① 2021년부터 LH가 발주하는 모든 공공주택에는 벽부형 전기차 완속충전기가 도입된다.
② IoT 및 전력 제어는 전기차 충전기의 첨단기능에 해당한다.
③ 전기차 충전기 사용자의 충전요금 부담을 줄일 수 있는 가장 큰 요인은 터치스크린, 충전케이블 등 불필요한 기능 제거로 인한 충전기의 무게와 부피 감소이다.
④ LH가 수립한 전기차 충전인프라 개선방안으로 연간 약 150억 원 규모의 신규시장 창출이 기대된다.
⑤ 전기차 충전기에 OCPP를 적용할 경우 충전사업자 간 호환성이 제고되고 이에 따라 활용성과 운영·관리상의 편의성이 높아진다.

11 다음 글에서 추론할 수 없는 것은?

선거제도는 정당의 운명에 큰 영향을 미친다. 선거 방식이 다수대표제인지 비례대표제인지에 따라서 정당의 구조가 달라지기 때문이다. 민주주의 초기 단계에서 미국과 영국의 국회의원은 토지를 기반으로 한 선거구에서 선출되었고, 이 경우 최다득표를 한 후보가 대표로 선출되었다. 이러한 소선거구 다수대표제는 산업사회 초기 단계에서는 자연스럽게 수용되었지만, 산업사회에서 노동 분업이 발생하여 직업별 조직이 결성되면서 선거제도의 변화가 불가피하게 발생했다. 그 변화가 바로 비례대표제의 도입이다. 비례대표는 유럽에서 산업사회의 다양한 요소, 그중에서도 소수집단을 포용하기 위해서 도입되었다. 1883년 덴마크가 쉴레지히의 독일 출신 이민자들을 위해 처음으로 비례대표제를 시행한 이래 산업화가 진행됨에 따라 계층과 직업별로 사람들이 편성되면서 노동조합 등 직능을 대표하는 비례대표제가 확산되었다. 유럽의 역사에서 비례대표제의 도입은 자연적 진화 과정이라기보다는 노동조합과 같은 취약계층의 집회, 시위 등의 압력에 의해 불가피하게 도입된 경우가 많았다. 따라서 비례대표제는 단순하게 강력한 좌파 정당의 등장이나 분열된 우파 정부가 만든 어쩔 수 없는 결과라기보다 좌우 정당의 타협의 산물에 가까웠다.

선거제도는 정당뿐 아니라 국가의 운명도 크게 좌우한다. 역사적으로 볼 때 사회가 극단적으로 분리된 다원적 사회에서 소선거구 다수대표제는 그다지 성공적이지 못했다. 정당이 지역구만 대표하는 경우 소득, 재산, 성별, 연령을 둘러싼 계층의 균열을 제대로 대표할 수 없기 때문이다. 대표적인 예로 다수대표제 선거제도를 채택하고 있는 미국에서는 부자나 기업이 사회의 약자나 노동자보다 지나치게 커다란 권력을 가지는 경향이 있다. 또한 이러한 다수제 민주주의는 주로 양당제를 가지고 있으며 선거에서 승리한 정당이 정부를 장악하고 권력을 독점하게 됨으로써 정치의 양극화가 발생한다. 그 결과 선거에서 패한 정당과 지지자들은 정치과정에서 배제되고, 결국 정권 교체의 시기마다 정당의 경쟁이 치열해진다.

① 다수대표제는 한 선거구에서 최다 득표를 한 사람이 당선된다.
② 다수대표제를 시행하는 대부분의 국가는 승리한 정당이 정부를 장악하고 권력을 독점한다.
③ 비례대표제는 산업사회의 발전으로 자연적으로 진화된 선거제도이다.
④ 비례대표제는 노동 분업이 발생하여 직업별 조직이 결성되면서 발생한 변화 중 하나이다.
⑤ 다양한 계층이 공존하는 사회에서는 다수대표제보다 비례대표제를 도입하는 것이 바람직하다.

[12~13] 다음 글을 읽고 이어지는 물음에 답하시오.

저출산 문제의 가장 큰 원인 중 하나로 지적되는 것이 바로 육아와 일을 병행하기 힘든 근무환경이다. 이러한 문제를 해결하기 위해 도입된 것이 바로 유연근무제이다. 유연근무제란 말 그대로 획일화된 근무 형태를 개인이 담당하는 업무, 기관별 특성에 맞게 다양화하여 생산성 향상과 가정 친화적 근무 환경을 동시에 마련할 수 있는 제도를 의미한다.

이러한 유연근무제의 종류는 시간 선택제, 탄력 근무제(시차 출퇴근형, 근무시간 선택형, 집약 근무형, 재량근무형 등), 원격 근무제(재택근무형, 스마트워크 근무형) 등으로 구분할 수 있다. 우선, 시간 선택제 근무는 주 40시간보다 짧게 근무하는 것을 의미하는데, 한 주에 최소 15시간에서 최대 30시간 이하로 근무하는 형태를 말한다. 이것은 주당 근무시간을 의미할 뿐 매일 같은 시간을 근무해야 한다는 것은 아니다. 다음으로 탄력 근무제는 출퇴근 시간을 자율적으로 조절하되 하루 8시간의 근무를 하는 시차 출퇴근형, 하루 근무시간은 사정에 맞게 조정하되 주당 근무 시간은 40시간으로 고정하는 근무시간 선택형, 하루 근무시간을 8시간 이상으로 하되 주 3.5일~4일 정도로 휴일을 늘리는 집약 근무형, 출퇴근의 의무 없이 프로젝트 단위로 투입되면 주 40시간을 인정해주는 재량 근무형이 있다. 마지막으로 원격 근무제는 사무실에 출퇴근하지 않고 자택에서 근무할 수 있는 재택근무형과 자택 근처에 마련된 스마트 워크센터나 별도의 사무실로 출근해 근무하는 스마트워크 근무형이 있다.

유연근무제는 자신이 근무할 시간과 장소를 스스로 선택하여 업무의 효율성을 높일 수 있다는 것이 가장 큰 장점이다. 또한 육아와 일을 병행할 수 있다는 장점도 있다. 또한 유연근무제를 통해 인력을 유동적으로 활용해 비용 절감과 생산성 향상을 동시에 이룰 수 있다. 그러나 현재의 제도 및 근무 환경하에서는 보수와 수당, 승진 등에서 차별이 발생하고, 근무시간 조정으로 인해 함께 일하는 동료의 업무 부담이 증가할 수 있다는 단점도 존재한다. 또한 유연근무제 도입이 비정규직 확대로 이어질 수도 있다.

이렇듯 현재 유연근무제는 장점과 단점이 공존하고 있는 것이 사실이다. 하지만 유연근무제 도입은 요즘 말하는 '워라밸(워크 라이프 밸런스)'을 가져올 수 있으며, 저출산·고령화 문제에도 어느 정도 대안을 마련해줄 수 있을 것이다. 따라서 유연근무제에 대한 심도 깊은 연구를 통해 앞서 언급된 여러 단점을 보완해 나가 제도 개선을 이룬다면 유연근무제를 통한 다양한 긍정적인 요소들이 한층 강하게 나타나게 될 것이다.

12 다음 글에서 추론할 수 있는 것은?

① 유연근무제를 시행한다면 근무시간 감소로 인한 생산성 하락이 발생하게 될 것이다.
② 시간 선택제 근무를 실시하고 주당 근무시간을 15시간을 설정한다면, 매일 3시간씩 근무해야 한다.
③ 탄력근무제를 실시하고 시차 출퇴근형을 선택한다면, 하루에 근무하는 시간이 매일 달라질 것이다.
④ 유연근무제를 실시한다면 불규칙한 근무시간으로 인해 업무의 효율성이 저해될 것이다.
⑤ 유연근무제를 실시하게 된다면 인력을 유동적으로 활용할 수 있는 반면, 고용 불안정성이 증대될 수 있다.

13 윗글에서 언급한 유연근무제의 장단점을 〈보기〉에서 모두 고르면?

보기
㉠ 업무 생산성을 높일 수 있다.
㉡ 보수와 수당, 승진 등에서의 차별이 발생할 수 있다.
㉢ 워라밸 있는 삶이 가능하다.
㉣ 동료와의 효율적 업무 분담이 가능하다.
㉤ 육아와 일의 병행이 가능하다.

① ㉠, ㉡, ㉣
② ㉡, ㉢, ㉤
③ ㉠, ㉡, ㉢, ㉤
④ ㉡, ㉢, ㉣, ㉤
⑤ ㉠, ㉡, ㉢, ㉣, ㉤

14 다음 글에서 추론할 수 있는 것은?

> 우리는 돈을 빌리는 대가로 이자를 지급하는 데 익숙하기 때문에 이자는 언제나 존재하는 자연스러운 것이라고 생각하기 쉽다. 회사는 채권 구매자에게서 얼마를 빌리든 이자를 줘야 하며, 영세업자 또는 회사원이 은행에서 돈을 빌리고자 할 때 역시 이자를 주어야 한다. 하지만 항상 이런 것은 아니었다. 돈을 빌려 쓰는 대가로 이자를 요구하는 것을 중대한 범죄로 여기던 때가 있었다. 중세 초기에는 이자를 받고 돈을 빌려주는 것을 금지했다. 기독교 세계 전역에서 교회라는 권력의 말은 곧 법이었다. 이 당시에는 국왕 역시 교회의 규범 아래에 놓였다.
>
> 교회는 이자를 받고 돈을 빌려주는 것이 곧 고리대금이고, 고리대금은 죄라고 말했다. '죄'라는 낱말이 강조되어 있는 이유는 당시 교회는 이런 식으로 선언하는 방식을 통해 사람들에게 영향을 미쳤기 때문이다. 특히 선언을 어기는 사람은 지옥에 떨어질 것이라고 위협함으로써 더욱 큰 영향을 미쳤다. 그러나 고리대금에 눈살을 찌푸린 것은 교회만이 아니었다. 도시정부와 국가정부도 고리대금을 금지하는 법률을 제정하였다.
>
> 이자를 받는 것에 대한 이런 태도가 어떻게 생겨났는지를 알기 위해서는 봉건제의 사회관계들을 되돌아봐야 한다. 상업이 소규모였고 이윤을 위해 돈을 투자할 기회가 거의 없었던 봉건 사회에서 어떤 사람이 돈을 빌리고자 했다면, 그는 틀림없이 부자가 되기 위해서가 아니라 그 돈이 없었으면 살 수 없기 때문이었을 것이다. 그런 상황에서는 도와주는 사람이 그의 불행에서 이익을 얻어서는 안 된다는 것이 중세의 관념이었다. 선량한 기독교인은 이익을 생각하지 않고 이웃을 도와야 한다는 것이다.
>
> 중세 교회는 인간의 모든 활동에는 옳고 그름이 있다고 가르쳤다. 인간의 종교활동에 관한 옳고 그름의 기준은 사회활동에 관한 그것과 다르지 않았고, 더욱 중요하게는 인간의 경제활동에 관한 옳고 그름의 기준과도 전혀 다르지 않았다. 이처럼 옳고 그름에 관한 교회의 규범은 존재하는 모든 것에 똑같이 적용되었다. 또한 교회는 사람의 지갑에 이로운 것이 영혼에는 해로운 경우에 정신적 행복이 먼저라고 가르쳤다. 만약 누군가가 어떤 거래에서 마땅히 받아야 하는 것 이상을 받았다면 상대방을 희생시킨 결과일 것이고, 그것은 잘못된 일이었다.

① 중세 이전에는 돈을 빌리는 데 있어 이자라는 개념이 존재하지 않았다.
② 이익을 생각하지 않고 이웃을 돕는 자는 선량한 기독교인이다.
③ 중세 초기 낮은 이자를 받고 돈을 빌려주는 것은 허용되었을 것이다.
④ 도시정부와 국가정부는 교회의 요구로 고리대금을 금지하는 법을 제정하였다.
⑤ 옳고 그름에 관한 중세 교회의 기준은 평민, 귀족과 국왕, 성직자 모두에게 동일하게 적용되었다.

15   다음 글의 내용과 일치하지 않는 것은?

시각이나 청각과는 전혀 다르게 후각이 주는 인상은 말로 기술할 수도 없고 추상화할 수도 없다. 우리 생활에서 직감적인 공감 혹은 반감은 상당 부분 후각의 영역과 연관되어 있다. 후각은 동일한 지역에서 살아가는 두 인종들 사이의 관계에 종종 의미 있는 결과를 초래하는데, 지적인 사고나 의지로는 이를 통제할 수 없다 예를 들어, 20세기 초반까지도 단지 몸에서 냄새가 난다는 이유만으로 흑인들이 북미의 상류 사회로부터 거절당했던 사실을 들 수 있다. 오늘날에는 사회 발전을 위해 지식인과 노동자 사이의 인간적인 접촉이 필요하다는 주장이 자주 제기되기도 한다. 지식인들 또한 이 두 계층 간의 화해가 윤리적 차원에서 반드시 필요하다고 인정하지만, 이 화해의 시도는 후각이 주는 인상들을 극복하지 못해서 결국 수포로 돌아가고 만다. 지식인들은 '노동의 신성한 땀' 냄새 때문에 노동자들과의 직접적 접촉을 기피했다. 즉, 사회문제는 윤리적인 문제일 뿐만 아니라 코의 문제, 후각의 문제이기도 한 것이다.

문화가 발전하면서 시각이나 후각과 같은 우리의 감각은 근거리에 한정된다. 우리는 근시안이 될 뿐만 아니라 근감각(近感覺)이 되어 가고 있다. 그런데 감각기관을 통한 인지능력의 예민함은 저하되지만, 그것이 제공하는 쾌와 불쾌의 주관적인 느낌은 더 강해진다는 점에 주목해야 한다. 후각의 경우는 더더욱 그러하다. 더 이상 우리는 원시 종족만큼 객관적으로 냄새를 인지할 수 없지만, 후각이 주는 인상들에 대해서는 주관적으로 더 강렬히 반응한다. 예민한 코를 가진 사람은 바로 이러한 강렬함 때문에 즐거움보다는 불쾌함을 훨씬 더 많이 체험하게 된다.

감각이 주는 인상에 대해 우리가 더 강렬하게 반응하게 되면서, 현대인들이 서로 배척하여 결국 고립되는 현상은 다음과 같은 방식으로 설명될 수 있다. 우리는 어떤 냄새를 맡게 되면 그것이 주는 인상이나 그것을 발산하는 객체를 우리 안으로 깊숙이 끌어들인다. 즉, 누군가의 몸에서 나는 냄새를 맡는다는 것은 그를 가장 내밀하게 인지하는 것으로, 타인은 기체의 형식을 통해 가장 감각적이면서 내면적인 존재로 우리에게 들어온다. 그리고 후각이 주는 인상에 대한 예민함이 점차 증가함에 따라 이들 인상에 대해서 선호의 차이가 생겨나게 된다.

① 문화가 발전할수록 감각기관을 통한 인지능력은 떨어진다.
② 현대의 사회문제는 윤리적 문제가 아닌 후각의 문제에서 기인한다.
③ 오늘날 지식인은 지식인과 노동자 사이의 화해가 필요하다고 생각한다.
④ 현대인은 원시인에 비해 냄새의 인상에 대한 주관적 반응이 더 강렬하다.
⑤ 현대인은 어떤 냄새를 맡게 되면 그 냄새를 발산하는 객체를 내밀하게 인지한다.

16 다음 글이 자연스럽게 이어지도록 (가) ~ (마)를 순서대로 배열한 것은?

> (가) 현대 우주론의 또 다른 화두는 우주 속에서 은하와 은하단과 같은 거대 구조가 어떤 과정으로 만들어졌는지에 대한 것이다. 우주의 팽창에 대한 이론으로는 이 과정을 이해할 수 없기 때문이다. 연구자들은 지금까지 관찰한 은하 중 가장 작은 은하를 구성하는 별들을 공간에 마구 흩어 놓아 초기 조건을 만들고 은하가 물리 법칙에 이해 생거나는 것을 컴퓨터로 시뮬레이션하였다.
>
> (나) 그 결과 은하가 생기는 데 걸리는 시간은 우주의 나이의 약 100배나 되었다. 은하가 만들어지는 데 걸리는 시간이 우주의 나이보다도 긴 이 실험 결과는 과학자들을 당혹스럽게 하고 있다.
>
> (다) 우주의 나이는 우주에 있는 무엇인가의 나이를 측정하는 방법으로도 구할 수 있다. 우주 내에서 가장 오래된 천체로 밝혀진 구상성단의 나이는 140억 년이다. 그렇다면 지금까지 허블상수로 추정했던 우주의 나이가 잘못됐다는 결론이 나온다. 이를 '우주의 나이 문제'라고 한다.
>
> (라) 이 문제를 해결하기 위해 과학자들은 우주의 팽창 속도가 일정하다는 가설을 포기해야만 했다. 우주 팽창 속도가 처음에는 느렸고 점차 증가하여 현재의 속도에 이르렀다면 평균 속도는 현재의 절반 정도로 설정할 수 있을 것이다. 평균 팽창 속도가 지금보다 느렸다면 우주가 현재처럼 팽창하는 데 걸리는 시간은 길어지게 된다. 과학자들은 이 같은 논리를 바탕으로 '팽창 속도 이론'을 만들어 우주의 나이 문제를 해결할 수 있게 되었다. 이에 따르면 우주의 나이는 145~155억 년으로 추정된다.
>
> (마) 과학자들은 태초에 있었던 대폭발, 즉 빅뱅을 우주의 시작이라고 본다. 이 대폭발 이후 우주는 팽창해 왔는데, 과학자들은 이를 통해 우주의 나이를 계산하고자 했다. 허블은 어떤 은하가 우주의 중심에서 멀어지는 속도는 우주의 중심에서 그 은하까지의 거리에 비례한다고 주장했다. 이 비례상수를 허블상수라고 한다. 우주의 팽창 속도가 태초부터 현재까지 변하지 않았다면 허블상수의 역수는 우주의 나이가 되며, 이로부터 구한 우주의 나이는 115~125억 년이다.

① (가) - (나) - (마) - (라) - (다)

② (마) - (가) - (다) - (라) - (나)

③ (가) - (나) - (마) - (다) - (라)

④ (마) - (다) - (라) - (가) - (나)

⑤ (마) - (라) - (다) - (나) - (가)

[17~18] 다음은 2020~2023년 Y대학교의 학과별 입학정원 및 지원자 수에 관한 자료이다. 이를 보고 이어지는 물음에 답하시오.

Y대학교 학과별 입학정원

(단위 : 명)

학과＼성별	전체	남성	여성
국어국문학과	565	500	65
화학공학과	345	300	45
신소재공학과	185	154	31
건축학과	250	209	41
실용예술학과	105	19	86

※ 2020~2023년 동안 Y대학교 학과별·성별 입학정원은 변동 없음
※ Y대학교에는 위의 5개 학과만 존재한다고 가정함

2020~2023년 Y대학교 학과별 지원자 수

(단위 : 명)

연도＼성별 학과	2020년			2021년			2022년			2023년		
	전체	남성	여성	전체	남성	여성	전체	남성	여성	전체	남성	여성
국어국문학과	3,075	2,117	958	3,503	2,215	1,288	2,767	1,725	1,042	2,638	1,578	1,060
화학공학과	11,383	8,159	3,224	14,766	10,218	4,548	8,758	6,042	2,716	8,183	5,723	2,460
신소재공학과	6,907	4,834	2,073	3,511	2,444	1,067	3,966	2,660	1,306	3,796	2,516	1,280
건축학과	10,977	6,637	3,430	12,516	8,089	4,427	5,828	4,050	1,778	5,325	3,493	1,832
실용예술학과	4,403	569	3,834	4,095	610	3,494	2,601	346	2,255	2,499	285	2,214

17 위 자료에 대한 설명으로 옳은 것은?

① Y대학교 전체 지원자 수가 가장 많은 연도는 2020년이다.
② 2020년 전체 지원자 수 대비 2023년 전체 지원자 수 비율이 가장 낮은 과는 건축학과이다.
③ Y대학교의 모든 과는 매년 여성보다 남성 지원자가 많다.
④ 국어국문학과는 남성 지원자 수의 전년 대비 증감률이 가장 큰 연도에 여성 지원자 수의 전년 대비 증감률도 가장 크다.
⑤ 화학공학과와 신소재공학과의 여성 지원자 수 대비 여성 입학정원 비율이 가장 높은 연도는 동일하다.

18 2023년 국어국문학과의 여성 지원자 수 대비 여성 입학정원 비율과 건축학과의 남성 지원자 수 대비 남성 입학정원 비율의 차로 옳은 것은? (단, 소수점 둘째 자리에서 반올림하여 계산한다.)

① 0.1%p
② 0.3%p
③ 0.5%p
④ 0.8%p
⑤ 1.0%p

19 다음은 갑 국가의 연도별 무역 현황에 대한 자료이다. 이에 대한 설명으로 옳지 않은 것은?

갑 국가의 무역 현황

(단위 : 천 원)

구분	수출	이출	수출 및 이출	수입	이입	수입 및 이입
2017년	6,448	28,587	35,035	24,648	39,047	63,695
2018년	9,320	40,901	50,221	18,159	41,535	59,694
2019년	14,855	42,964	57,819	22,675	52,459	75,134
2020년	20,233	64,726	84,959	31,396	72,696	104,092
2021년	18,698	137,205	155,903	43,152	117,273	160,425
2022년	22,099	199,849	211,948	98,159	184,918	283,077

갑 국가 A, B지역의 무역 현황

(단위 : 천 원)

구분	수출 및 이출		수입 및 이입	
	A지역	B지역	A지역	B지역
2017년	631	5,256	11,137	14,217
2018년	1,040	8,131	11,445	12,833
2019년	2,235	7,139	14,763	17,394
2020년	2,244	9,869	19,065	21,294
2021년	4,382	15,655	29,271	29,083
2022년	4,880	26,375	51,834	64,613

※ 이출(입) : 갑 국가 내에서 일어난 수출(입)
　수출(입) : 갑 국가 이외의 국가에 대한 수출(입)
　무역 규모 : 수출 + 이출 + 수입 + 이입

① 매년 갑 국가의 무역 규모는 증가하고 있다.
② 2022년 갑 국가의 수출 및 이출에서 이출이 차지하는 비중이 더 크다.
③ 2018년 갑 국가 전체의 수입 및 이입은 A와 B지역의 수입 및 이익의 총합보다 2배 이상 많다.
④ 갑 국가 내에서 일어난 수출과 수입이 가장 많은 해에, 이 두 금액의 차이는 1,500만 원 이하이다.
⑤ 2020년 B지역의 무역 규모는 같은 해 A지역의 무역 규모보다 천만 원 이상 많다.

[20~21] 다음은 ○○항공 국제선 티켓 판매실적을 노선 및 주요 국가별로 정리한 자료이다. 이를 보고 이어지는 물음에 답하시오.

○○항공 국제선 티켓 판매실적 목적지별 현황

(단위 : 명)

노선(목적지) \ 연도	2018	2019	2020
아시아	6,749,222	10,799,355	1,918,037
북미	813,860	974,153	271,487
유럽	645,753	806,438	214,911
대양주	146,089	168,064	30,454
아프리카	33,756	46,525	14,374
기타	408,978	439,116	69,855
전체	8,797,658	13,233,651	2,519,118

○○항공 국제선 티켓 판매실적 주요 국가별 현황

(단위 : 명)

주요 국가 \ 연도	2018	2019	2020
일본	3,023,009	1,837,782	430,742
중국	1,875,157	5,984,170	686,430
미국	652,889	767,613	220,417

20 위 자료에 대한 설명 중 옳은 것을 〈보기〉에서 모두 고르면?

┌ 보기 ┌
㉠ 2018년 대비 2019년 티켓 판매실적 증가율은 아프리카 노선이 대양주 노선의 2배 이상이다.
㉡ 2019년 일본과 중국 티켓 판매실적의 합은 같은 해 아시아 노선 티켓 판매실적의 75% 이상이다.
㉢ 2019년 대비 2020년 티켓 판매실적 감소폭은 북미 노선이 유럽 노선보다 크다.
㉣ 2020년 전체 티켓 판매실적 중 미국 티켓 판매실적이 차지하는 비중은 8% 미만이다.

① ㉠, ㉡　　　　② ㉠, ㉢
③ ㉠, ㉣　　　　④ ㉡, ㉢
⑤ ㉡, ㉣

21 위 자료를 바탕으로 만든 그래프로 옳지 않은 것은?

① 아시아 노선 티켓 판매실적에서 일본 노선이 차지하는 비중

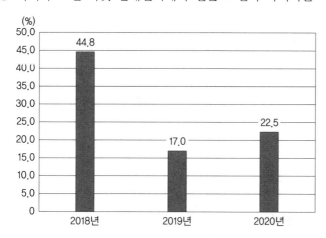

② 아시아를 제외한 노선의 티켓 판매실적이 전체 실적에서 차지하는 비중

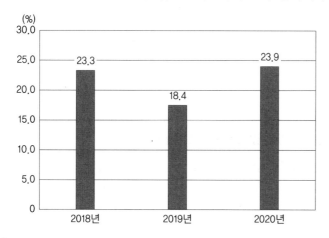

③ 2018년 노선별 티켓 판매실적 구성비

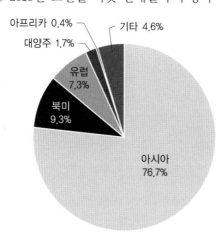

④ 전년 대비 2019년 노선별 티켓 판매실적 증가율

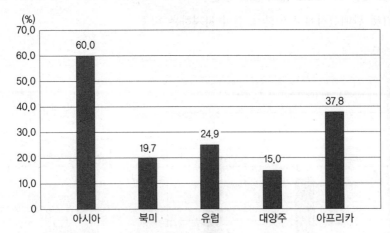

⑤ 전년 대비 2020년 노선별 티켓 판매실적 감소폭

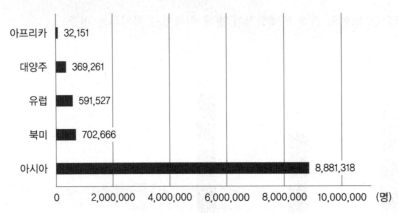

[22~23] 다음은 OECD 주요 국가의 주택 관련 자료이다. 이를 보고 이어지는 물음에 답하시오.

연도별 OECD 주요국의 1인당 부동산 중개소 방문 횟수

(단위 : 회)

구분	2012년	2013년	2014년	2015년	2016년	2017년	2018년	2019년
스웨덴	2.9	3	2.9	2.9	2.9	2.9	2.8	2.8
프랑스	6.7	6.8	6.7	6.4	6.3	6.2	6.1	6.1
독일	9.9	9.7	9.7	9.9	9.9	10	10	9.9
일본	13.1	13	12.9	12.8	12.7	12.8	12.6	12.6
한국	13.5	12.5	14.3	14.6	16.3	16.0	16.6	16.6

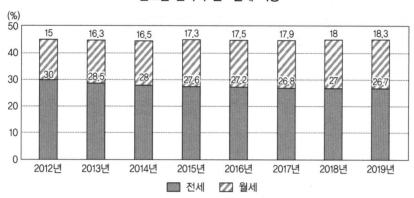

연도별 한국의 전·월세 비중

※ 주택 보유 유형은 자가, 전세, 월세로 구성됨

22 위 자료에 대한 설명으로 옳지 않은 것을 〈보기〉에서 모두 고르면?

┌ 보기 ┐

㉠ 한국의 전세 비중이 가장 낮은 해에 월세 비중의 전년 대비 증가 폭은 0.3%p이다.
㉡ 일본의 1인당 부동산 중개소 방문 횟수가 가장 많은 해에 한국의 자가 주택 보유 비중은 50% 이하이다.
㉢ 조사 기간 동안 한국의 전·월세 증감 추이는 동일하다.
㉣ 2015년 이후 독일의 1인당 부동산 중개소 방문 횟수는 스웨덴과 프랑스의 1인당 부동산 중개소 방문 횟수의 합보다 항상 많다.

① ㉠, ㉢
② ㉡, ㉢
③ ㉢, ㉣
④ ㉠, ㉡, ㉣
⑤ ㉡, ㉢, ㉣

23 한국의 전·월세 비중의 차이가 가장 큰 해와 가장 작은 해의 한국의 부동산 중개소 방문 횟수 합은?

① 29.3회
② 30회
③ 30.1회
④ 31.2회
⑤ 32.3회

24 다음은 서울 및 수도권 지역의 가구를 대상으로 난방방식 현황 및 난방연료 사용 현황에 대해 조사한 자료이다. 이에 대한 설명으로 옳지 않은 것은?

난방방식 현황

(단위 : %)

종류	서울	인천	경기 남부	경기 북부	평균
중앙난방	22.3	13.5	6.3	11.8	14.4
개별난방	64.3	78.7	26.2	60.8	58.2
지역난방	13.4	7.8	67.5	27.4	27.4

난방연료 사용 현황

(단위 : %)

종류	서울	인천	경기 남부	경기 북부	평균
도시가스	84.5	91.8	33.5	66.1	69.5
LPG	0.1	0.1	0.4	3.2	1.4
등유	2.4	0.4	0.8	3.0	2.2
열병합	12.6	7.4	64.3	27.1	26.6
기타	0.4	0.3	1.0	0.6	0.3

① 도시가스를 난방연료로 사용하는 가구 비율이 가장 낮은 지역은 경기 남부이다.
② 경기 북부가 경기 남부보다 지역난방을 사용하는 비중이 낮고 개별난방을 사용하는 비중이 높다.
③ 경기 남부를 제외한 모든 지역에서 가장 많이 사용하는 난방연료는 도시가스이다.
④ 서울 및 수도권에서 가장 많이 사용하는 난방방식은 개별난방이다.
⑤ 개별난방 방식의 비중이 가장 높은 지역은 서울이다.

25 다음은 고정자산 유형별 총 고정투자액과 투자율에 대한 자료이다. 이에 대한 설명으로 옳은 것은?

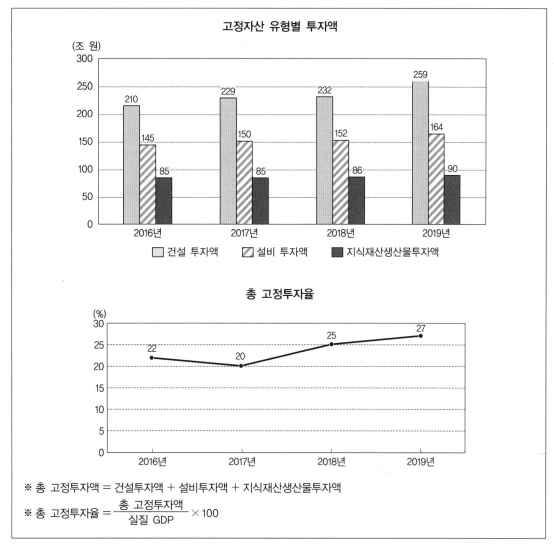

① 건설투자액과 설비투자액이 감소하여 총 고정투자액이 감소하면, 실질 GDP는 감소할 것이다.

② 2017년의 총 고정투자율이 가장 낮으므로 2017년의 실질 GDP가 가장 낮다.

③ 2018년의 실질 GDP는 1,900조 원 이상이다.

④ 2019년 총 고정투자율은 2016년 총 고정투자율의 1.2배 이상이나 2019년의 실질 GDP는 2016년의 실질 GDP보다 낮다.

⑤ 총 고정투자액은 매년 증가하므로 실질 GDP도 매년 증가한다.

[26~27] 다음은 스마트워크 이용에 대한 설문조사 자료이다. 이를 보고 이어지는 물음에 답하시오.

스마트워크 이용 경험

구분		사례 수(명)	없다(%)	1번(%)	2~3번(%)	4번 이상(%)
학력별	고졸 이하	102	92.2	5.1	0.8	1.8
	전문대학 졸업	225	90.2	6.6	2.0	1.3
	대학(4년제)	2,152	85.4	9.5	2.2	2.9
	대학원 석사 졸업	563	80.0	11.6	4.7	3.7
	대학원 박사 졸업	74	75.9	10.6	8.9	4.6
재직 기간별	5년 이하	437	86.7	9.4	1.3	2.6
	6년~10년	498	81.5	14.5	1.3	2.7
	11년~15년	645	85.8	8.7	3.0	2.5
	16년~20년	289	77.7	11.6	4.8	5.9
	21년~25년	480	84.8	8.4	3.8	3.0
	26년 이상	767	87.5	7.0	3.0	2.4

스마트워크 이용 만족도

구분		사례 수(명)	매우 만족(%)	만족(%)	보통(%)	불만족(%)	매우 불만족(%)
학력별	고졸 이하	8	5.9	78.8	15.2	0.0	0.0
	전문대학 졸업	22	6.4	14.8	70.5	5.5	2.8
	대학(4년제)	315	9.3	38.3	44.2	5.8	2.4
	대학원 석사 졸업	112	10.3	( )	30.4	13.8	5.8
	대학원 박사 졸업	18	7.3	53.3	37.2	2.2	0.0
재직 기간별	5년 이하	58	9.0	41.5	40.9	1.8	6.8
	6년~10년	92	8.9	43.9	35.9	11.3	0.0
	11년~15년	92	6.2	43.3	41.8	5.9	2.8
	16년~20년	64	20.8	41.5	29.9	5.9	2.0
	21년~25년	73	8.8	39.2	44.3	5.7	1.9
	26년 이상	96	7.7	36.2	47.5	7.4	1.2

※ 설문자 중 무응답한 경우는 없다.

26 위 자료에 대한 설명으로 옳지 않은 것은?

① 스마트워크 이용에 만족·매우 만족한다고 답한 비율이 가장 높은 학력은 고졸 이하이다.

② 스마트워크를 한 번도 이용해 보지 않은 고졸 이하인 설문자는 스마트워크를 한 번도 이용해 보지 않은 전문대학 졸업자의 절반보다 많다.

③ 재직기간이 6~10년인 사람들 중 스마트워크를 4번 이상 이용한 사람은 10명 이상이다.

④ 재직기간이 5년 이하인 사람들 중 스마트워크를 2~3번 이용한 사람은 재직 기간이 6~10년인 사람들 중 2~3번 이용한 사람들보다 적다.

⑤ 26년 이상 재직한 사람들 중 스마트워크에 대해 만족하지도 않고 불만족하지도 않은 사람은 설문자의 절반 이하이다.

27 학력이 대학원 석사 졸업인 설문자 중 스마트워크 이용에 만족·매우 만족한다고 답한 사람의 수는?

① 50명　　　　　　　　　　② 53명
③ 54명　　　　　　　　　　④ 56명
⑤ 58명

[28~30] 다음 공고문을 보고 이어지는 물음에 답하시오.

대구도남 LH2단지 (A2BL) 내 입주희망 사회적기업 등 공모

한국토지주택공사에서는 사회적기업 등 공익 목적 기관(법인)의 자립, 조기안정화 및 성장 등을 지원하고자 아래와 같이 장기공공임대단지 내 사회적기업 공간을 제공하고자 하오니 관심있는 (예비)사회적기업(사회적협동조합)은 아래 내용을 확인하시고 기한 내 신청하여 주시기 바랍니다.

◎ 신청자격(아래 각 호 중 어느 하나에 해당하는 자)
  1. 1순위
    • 사회적기업육성법 제2조에 따른 사회적기업
    • 협동조합기본법 제2조에 따른 사회적협동조합
  2. 2순위
    (지역형 또는 부처형) 예비사회적기업

◎ 사용조건
  • 임대료 면제
  • 관리비는 별도 납부

◎ 사용시간
  • 사용개시일(또는 열쇠교부일)로부터 2년
  • 2년 단위 갱신협약이 가능하되 최대 10년 이내로 제한되며, 사회적기업 등 최초 협약 시의 자격이 유지되고 있어야 동일 조건으로 갱신협약을 체결할 수 있음

◎ 신청기간, 장소 및 방법
  • 신청기간 : 2024년 05월 08일 ~ 2024년 06월 07일 (1, 2순위 신청기간 동일)
  • 신청장소 : LH 대구경북지역본부 7층 임대공급운영팀
        (주소 : 대구광역시 □□구 □□로 272)
  • 신청방법 : 방문 또는 우편접수(접수마감일 도착분까지 유효)

◎ 심사 및 선정
  • 입주 신청한 법인을 대상으로 입주업종 및 사업계획의 적합성, 지역사회 기여 또는 일자리 창출 효과 등 심사
  • 심사위원별 심사점수를 산술평균(심사항목별 점수 평균)하여 최고득점 법인을 선정한다. (단, 경쟁이 없는 경우라도 75점 이상을 득점하여야 입주 가능)
  ※ 심사기준 및 배점

심사항목 \ 배점	세부 내용	
조직형태 (20점)	신청자격 충족여부 (20)	
사업계획서 (50점)	사회목적실현 (30)	입주민고용계획 또는 사회서비스 제공 계획
	사업계획의 적합성 (10)	사업의 목적, 실현가능성, 지속가능성 여부
	주민협력 (10)	영업상 시장충돌 가능성 제거
사업실적 (30점)	지속가능성 (20)	안정적 수익모델 여부
	사회공헌 (10)	단지 또는 지역 내 사회공헌 활동

28 위 공고문의 내용과 일치하는 것은?

① 사회적협동조합보다 지역형 예비사회적기업이 신청 시 더 우대된다.

② 선정된 사회적기업은 선정된 그날로부터 2년간 단지 내 공간을 사용할 수 있다.

③ 신청은 우편접수로만 가능하며, 2024년 6월 7일 도착분까지 유효하다.

④ 최초 협약 시의 자격에 변동이 없다면, 최대 10년까지 공간 사용이 가능하다.

⑤ 심사 시 사업의 목적이나 실현가능성보다는 단지 내 사회공헌 활동 내용을 더 비중 있게 본다.

29 위 공고문에서 알 수 있는 것은?

① 단지 면적 및 사용가능 시기 　　② 입주 제한 업종

③ 신청 시 구비서류 　　④ 심사 시 최소 기준점수

⑤ 선정 시 통보 방법

30 위 공고문을 보고 단지 내 입주를 신청한 법인 A~E에 대해 갑, 을, 병, 정 네 명의 심사위원이 다음과 같이 평가하였다. 이때, 최고득점 법인은?

	조직형태 평가				사업계획서 평가				사업실적 평가			
	갑	을	병	정	갑	을	병	정	갑	을	병	정
A	20	18	19	20	42	38	40	43	17	18	16	16
B	17	16	18	18	35	42	38	39	30	29	30	30
C	20	20	20	20	45	40	38	46	21	24	22	28
D	16	16	15	18	39	35	41	36	22	23	20	18
E	18	18	17	18	40	35	32	39	28	21	26	21

① A법인 　　② B법인

③ C법인 　　④ D법인

⑤ E법인

31 다음 보도자료를 바탕으로 〈보기〉의 갑, 을, 병 가족이 전세임대주택에 입주하여 부담하는 월임대료를 최소로 산정하여 그 합을 구하면? (단, 월임대료에서 천 원 미만은 절사한다.)

LH, 수급자·고령자 등 전세임대주택 4천 호 입주자 모집

LH는 2024년 3월 19일 수급자·고령자 등 대상 전세임대주택 입주자 정기 모집공고를 실시한다고 밝혔다. 공급호수는 총 4천 호이며 수도권, 광역시 및 인구 8만 이상 지역 등 총 90개 도시를 대상으로 공급한다. 전세임대사업은 입주대상자로 선정된 자가 거주를 원하는 주택을 직접 물색하면 LH가 주택 소유자와 전세계약을 체결한 뒤 이를 입주대상자에게 저렴하게 재임대하는 제도이다. 원하는 주택을 직접 고를 수 있고, LH가 직접 보증보험 가입을 진행해 보증금 보호와 보험비용 절감이 가능하다.

2024년 LH 전세임대 목표는 약 3.1만 호이며, 이번 공고는 수급자·고령자 등을 대상으로 한다. 공급호수 4천 호의 3배수인 최대 1.2만 명까지 예비 입주자를 선정하며, 잔여 물량은 긴급주거대상자 등 취약계층에게 수시로 공급할 계획이다. 신혼, 다자녀 등 그 외 유형은 연내 순차적으로 모집한다.

〈2024년도 LH 전세임대 유형별 공급계획〉

(단위: 호)

구분	계	수급자 등	다자녀	고령자	신혼부부	청년
공급계획	31,190	8,440(27%)	2,250(5%)	3,000(8%)	7,000(15%)	10,500(26%)

* 전세사기피해자 우선공급을 위한 별도 물량 0.2만 호 포함

신청자격은 입주자모집 공고일('24.3.19) 기준 관할 사업대상지역에 거주하는 무주택세대구성원으로서 1순위에 해당하는 생계·의료급여 수급자, 보호대상 한부모가족, 주거지원 시급가구, 장애인, 고령자이다. 입주자로 선정되면 신청 공급지역이 속한 도(道) 내 주택을 선택할 수 있다. 다만 특별시(또는 광역시)에서 신청한 경우는 해당 특별시(또는 광역시) 주택을 공급받을 수 있다.

전세보증금 지원한도액은 수도권 1억 3천만 원, 광역시 9천만 원, 기타 지역 7천만 원이다. 지원 한도 내 전세보증금의 2% 또는 5%에 해당하는 금액은 입주자 임대보증금으로 부담하며, 월임대료는 전세보증금 중 입주자 임대보증금을 제외한 금액에 연 1~2%의 금리를 적용해 산정된다. 최초 임대기간은 2년이며, 최장 30년(재계약 14회)까지 거주할 수 있다. 단, 재계약 당시 고령자 또는 중증장애인 및 1순위 요건을 갖춘 자는 재계약 횟수를 제한하지 않는다.

신청은 2024년 4월 15일부터 4월 19일까지 주민등록지 소재 행정복지센터를 통해 가능하다. 신청 후 약 12주간의 자격검증 절차를 거치며, 7월 이후 해당지역 관할 LH 지역본부에서 당첨자를 발표한다. 기타 자세한 사항은 LH청약플러스에 게시된 공고문을 통해 확인 가능하며, LH 전세임대 콜센터(1670-0002)를 통해 상담받을 수 있다.

보기
갑 가족: 보호대상 한부모가족에 해당한다. 서울의 전세 1억 원인 전세임대주택을 신청하였다.
을 가족: 고령자 가구에 해당한다. 대전의 전세 1억 2천만 원인 전세임대택을 신청하였다.
병 가족: 장애인 가구에 해당한다. 경주의 전세 6천만 원인 전세임대주택을 신청하였다.

① 197,000원
② 205,000원
③ 215,000원
④ 226,000원
⑤ 233,000원

32 P회사의 김 과장은 새로 부임한 이사와 함께 전국의 주요 지사를 방문하는 출장을 계획하고 있다. P회사의 여비 규정과 김 과장이 세운 출장 일정이 다음과 같을 때, 주어진 일정에 소요되는 여비는 얼마인가? (단, 두 사람의 경비를 모두 합하여 계산한다.)

여비 규정

제00조(여비의 지급 기준)
① 국내 출장 시 여비는 <별표 1>에 정하는 바에 의한다.
② 국내 여비의 신청은 '별지 제2호 서식'에 의한다.

제00조(여비의 적용)
① 철도 여행에는 철도운임, 수로 여행에는 선박운임, 항공 여행에는 항공운임, 철도 이외의 육로 여행에는 자동차운임을 지급한다.
② 일비 및 식비는 출장 일수에 따라 지급함을 원칙으로 한다.
③ 숙박비는 숙박하는 일수에 따라 이를 지급한다. 다만, 수로 여행과 항공 여행에는 숙박비를 지급하지 아니하되, 천재지변 기타 부득이한 사유로 육상에서 숙박을 요하는 경우에는 이를 지급한다.

〈별표 1〉

직급	교통비				일비 (1인당)	숙박비 (1인당)	식비 (1인당)
	철도운임	선박운임	항공운임	자동차운임			
임원	실비	실비	실비	실비	20,000원	실비	실비
이하 직원	실비	실비	실비	실비	15,000원	70,000원	36,000원

출장 일정

일자	시간	내용	비고
1일 차	09:00~11:30	본사 → 대전 지사	철도 이용 23,000원/1인
	12:00~14:00	오찬	식사 비용 75,000원/1인
	14:00~18:00	지점 현황 브리핑 및 의견 청취	지사 회의실
	18:00~19:00	숙소 이동	숙박 비용 90,000원/1인
2일 차	10:00~12:00	대전 지사 → 대구 지사	철도 이용 19,000원/1인
	13:00~15:00	경북 운영위원회 간담회 참석	L호텔 컨퍼런스 홀
	15:00~16:00	대구 지사 → 본사	철도 이용 43,000원/1인

① 447,000원
② 547,000원
③ 647,000원
④ 747,000원
⑤ 847,000원

[33~34] 다음은 탄소중립포인트 관련 자료이다. 이를 보고 이어지는 물음에 답하시오.

◎ 탄소중립포인트 에너지란?

탄소중립포인트 에너지는 기후위기 대응을 위하여 온실가스를 줄일 수 있도록 가정, 상업 등에서 전기, 상수도, 도시가스의 사용량을 절감하고 감축률에 따라 탄소포인트를 부여하는 전국민 온실가스 감축 실천 제도이다.

◎ 인센티브 지급

1. 포인트 부여

가정 내 사용하는 에너지 항목(전기, 상수도, 도시가스)을 전년도 월별 평균 사용량과 올해 월평균 사용량을 비교하여 절감비율에 따라 탄소포인트를 부여(1탄소포인트 = 최대 2원)

2. 탄소포인트 지급기준

(1) 개인

온실가스 감축률에 따라 탄소포인트 부여

가. 감축 인센티브 : 감축률 5% 이상인 참여자에게 지급

감축률	전기	상수도	도시가스
5% 이상~10% 미만	5,000P	750P	3,000P
10% 이상~15% 미만	10,000P	1,500P	6,000P
15% 이상	15,000P	2,000P	8,000P

나. 유지 인센티브 : 2회 이상 연속으로 5% 이상 감축하여 인센티브를 받은 참여자가 이어서 0% 초과 ~ 5% 미만의 감축률을 유지할 경우 지급

감축률	전기	상수도	도시가스
0% 초과~5% 미만	3,000P	450P	1,800P

(2) 상업(법인), 학교

온실가스 감축률에 따라 탄소포인트 부여

가. 감축 인센티브 : 감축률 5% 이상인 참여자에게 지급

감축률	전기	상수도	도시가스
5% 이상~10% 미만	20,000P	3,000P	12,000P
10% 이상~15% 미만	40,000P	6,000P	24,000P
15% 이상	60,000P	8,000P	32,000P

나. 유지 인센티브 : 4회 이상 연속으로 5% 이상 감축하여 인센티브를 받은 참여자가 이어서 0% 초과 ~ 5% 미만의 감축률을 유지할 경우 지급

감축률	전기	상수도	도시가스
0% 초과~5% 미만	12,000P	1,800P	7,200P

33 갑의 2023년과 2024년 전기, 상수도, 도시가스 월평균 사용량이 다음과 같을 때, 2024년 기준 갑이 받게 될 탄소중립 포인트는 얼마인가? (단, 갑은 개인이며, 제시된 사용량은 가정에서 사용한 이용량이다.)

연도	전기(kWh)	상수도(m³)	도시가스(m³)
2023년	460	15	85
2024년	400	17	67

① 7,000포인트

② 12,000포인트

③ 15,000포인트

④ 18,000포인트

⑤ 22,000포인트

34 법인 A, B의 2021~2024년 전기, 상수도, 도시가스 월평균 사용량이 다음과 같을 때, 이에 대한 설명으로 옳은 것을 〈보기〉에서 모두 고르면?

구분	전기(kWh)		상수도(m³)		도시가스(m³)	
	A	B	A	B	A	B
2021년	12,000	27,000	2,500	2,400	500	380
2022년	10,000	30,000	2,000	2,500	550	330
2023년	10,000	28,000	1,600	2,800	500	300
2024년	11,000	24,000	1,500	2,800	450	350

보기
　㉠ 법인 A는 총 100,000P 이상의 탄소포인트를 받을 수 있다.
　㉡ 법인 B가 받게 되는 탄소포인트는 96,000P이다.
　㉢ 법인 A와 B의 2025년 월평균 전기 사용량이 전년도보다 5% 이상 줄었다면, 법인 A는 12,000P의 유지 인센티브를 받을 수 있다.

① ㉠, ㉡

② ㉠, ㉢

③ ㉡, ㉢

④ ㉠

⑤ ㉢

[35~36] 다음은 ○○공사에서 제공하는 부지 개발 사업 공사 및 운영에 대한 입찰공고이다. 이를 보고 이어지는 물음에 답하시오.

입찰공고

1. 세부사항

　가. 입찰건명 : □□구 XX동 부지 개발 사업 공사 및 운영

　나. 계약기간 : 계약체결일부터 완공 후 최대 20년까지

2. 평가기준

　평가 총점은 200점 만점으로 하여 총점이 가장 높은 업체를 우선협상 대상자로 선정한다. 사업계획서 평가의 평가항목 및 배점은 다음과 같다. (단, 총점이 동일할 경우, 배점이 가장 높은 평가항목의 점수가 높은 업체를 우선 선정한다.)

사업계획서 평가

소계	신용등급	가격평가	사업실적
배점	70	100	30

3. 평가항목

　(1) 신용등급

　신용등급과 자본총계 중 유리한 것을 점수로 인정하여 평가한다.

신용등급 평가

신용등급	자본총계	점수
A+	2,000억 원 이상	70
A0	1,000억 원 이상 2,000억 원 미만	65
B+	500억 원 이상 1,000억 원 미만	60
B0	500억 원 미만	50

　(2) 가격평가

　• 자산개발수익금 납부 비율(50점 만점) + 사업운영기간(50점 만점)

　• 사업운영기간은 최대 25년으로, 점수로 반영할 때는 {운영기간 × 2}를 한다.

자산개발수익금 납부 비율별 점수

비율(%)	10 이상	8 이상 10 미만	6 이상 8 미만	5 이상 6 미만	5 미만
점수	50	47	42	40	35

　(3) 사업실적

　제출한 사업실적 연면적으로 평가한다.

사업실적	점수
30,000m² 이상	30
10,000m² 이상 30,000m² 이상	25
10,000m² 미만	20

35 위 공고문을 보고 갑, 을, 병, 정, 무 5개의 업체가 지원하였다. 업체 정보가 다음과 같을 때, 우선협상 대상자가 될 수 있는 업체는?

업체 정보

업체	신용등급	자본총계(억 원)	사업실적(m²)	수익금 납부 비율(%)	사업운영기간(년)
갑	A+	2,600	40,000	7	15
을	AO	2,400	35,000	9	22
병	B+	1,650	7,000	10	13
정	B+	800	16,000	4	16
무	AO	1,600	12,000	6	25

① 갑   ② 을
③ 병   ④ 정
⑤ 무

36 ○○공사 개발팀은 〈보기〉와 같이 사업계획서 평가기준을 수정하기로 했다. 위 문제의 갑~무 업체만을 고려하여 수정한 기준으로 업체를 선정하려고 할 때, 우선협상 대상자로 선정되는 업체는?

┌─ 보기 ┐
• 사업계획서 평가지표의 배점을 신용등급 70점, 가격평가 80점, 사업실적 50점으로 한다.
• 가격평가 항목의 점수는 사업운영기간만을 반영한다. 이때 25년 이상은 80점, 20년 이상 25년 미만은 70점, 20년 미만은 65점을 반영한다.
• 사업실적 항목의 점수는 40,000m² 이상은 50점, 30,000m² 이상 40,000m² 미만은 45점, 15,000m² 이상 30,000m² 미만은 40점, 15,000m² 미만은 35점을 반영한다.
└─────────────────┘

① 갑   ② 을
③ 병   ④ 정
⑤ 무

37 송 대리는 제주도에서 열리는 세미나를 위해 세미나실을 대관하고자 한다. 송 대리가 정리한 세미나실 대관 비용 비교표와 체크 리스트를 참조하여 요구되는 조건에 맞춰 최저비용으로 세미나실을 예약하고 자 할 때, 가장 적절한 판단은?

◼ 세미나실 대관 비용 비교표

세미나실 대관 비용

구분	수용인원	대관료		연간 회원 가입비	회원 혜택
		평일	주말		
A호텔	250명	500,000원	600,000원	100,000원	대관료 5% 할인
B호텔	350명	700,000원	800,000원	100,000원	대관료 10% 할인
C호텔	350명	650,000원	900,000원	200,000원	대관료 20% 할인
D리조트	350명	600,000원	800,000원	—	—

부대 장치 대여 비용

구분	A호텔	B호텔	C호텔	D리조트
빔 프로젝터 대여비 (1대당)	무료	3,000원	무료	무료
노트북 대여비 (1대당)	2,000원	1,500원	3,000원	2,000원
아이패드 대여비 (1대당)	1,000원	500원	무료	1,000원
통역기 대여비 (1대당)	500원	500원	무료	600원

※ 대관 및 대여 요금은 1일 대관 및 대여를 기준으로 한다.

◼ 체크 리스트
일시: 2025. 5. 14. (수요일)
장소: 제주도
참석인원: 300명 예상
√ 필요 장비: 빔 프로젝터 3대 / 노트북 30대 / 통역기 인당 1대(총 300대)
√ 대관료 및 필요 장비를 포함하여 비용이 가장 저렴한 세미나실을 예약한다.
√ 최소 300명 이상의 인원을 수용할 수 있는 세미나실을 예약한다.
√ 필요 장비는 모두 세미나실 대관업체를 통해 현장에서 대여한다.

① C호텔 세미나실의 경우, 신규로 연간회원에 가입하면 총 비용을 줄일 수 있다.
② 필요한 조건을 충족시키며 비용을 가장 많이 줄일 수 있는 선택은 D리조트의 세미나실을 예약하는 것이다.
③ 필요한 조건을 충족시키며 비용을 가장 많이 줄일 수 있는 선택은 A호텔의 세미나실을 예약하는 것이다.
④ 필요한 조건을 충족시키며 비용을 가장 많이 줄일 수 있는 선택은 C호텔의 세미나실을 예약하는 것이다.
⑤ 송 대리가 세미나실 대관과 장비 대여를 위해 지불할 금액은 840,000원이다.

[38~39] LH 서울지사에서는 직원들이 부산에서 열리는 세미나에 참석할 수 있기 위한 교통편을 파악해 두려고 한다. 이때, 다음 일정 정보 및 교통편 정보를 보고 이어지는 물음에 답하시오.

◎ 부산 세미나 일정 안내
　　－ 일시 : 2025년 6월 20일 12:00~20:00
　　－ 장소 : 부산 센텀시티

◎ 교통편
　1. 부산까지

교통편	출발지	도착지	소요시간
비행기	김포공항	김해공항	40분
KTX	서울역	부산역	2시간 30분

　2. 부산 센텀시티까지
　　[공항 리무진 버스]

출발지	도착지	소요시간
김해공항	센텀시티	45분

　　[급행버스]

출발지	도착지	노선번호	소요시간
김해공항	센텀시티	39번	70분
부산역		40번	40분

　　[9인승 콜밴]

출발지	도착지	소요시간
김해공항	센텀시티	50분
부산역		30분

　　[도시철도]

출발지	도착지	소요시간
김해공항역	센텀시티	53분
부산역		38분

38 서울지사에서 세미나 장소까지 총 소요 시간이 가장 짧은 교통편을 선택하려고 한다. 회사에서 김포공항과 서울역까지의 소요 시간이 자가용으로 각각 103분, 60분일 때, 가장 적절한 교통편은? (단, 공항이나 기차역, 버스 정류장 등에서 대기하는 시간은 고려하지 않는다.)

① KTX － 급행버스　　　　　　② KTX － 9인승 콜밴
③ 비행기 － 9인승 콜밴　　　　④ 비행기 － 공항 리무진 버스
⑤ 비행기 － 급행버스

39 세미나에 참석할 직원들은 세미나 전에 30분 미리 도착하여 관련 자료들을 정리할 예정이다. 하지만 미리 비행기표를 예매하지 못했음을 파악하고 급하게 7시 30분에 서울지사에서 출발하여 부산으로 향했다면, 어떤 교통수단을 이용해야 하겠는가? (단, 서울지사에서 공항이나 역까지 가는 시간은 위 38번 문제와 같다.)

① 비행기 － 공항 리무진 버스　　② KTX － 급행버스
③ KTX － 9인승 콜밴　　　　　　④ KTX － 도시철도
⑤ 비행기 － 9인승 콜밴

40 다음은 댄스 콘테스트에 출전하여 1, 2, 3위를 기록한 세 팀에 대한 심사위원의 평가점수 및 콘테스트 우승 특전인 광고에서 얻을 수 있는 수익을 나타낸 자료이다. 콘테스트의 우승자는 심사 1 ～ 3의 평가 점수를 통해 선정되며, 이를 통해 우승한 팀에게는 광고 계약의 기회가 주어진다. 우승팀은 A~D 4개의 광고 중에서 하나를 선택할 수 있다. 우승팀 팀원들이 가장 많은 광고 수익을 얻을 수 있는 광고를 선택 했을 때, 우승팀의 개인당 광고수익은 얼마이겠는가?

댄스 콘테스트 1~3위 심사위원 점수

(단위 : 점)

구분	23번 팀(팀원 5명)			44번 팀(팀원 3명)			68번 팀(팀원 4명)		
	심사 1	심사 2	심사 3	심사 1	심사 2	심사 3	심사 1	심사 2	심사 3
예술성	5	6	7	5	4	3	4	5	8
기술성	6	5	6	7	7	6	6	7	9

• 총점은 심사위원 3명(심사 1, 2, 3)의 점수 합으로 계산한다.
• 점수 합산 시 예술성 : 기술성의 가중치는 3 : 1로 계산한다.
• 총점이 가장 높은 팀이 우승팀이 된다.

우승팀 특전 시 선택 가능한 광고 리스트

구분	광고 A	광고 B	광고 C	광고 D
선 지급금	1,000만 원	2,000만 원	2,500만 원	1,800만 원
월별 수익	200만 원	170만 원	150만 원	120만 원
계약 기간	12개월	6개월	8개월	10개월

• 총 광고수익은 선 지급금에 계약기간 만큼의 월별 수익을 더한 금액이다.
• 제시된 광고 수익은 팀 전체에 대한 지급액이며, 수익은 팀원 모두 동일한 액수로 나누어 갖는다.

① 925만 원   ② 850만 원
③ 755만 원   ④ 685만 원
⑤ 520만 원

LH한국토지주택공사

직업기초능력평가

박문각

LH한국토지주택공사

직업기초능력평가

봉투모의고사

/

3회

박문각

제3회 직업기초능력평가

(40문항 / 50분)

01 다음 보도자료의 내용과 일치하지 않는 것은?

LH, 시세 90% 이하 공공전세주택 935호 공급

LH가 2023년 4월 27일, 2023년 1차 공공전세주택 935호에 대한 입주자 모집을 실시한다고 밝혔다. '공공전세주택'은 다세대·연립·오피스텔 등 신축주택과 아파트를 LH가 매입해 시세보다 저렴한 조건으로 임대하는 공공임대주택으로, 특히, 도심 내 위치하고 넓은 면적과 쾌적한 생활환경을 갖췄으며 시세의 90% 이하로 거주할 수 있다는 것이 큰 특징이다. 아울러, 임대보증금만 납부하면 월 임대료 없이 최대 6년간 살 수 있어 장기간 임대료 부담이 없다.

LH는 매년 4월, 8월, 10월, 총 3번 입주자모집 공고를 실시하며 이번 1차 공고에서는 935호를 공급한다. 지역별로는 서울·경기·인천 등 수도권에서 610호, 그 외 지역에서 325호가 나온다. 내부 VR, 평면 등 이번 입주자모집을 실시하는 주택에 대한 정보는 '공공전세주택 닷컴'(www.공공전세주택.com)에서 확인할 수 있다.

모집공고일 기준 무주택세대구성원이면 누구나 신청할 수 있으며, 별도 소득·자산 기준은 없다. 가구원 수가 3인 이상인 경우 1순위, 2인 이하인 경우 2순위로 신청하면 된다. 신청자 본인의 주민등록표등본상 거주지가 위치한 모집권역에 한해 신청할 수 있으며, 1세대 1주택 신청이 원칙이다. 거주지 외 모집권역에 신청하거나 중복 신청할 경우 신청이 무효 처리되므로 이 점에 유의해야 한다. 또한, 신청일 등 세부 일정은 지역본부별로 상이하므로 정확한 일정은 LH청약센터(apply.lh.or.kr)에 게시된 공고문을 확인해야 한다. 당첨자 발표는 6월 중순 이후이다. 기타 자세한 사항은 LH청약센터에 게시된 공고문을 통해 확인할 수 있으며, LH콜센터(1600-1004)를 통한 전화 상담도 가능하다.

① 2023년 1차 공공전세주택 모집자는 수도권 지역에서 절반 이상을 모집한다.

② 공공전세주택은 다세대·연립·오피스텔, 아파트를 LH가 매입해 시세보다 저렴한 조건으로 임대하는데, 신축주택은 제외된다.

③ 신청일 등 세부 일정은 지역본부별로 다를 수 있으므로 LH청약센터(apply.lh.or.kr)를 통해 확인해야 한다.

④ 공공전세주택 닷컴(www.공공전세주택.com)을 통해 입주자모집을 실시하는 주택의 내부 VR도 확인이 가능하다.

⑤ 무주택세대구성원이면 가구원 수가 2인 이하인 경우에도 신청이 가능하다.

02 다음 보도자료의 내용과 일치하는 것은?

> 한국토지주택공사(LH)는 공동주택 주방과 욕실에 새로운 설비공법을 적용하여 생활소음을 획기적으로 줄였다고 밝혔다. LH는 2025년부터 화장실 배수소음을 줄일 수 있는 욕실 당해층배관 공법을 공공임대주택(영구, 국민, 행복, 통합공공임대 등)에 전면 적용한다.
>
> 욕실 당해층배관 공법은 욕실 벽면에 해당층 오·배수배관을 설치하는 방식이다. 세대 욕실에 있는 양변기와 샤워기에서 배출되는 용수가 아래층 세대로 내려가는 것이 아니라 세대 내에서 직접 배출돼 배관을 타고 아래로 전달되던 배수소음을 최소화할 수 있다. 한국건설기술연구원의 실험에 따르면 욕실 당해층배관 공법을 사용할 경우 배수소음이 기존 46dB에서 38dB로 대폭 저감되는 것으로 나타났으며, 이는 공부방 정도의 정숙성이 확보되는 수준이라고 LH는 밝혔다.
>
> 아울러 LH는 이웃 간 주방과 욕실을 통해 소음이나 냄새가 전달되는 것을 막을 수 있는 당해층 배기방식을 모든 주택(분양, 임대)에 적용한다. 분양지구 욕실과 주방 및 임대지구 욕실은 2023년 적용이 완료됐고, 임대지구 주방은 2024년 10월부터 적용되었다. 그간 공동주택 주방과 욕실에서 레인지후드 등 환기장치를 사용할 경우 소음과 냄새가 위·아랫세대로 연결된 공용배관을 타고 다른 세대로 전달되는 불편함이 있었다. 당해층 배기방식은 해당 세대 내에서 외기로 직접 배출함으로써 세대 간 소음·냄새 전달을 원천적으로 차단한다.
>
> □ 참고사항
>   1. 욕실배관 공법 비교
>
> | 구분 | (現)층하배관 공법 | 당해층배관(벽면배관공법) |
> |---|---|---|
> | 시공 | 아래층 천장 내부에 배관 설치 | • 당해층 욕실벽면 내부에 배관 설치 |
> | 장점 | • 보편화된 시공방식
• 공사비 양호 | • 화장실 배수소음 저감 (46dB → 38dB)
• 장수명주택 인증 유리 |
> | 단점 | • 층간소음 전달
• 하자 발생 시 아래층에서 보수 | • 공사비 증가
• 욕실면적 증가 |
>
>   2. 소음도의 인체 영향
>
> | 소음크기 | 음원의 예 | 소음의 영향 | 비고 |
> |---|---|---|---|
> | 35 | 조용한 공원 | 수면에 거의 영향없음 | WHO 침실기준 |
> | 38 | 실내 공부방 | 수면에 거의 영향없음 | |
> | 40 | 아이 뛰는 소리 | 수면깊이 낮아짐 | |
> | 44 | 피아노 소리 | 수면깊이 낮아짐 | |
> | 46 | 드럼세탁기 탈수 소리 | 수면깊이 낮아짐 | |
>
> * LH 층간소음 가이드북 및 국가소음정보시스템 등 참조

① 욕실에서 나는 소음은 양변기와 샤워기에서 배출되는 용수가 해당 층 바닥 내부에 설치된 배관으로 내려가면서 발생한다.

② 당해층배관 공법을 사용할 경우 화장실 배수소음이 기존보다 10데시벨 이상 저감되고, 수면에 미치던 영향도 거의 없어진다.

③ LH는 당해층 배기방식을 2023년부터 모든 분양 및 임대주택에 적용해 소음이나 냄새 전달을 막을 수 있도록 조치했다.

④ 당해층 배기방식을 적용할 경우 공동주택 주방에서 레인지후드를 작동하면 음식 냄새가 다른 세대로 전달되지 않고 외부로 방출된다.

⑤ 욕실배관에 당해층배관 공법을 적용할 경우, 배수소음을 저감할 수 있으나 공사비가 증가하고 욕실면적도 줄어들 수 있다는 단점이 있다.

03 다음 보도자료의 내용과 일치하지 않는 것은?

한국토지주택공사(LH)는 2024년 10월 3일 정부의 고령자복지주택 공급 확대 기조에 맞춰 노후 임대주택 1천 호를 고령자 친화형 주택으로 리모델링한다고 밝혔다. 이번에 추진되는 고령자 친화형 주택에는 실내에 오랫동안 머무르는 고령자의 주거 만족도를 높이기 위해 영구임대 최초로 자연소재를 담은 '바이오필릭' 디자인이 적용된다. '바이오필릭' 디자인이란 자연의 패턴, 질감, 색상, 빛을 활용하여 자연의 요소를 실내외 공간에 도입하는 개념의 디자인을 뜻한다. 바닥 및 가구 등 마감재는 잎사귀 패턴과 자연적 질감의 자재가 활용되며, 주조 색은 아이보리, 화이트로, 강조 색은 세이지그린을 사용하여 따뜻하고 편안한 실내 분위기를 조성한다. 또한 고령자의 심리적 안정감을 높이기 위해 눈부심과 그늘짐 없는 은은하고 따스한 색감의 빛 환경을 제공한다.

아울러 LH는 고령자의 신체적·인지적 기능 저하에 따른 안전사고를 예방하고자 무장애 설계를 적용하여 주택 내부에 다양한 안전시설을 배치한다. 현관부터 안방까지 바닥 턱을 3cm 이내로 낮추고 경사로를 설치해 낙상 위험은 줄이고 이동의 편리성을 더한다. 현관과 화장실에는 안전 손잡이와 접이식 안전 의자를 설치하고, 복도에는 야간 센서등을 달아 고령자의 생활 안전성을 높인다. 그 밖에도 큰 글씨로 쓰여져 쉽게 파악할 수 있는 주택 호수판, 주방등, 침실등 등 사용 용도가 기재된 내부 스위치 등 주택 곳곳에 고령자를 위한 꼼꼼하고 세심한 배려를 담아낼 계획이다.

LH는 2024년 9월 진주시 소재 임대단지에 고령자 친화형 주택 견본 세대를 마련했으며, 품질 확보를 위한 설계 개선사항 등을 검토 중이다. 검토가 마무리되는 대로 고령자 친화형 1천 호를 포함한 약 9천 호의 노후 공공임대 리모델링 공사를 발주할 계획이다.

① 바이오필릭 디자인은 고령자의 고령자의 주거 만족도를 높이는 데 도움이 된다.
② 2024년 10월 이전에 영구임대주택에 바이오필릭 디자인이 적용된 적은 없었다.
③ 화장실의 접이식 안전 의자, 복도의 야간 센서등은 고령자의 생활 안정성에 도움이 된다.
④ 바이오필릭 디자인은 아이보리, 화이트 등 따뜻하고 은은한 색감 및 자연적 질감의 자재를 사용하는 것이 특징이다.
⑤ 진주시의 고령자 친화형 주택 견본 세대에는 설계 개선사항이 모두 반영되었다.

[04~05] 다음 보도자료를 보고 이어지는 물음에 답하시오.

LH, 1기 신도시 재정비 위해 미래도시 지원센터 5곳 개소

LH가 군포시를 포함한 5곳*의 1기 신도시 재정비사업을 지원하기 위해 미래도시 지원센터를 2024년 1월 30일 개소하고, 운영을 시작한다.
* 분당(성남시), 일산(고양시), 평촌(안양시), 산본(군포시), 중동(부천시)

1기 신도시 미래도시 지원센터는 2023년 말 제정된 노후계획도시 특별법과 1·10 부동산대책에 따라 주민이 원하는 정비가 이루어지도록 공공이 체계적으로 지원하기 위해 설치됐다.

센터는 LH와 1기 신도시 해당 지자체가 공동으로 운영하며, 1기 신도시 재정비에 대한 정책뿐만 아니라 노후도심 정비를 포함한 유형별 사업 컨설팅 등을 담당한다. 분야별 전문가·정비지원기구를 통한 유형별 사업 가능 여부, 개략적인 사업계획 수립·분석, 부담금 추정 등 사업 전반에 걸쳐 주민들이 필요로 하는 자문을 시행한다. 정비사업에 대한 주민 궁금증 해소뿐만 아니라 시민 역량강화를 위한 전문가 초청 간담회 등 주민설명회도 개최할 예정이다. LH는 1기 신도시별 미래도시 지원센터 운영을 시작으로 노후계획도시 정비지원기구 운영, 총괄 사업관리, 개별 사업시행에 이르기까지 지역 주민과 소통하는 협력적 거버넌스를 구축할 수 있도록 주민 지원체계를 확립한다는 방침이다.

미래도시 지원센터 개요
1기 신도시 전화상담을 담당하는 통합 콜센터❶와 지역주민을 면담(오프라인) 응대하는 미래도시 지원센터(상담센터)❷를 연계 운영

□ 전화상담 및 미래도시 지원센터 상담시행 절차

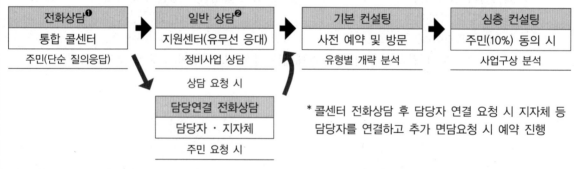

❶ **통합 콜센터**
  • 1차적으로 1기 신도시 등 노후계획도시 정비 관련 전화상담❶을 응대하고, 개별 상담은 오프라인 등 신도시별 상담센터❷로 이관 진행
  • 유선번호 1555-0110을 통해 노후계획도시 전용 상담서비스 제공(1기 신도시 재정비를 위한 1·10 부동산대책 홍보 및 정책집행 의지 반영)
❷ **신도시별 미래도시 지원센터**
  2024년 1월 30일 신도시별로 미래도시 지원센터를 개소하여 운영하고, 지자체별 여건에 따라 향후 사무실 확장 등 운영 추진

04 위 보도자료를 보고 보일 수 있는 반응으로 적절하지 않은 것은?

① 미래도시 지원센터는 전화상담과 면대면 상담을 모두 지원하는구나.

② 콜센터와 상담센터를 연계해서 운영하는 걸 보니, LH와 지자체 모두 지원센터에 무척 신경을 쓰고 있는 것 같네.

③ 1기 신도시 재정비외 관련해 상담을 원하면 1555-0110 번호로 전용 상담서비스를 받을 수 있겠구나

④ 콜센터 상담 시 필요한 경우에는 상담사가 판단하여 지자체 담당자 등과 센터 이용자를 연결해준다니, 편리하네.

⑤ 통합 콜센터에서 분당, 일산 등 모든 1기 신도시 관련 주민들의 질의응답에 답변하고, 여기서 지역별로 더 상세한 답변을 원하는 경우에 지역별 상담센터로 연결해 주는 시스템이구나.

05 미래도시 지원센터에 대한 설명으로 잘못된 것을 〈보기〉에서 모두 고르면?

┌─ 보기 ┐
ⓐ LH와 지자체가 공동 운영하며, 주민이 원하는 신도시 재정비사업을 지원하기 위해 개소됐다.
ⓑ 신도시 정비사업에 대한 주민 궁금증을 해결하기 위한 주민설명회를 개최할 예정이다.
ⓒ 2024년 상반기까지 분당, 일산, 평촌, 산본, 중동 등 모든 1기 신도시에 센터를 개소할 예정이다.
ⓓ 부담금 추정 등 사업과 관련하여 신도시 주민들이 필요로 하는 자문을 시행한다.
└─────────────────────────────────────┘

① ㉠   ② ㉢

③ ㉣   ④ ㉠, ㉢

⑤ ㉡, ㉣

[06~07] 다음 공고문을 보고 이어지는 물음에 답하시오.

'LH 주거안전 닥터스 3기' 자문단 공개모집

한국토지주택공사에서는 준공 후 임대주택의 단지 내 시설물 안전점검 수행 등을 지원하는 'LH 주거안전 닥터스 3기' 자문위원을 공개 모집하오니 관심 있는 분들의 많은 참여를 바랍니다.

1. 모집분야

LH 임대주택 내 시설물* 안전점검 및 관리에 대한 전문가(박사, 기술사 및 안전점검 경력자)
* 건축물, 지하구조물, 급경사지 및 옹벽 등 건축·토목·기계·전기·조경설비

분야	계	시설물 안전점검 및 진단 분야	급경사지 및 옹벽 분야(토목)	소방 분야 (전기·기계)	주택관리분야 (안전·환경관리)	안전지도 분야
인원	000명	00명	00명	00명	00명	00명

* 지역별 균등 위원 구성을 위하여 신청서 작성 시 희망 지역 선택

2. 업무내용
- 안전점검 : 임대주택 안전점검 및 점검 결과 검증
- 사고조사 : 시설물 안전사고 발생 시 사고조사를 위한 긴급점검
- 안전지도 : 안전사고 예방을 위한 개선방안 등 관련 자문 및 안전교육
* 자문 요청 시 일정 협의 후 합동점검으로 진행

3. 임기
2024.11.15. ~ 2026.11.14. 2년간(연임 가능)

4. 모집방법
- 모집기한 : 2024.10.23.(수) 18시까지
- 제출서류 : 등록신청서(붙임1), 재직(경력)증명서, 기타자격 또는 학위증빙 자료
  * 증빙자료 미제출 시 자격미달로 선정에서 제외될 수 있음
- 제출방법 : 전자우편(abcd@lh.or.kr)으로 제출

5. 자격기준
- 국가기술자격법에 따른 해당분야 기술사 또는 건설기술 진흥법 시행령 별표1에 따른 해당분야 건설기술인 중 특급기술인 이상의 자격기준을 갖춘 후 5년 이상 실무경력이 있는 자
- 산업안전보건법 시행령 별표19에 따른 산업안전지도사(건설 분야) 또는 건설안전기술사 자격을 갖춘 자
* 두 기준 중 1개 해당 시 자격요건 충족

6. 선정기준
서류심사(모집분야에 대한 전문성을 갖춘 자로 건설현장 및 공동주택 시설물 안전점검 관련 유경력자를 우선 선발하고, 지역별·분야별로 균형 있게 선정)

7. 기타사항
- 위원 선정결과는 2024.11.15.(금)까지 개별 통지(E-Mail 또는 문자전송)할 예정입니다.
- 신청서의 기재 내용이 사실과 다르면 위촉을 취소할 수 있습니다.
- LH 주거안전 닥터스 3기 위원으로 선정되면 위촉일 이후부터 공사에서 수행하는 임대주택 시설물 안전점검·교육 등에 외부 전문가(외부위원)로 참여(필요 시)하게 되며, 참여 위원에게는 소정의 자문수당을 지급합니다.
- LH 임대주택 내 시설물 안전점검 위주로 참여하기 때문에 불성실한 점검 수행 및 참여 기피 위원은 위촉을 취소할 수 있으므로, 실제 현장점검 수행이 가능한 경우에만 응모하여 주시기 바랍니다.
- 기타 궁금한 사항은 LH 임대자산관리처(☎ 055-922-0000)로 문의하시기 바랍니다.

06 위 공고문의 내용과 일치하는 것은?

① 자문단 모집인원은 시설물 안전점검 및 진단 분야가 가장 많다.

② 건설 분야의 산업안전지도사 자격을 갖춘 경우 지원이 가능하다.

③ 자문단은 시설물 안전사고 발생 시 언론 대응업무도 맡게 된다.

④ 서류심사에서는 건설현장 및 공동주택 시설물 안전점검 관련 유경력자를 가장 많은 비율로 선발한다.

⑤ 선정결과는 홈페이지에 공개하며, 대상자에게는 문자로도 개별통지한다.

07 위 공고문에 대한 문의를 받은 담당자 갑은 다음과 같이 답변하였다. 문의에 대한 답변이 잘못된 것은?

① Q : 자문단 선정 시 따로 면접도 실시하나요?

A : 선정은 서류심사를 통해 이루어지고 따로 면접은 실시하지 않습니다.

② Q : 모집분야 관련 석사학위 소지자이고 경력은 1년 정도 됩니다. 자문단 자격이 될까요?

A : 저희가 모집하는 전문가는 박사, 기술사 및 안전점검 경력자입니다. 박사 학위가 있거나 건설기술자 중 특급기술인 이상의 자격기준을 갖춘 후 5년 이상 실무경력이 있어야 합니다. 죄송하지만 자격 기준을 충족하지 못합니다.

③ Q : 3기 자문단은 언제까지 활동하게 되는 건가요?

A : 자문단의 임기는 2년으로, 2024년 11월 15일부터 2026년 11월 14일까지 활동하게 됩니다. 다만, 연임도 가능합니다.

④ Q : 자문단에 신청 서류를 제출하려고 하는데, 학위증빙 자료를 준비하지 못했습니다. 기한 이후 따로 제출해도 되나요?

A : 네, 학위증빙 자료는 자문단으로 선정된 경우에 추후 제출하셔도 무방합니다.

⑤ Q : 자문단에 선정되면 주기적으로 출근하여 업무를 하는 건가요? 수당은 어떻게 되는지 궁금합니다.

A : 주기적으로 출근하시는 건 아니고, 외부 전문가로 필요 시 점검이나 검증 업무에 참여하게 됩니다. 또한, 소정의 자문수당이 지급됩니다.

08 다음 보도자료의 내용과 일치하지 않는 것을 〈보기〉에서 모두 고르면?

LH, 필리핀 최초 한국형 스마트시티 개발사업 추진

LH는 2022년 4월 15일, 필리핀 팜팡가주 마발라캇시 클락특별경제구역(클락프리포트존) 내 스마트시티 사업 추진을 위해 필리핀 클락개발공사(CDC)와 개발협력 양해각서를 체결했다고 밝혔다. '필리핀 클락 스마트시티 개발사업'은 LH 최초의 필리핀 사업으로, 2021년 국토교통부, 한국해외인프라노시개발공사의 K-City Network 지원사업에 선정돼 타당성 조사가 진행 중인 G2G 사업이다. 이 사업을 통해 수도 마닐라에서 북서측으로 약 80km 떨어진 클락특별경제구역 내 클락프리포트존에 1,047천m²(32만 평) 규모의 스마트시티가 개발된다. 협약체결기관인 CDC는 필리핀 클락특별경제구역 개발권 및 투자유치권을 보유 중인 필리핀 국영 공기업이다.

필리핀 팜팡가주 마발라캇시에는 인구 약 30만 명이 거주 중이며, 필리핀 정부의 핵심 인프라 부흥정책 사업의 대표 프로젝트인 클락프리포트존이 조성되고 있다. 클락프리포트존은 필리핀 경제특구로, 관광 및 제조업 발달이 기대되는 곳이다. 전자부품 및 기계장비 위주의 제조업, 항공기 유지보수, 서비스 관련 업종 중심으로 기업 유치가 진행될 예정이다. 특히, 부가세, 관세 면제 등 세제 인센티브가 있어 글로벌 기업들의 관심이 높다. 아울러, 사업대상지에서 동측으로 10분 거리에 클락국제공항이 위치하며, 클락-수빅항 간 화물철도와 마닐라-클락을 잇는 북남 통근철도가 건설되고 있어 교통 인프라도 우수하다.

이번에 체결한 양해각서를 통해 두 기관은 스마트시티 개발 관련 정책 및 경험을 공유하는 등 개발사업 추진을 위해 적극 협업하기로 했다. LH는 안전·치안 및 관광경쟁력 강화 등을 위해 스마트 서비스를 제공하고, 클락 스마트시티를 클락국제공항과 연계한 물류허브 도시, MICE(이벤트·전시) 및 관광·휴양 도시, 항공정비 산업도시로 개발한다는 방침이다. 현재 진행 중인 타당성 조사가 완료되면 본격적으로 클락 스마트시티 개발사업을 추진할 예정이다.

LH는 한국의 스마트시티 기술을 접목한 클락 스마트시티 개발사업으로 국내 기업의 활발한 필리핀 진출은 물론 한국-필리핀 경제협력 증진을 기대하고 있다.

┌ 보기 ┌

ⓐ 필리핀 클락 스마트시티 개발사업은 LH 최초의 해외사업이다.

ⓑ 클락프리포트존은 제조업, 항공기 유지보수, 서비스 관련 업종 기업 유치가 이미 완료되었다.

ⓒ 2022년 4월 15일 현재 필리핀 클락 스마트시티 개발사업은 타당성 조사가 진행 중이다.

ⓓ 필리핀 마발라캇시에 조성된 클락프리포트존의 투자유치권은 필리핀 국영 공기업인 CDC가, 개발권은 LH가 보유하게 됐다.

① ㉠, ㉡   ② ㉠, ㉢

③ ㉡, ㉣   ④ ㉠, ㉡, ㉣

⑤ ㉡, ㉢, ㉣

09 다음 보도자료의 내용과 일치하지 않는 것은?

LH, 공공주택 용어 우리말 순화작업 추진

LH는 한글날을 맞아 실시한 '우리 집 이곳저곳 우리말로 바꿔주세요' 공모전 결과를 발표했다. 이번 공모전은 제576돌 한글날을 맞아 발코니, 팬트리, 알파룸, 키즈 스테이션, 게스트하우스 등 공공주택에서 자주 사용되는 외국어를 우리말로 바꾸기 위해 시행됐다.

공모는 발코니, 팬트리, 알파룸, 키즈 스테이션, 게스트하우스 총 5개 단어를 대상으로 진행됐으며, 977명이 공모전에 참여해 주택에서 사용되는 외국어를 국민들이 이해하기 쉬운 우리말로 바꾸는 데 동참했다. 공모 결과, 덧마루, 더누리방, 쌈지방, 새싹 정류장, 공동 사랑채가 각 단어별 수상작으로 선정됐다. 수상작은 우리말 관련 전문가들의 검토를 거쳐 공공주택에서 사용되는 외국어 순화 작업에 사용할 예정이다. 아울러, LH는 수상작 이외에도 이번 공모전에 제출된 용어 중 국민 누구나 알기 쉽게 풀어쓴 용어 등을 선별해 외국어 순화 작업에 활용한다는 계획이다. 이번 공모전 수상작은 (사)한글문화연대 누리집(www.urimal.org)과 쉬운 우리말을 쓰자 누리집(www.plainkorean.kr)에서 확인할 수 있다.

한편, LH는 지난 2022년 8월부터 (사)한글문화연대와 '공공주택에서 사용되는 외국어 우리말 순화 용역'을 실시하고 있다. 이번 용역은 주택 건축 도면, 안내 책자 등에 나오는 외국어 사용 현황을 조사하고 외국어를 우리말로 바꾸기 위해 추진됐다. 현재까지 외국어 총 500여 개를 조사하고 전문가 회의를 거쳐 순화 적합성 등을 평가했다. 의미를 충분히 담을 수 있는지, 이미 다듬은 적이 있는지 등 다양한 측면에서 용어를 살펴 외국어를 우리말로 순화하는 작업을 진행 중이다. 예를 들어, 화장실에서 세면도구 등을 두기 위해 설치하는 '젠다이'는 다듬은 말 사전에서는 '차선반'으로 순화해서 쓰고 있으나, 이는 차를 두는 선반을 의미하는 것으로 실제 사용 예시와 맞지 않다고 판단된다. 이에 LH는 누구나 뜻을 이해할 수 있도록 '좁은 선반'으로 단어를 바꿀 예정이다.

LH 관계자는 "신규 주택건설 사업승인부터 이번 공모전 및 용역 결과를 시범 적용하는 것을 검토하고 있다"라며 "공공주택에서 우리말이 널리 사용될 수 있도록 더욱 노력하겠다"라고 말했다.

---

① '우리 집 이곳저곳 우리말로 바꿔주세요' 공모전은 5개 외국어 단어를 우리말로 바꾸는 방식으로 진행됐다.

② 공모전에는 977명이 참여했으며, 단어별 수상작으로는 '발코니 → 덧마루', '팬트리 → 더누리방', '알파룸 → 쌈지방', '키즈 스테이션 → 새싹 정류장', '게스트하우스 → 공동 사랑채'가 선정됐다.

③ LH는 수상작 이외에도 이번 공모전에 제출된 용어 중 활용가능한 것들을 골라 (사)한글문화연대 누리집(www.urimal.org)과 쉬운 우리말을 쓰자 누리집(www.plainkorean.kr)에 실을 예정이다.

④ LH는 지난 2022년 8월부터 (사)한글문화연대와 함께 '공공주택에서 사용되는 외국어 우리말 순화 용역'을 실시해, 현재까지 외국어 총 500여 개를 조사하고 순화 적합성 등을 평가하였다.

⑤ LH의 신규 주택건설 사업승인부터 공모전 및 외국어 우리말 순화 용역 결과가 적용될 수도 있다.

10 다음 보도자료의 내용과 일치하지 않는 것은?

LH, 건설현장 불법행위 관련 18개 현장 수사의뢰

LH는 지난 2023년 3월 28일, 건설현장에서 발생한 월례비 명목 금품 갈취, 채용강요, 업무방해 등 조직적 불법 의심사례에 대해 공갈, 강요, 업무방해죄 등으로 경찰에 추가 수사의뢰했다고 밝혔다. 같은 해 1월 형사상 고소·고발을 진행한 이후 두 번째 수사의뢰이다. LH는 2023년 1월 전담 TF를 구성해 전국 235개 건설현장의 불법행위를 조사 중이며, 현재까지 우선 확인된 18개 건설현장의 불법의심행위 51건에 대해 수사의뢰했다. 18개 지구의 주요 불법의심행위는 △전임비·발전기금 등 요구 15건 △타워크레인 월례비 지급강요 12건 △채용강요 11건 △업무방해 8건 △기타 5건이다.

LH는 2023년 3월 말까지 전국 건설현장 불법행위 조사를 완료하고 추가로 드러난 불법의심행위에 대해서는 유형별로 민·형사상 엄정한 조치를 취한다는 계획이다.

〈피해사례〉

(사례1) ○○지구 아파트 건설현장의 경우, 철근콘크리트 하도급사가 건설노조의 채용강요 등 요구조건 수용을 거부하자, 건설노조가 집단적 위력 행사를 통해 근로자들의 근로를 방해하고 외국인 근로자의 출입을 통제하는 등 건설공사 업무를 방해하여 100일 동안 공사 중단이 발생했다.

(사례2) □□지구 아파트 건설현장에서는 건설노조가 현장 담당자를 협박하고 외국인 근로자를 불법적으로 통제 및 공사를 방해하면서 노조 소속 근로자의 채용을 강요하고 노조전임비, 타워크레인 월례비 등 부당 금품을 갈취하였으며, 공사현장 집회, 비노조원 협박, 행정기관에 민원을 제기하는 방법으로 공사업무를 방해하였다.

한편, 타워크레인 조종사의 불법·부당행위 근절을 위한 정부의 강력한 의지에 발맞춰 LH는 신속한 대응으로 피해를 최소화하고, 근본적인 문제해결을 위한 대책을 검토하고 있다. LH는 타워크레인 조종사의 태업행위 등을 모니터링하고 불법·부당행위를 확인 시 지역본부의 TF현장팀을 활용해 즉시 신고하도록 하는 한편, 기존에 건설사와 타워크레인 임대사업자가 계약을 맺은 후 임대사업자가 타워크레인 조종사와 고용계약을 체결하던 방식에서, 건설사가 타워크레인 조종사를 의무적으로 채용하는 대책을 검토하고 있다. 아울러, 건설업계가 자발적으로 불법행위 근절에 참여할 수 있도록 LH는 건설업계의 불법의심행위 신고 시 입찰 가점부여, 신고의무 부가 등 제도개선도 검토하고 있다.

---

① LH는 2023년 1월에 건설현장에서 발생한 불법 의심사례에 관해 형사상 고소·고발을 진행한 적이 있다.

② LH는 건설현장의 불법행위를 조사하기 위한 전담 TF를 구성하였고, 이를 통해 불법의심행위 50건 이상을 확인하였다.

③ LH가 조사한 불법의심행위 중 그 비중이 가장 큰 것은 전임비·발전기금 등 요구이다.

④ 타워크레인 조종사의 경우 건설사가 직접 채용하는 방식이 아닌, 건설사가 타워크레인 임대사업자와 계약을 맺은 후 이 임대사업자가 조종사를 고용하는 방식의 채용이 일반적이었다.

⑤ LH는 건설업계의 불법의심행위 신고 시 입찰 가점을 주고, 신고를 의무화하는 등의 제도개선책을 2023년 말까지 추진하기로 했다.

11 다음은 LH의 지역균형사업 중 행정중심복합도시에 관한 홈페이지 자료이다. 이를 보고 행복도시에 관한 설명으로 옳은 것을 〈보기〉에서 모두 고르면?

◎ 사업개요
- 위치 : 세종특별자치시 대평동, 한솔동 연기면 일원
- 사업기간 : 2005. 5. 24.~2030. 12. 31.

◎ 개발방향
1. 특징
- 세계적 수준으로 건설 : 중앙행정, 문화·국제교류, 도시행정, 대학·연구, 의료·복지, 첨단지식기반 등 6개 주요 도시기능을 환상형 링을 따라 거점별로 분산 배치합니다.
- 국내 최고의 도시를 지향 : 중심부를 공원 및 녹지로 조성하여 시민들에게 휴식할 수 있는 공간을 제공하고, 편리한 대중교통, 세계 최첨단도시의 신 모델이 되는 미래형 정보도시로 건설합니다.
- 우수하고 차별화된 모범도시로 건설 : 전봇대, 쓰레기, 담장, 광고판, 점포주택이 없는 5無 도시, 공공시설의 복합화로 주민편익 극대화, 노인·장애인·여성 등 다양한 계층을 고려한 도시설계, 기능과 품격이 조화되는 디자인 명품도시로 건설됩니다.

2. 단계별 개발
2030년까지 3단계에 걸쳐 인구 50만 명의 자족도시 건설
- 1단계('07년~'15년) : 인구 15만, 중앙행정기관 이전 및 도시인프라 구축
- 2단계('16년~'20년) : 자족기능·도시인프라 확충
- 3단계('21년~'30년) : 인구 50만, 자족도시 건설, 도시전체 완성

3. 생활권별 개발
중심부를 녹지공간으로 조성하고, 주위에 6개 주요기능을 균형 있게 배치한 세계 최초의 환상형 (Ring) 도시

1생활권	중앙행정	4생활권	산업/대학/연구
2생활권	상업/문화/국제교류	5생활권	의료/복지
3생활권	도시행정	6생활권	첨단지식기반

◎ 기관이전 현황(2023. 9. 7. 기준)
- 중앙행정기관 : 47개 기관(중앙 23, 소속 24)
- 국책연구기관 : 16개 기관
- 공공기관 : 9개 기관

보기
- ㉠ 중심부에 녹지공간 및 중앙행정, 문화·국제교류, 도시행정, 대학·연구, 의료·복지, 첨단지식기반 등 6개 주요 도시기능을 배치한다.
- ㉡ 전봇대, 쓰레기, 담장, 광고판, 점포주택이 없는 5無 도시를 추구하며, 노인, 장애인, 여성 등 다양한 계층의 편의성을 고려해 도시를 설계한다.
- ㉢ 2030년까지 인구 50만 명의 자족도시로 개발하는 것이 최종 목표이다.
- ㉣ 2023년 9월 7일 기준 50개에 가까운 중앙행정기관 및 공공기관, 국책연구기관이 세종시로 이전했다.

① ㉠, ㉢
② ㉠, ㉣
③ ㉡, ㉢
④ ㉡, ㉣
⑤ ㉢, ㉣

12 다음 글을 통해 유추할 수 있는 내용으로 적절하지 않은 것은?

공유경제란 물건을 소유하는 개념이 아닌 서로 빌려 쓰는 경제활동을 의미한다. 재화나 공간, 경험과 재능을 다수의 개인이 협업을 통해 다른 사람에게 빌려주고 나눠 쓰는 온라인 기반 개방형 비즈니스 모델인 공유경제는 독점과 경쟁이 아닌, 공유와 협동을 기반으로 하는 경제 알고리즘이다. 한번 생산된 제품을 여럿이 공유해 쓰는 협업 소비를 기본으로 하는 공유경제는 쉽게 말해 각자 필요로 하는 재화를 '나눠쓰기' 하는 것이다.

2008년 공유경제라는 용어를 처음 만든 사람은 미국 하버드대학 로렌스 레식 교수지만, 이미 공유경제라는 개념은 2000년대 초부터 주목받기 시작했다. 공유경제의 개념이 보다 널리 전파된 것은 미국의 차량 공유 서비스인 우버(Uber)와 숙박 공유 서비스 에어비앤비(Airbnb)가 세계적 명성을 얻게 되면서부터인데, 공유경제에서는 자동차, 빈방, 책과 같은 활용도가 떨어지는 물건 혹은 서비스를 다른 사람들과 함께 공유해 자원 활용을 극대화한다. 쉽게 말해 공유숙박은 빈방을 여러 손님과 나누어 쓰는 것이고, 공유택시는 손님이 없는 빈 택시의 활용도를 높이는 것이다.

공유경제의 개념은 농업에서도 적용된다. 생산자와 소비자가 농촌의 자원을 함께 공유하여 더 나은 가치를 창출하고, 지역 사회의 행복을 증진하자는 개념이 바로 공유농업이다. 과거에 농촌 생산자들이 도시 소비자들에게 직접적으로 농산물을 판매하는 것을 뛰어넘어 농촌의 자원을 공유하여 텃밭을 도시민에게 저렴하게 임대해 농사를 짓게 하는 주말농장이 있었다. 대학생들이 방학 기간을 활용해 농촌의 일손을 돕는 농촌 봉사활동이나 도시에서 열리는 농산물 직거래 장터를 비롯해 농장에서 도시민을 초청해 열리는 팜파티와 같은 프로그램도 있었다. 이러한 프로그램을 좀 더 적극적인 형태로 발전시킨 것이 바로 공유농업이다.

국내에서 적극적인 공유농업을 실천하고 있는 지자체는 경기도인데, 경기도의 공유농업은 적정 생산, 맞춤소비, 공정 가격을 목표로 한다. 도 차원에서 공유농업의 의지를 적극적으로 피력하는 농가를 대상으로 인력과 플랫폼 등을 지원하는 사업을 진행하고 있으며, 이를 통해 생산자는 잉여부지, 시설, 경과, 농사 지식 등 자신이 가진 자원을 소비자에게 공유한다. 기존의 농촌 프로젝트와 경기도 공유농업의 차별점은 바로 '활동가'라는 새로운 개념을 도입하였다는 것인데, 활동가는 생산자와 소비자 사이에서 양측을 적극적으로 이어주는 매개체의 역할을 수행한다. 공유농업 프로젝트 추진의 주체이기도 한 활동가는 소비자의 요구와 생산자의 필요를 접목해 소비자가 참여할 수 있는 프로젝트를 개발하기도 한다. 활동가는 생산자와 소비자를 중간에서 중재하여 그간 생산자와 소비자 간 직거래 방식의 소통으로 발생했던 마찰과 오해의 소지를 줄여 합리적인 방식을 통해 양측을 연결해 주는 역할을 하며, 이때 소비자는 투자와 소비를 통해 공동체에 참여하는 식으로 공유농업에 참가한다.

① 주방이 필요하지만 주방을 갖추기 어려운 음식 사업자에게 주방을 빌려주는 서비스는 공유주방 개념이 적용된 것이라 볼 수 있다.

② 과거형 공유개념인 카풀 등이 무료 혹은 무료에 가까운 서비스였다면, 현재의 공유경제는 유료화된 비즈니스 형태라는 것이 차이점이다.

③ 중재적 기능을 하는 활동가의 등장으로 인해 공유농업에서 이전보다 공고한 연계 체계가 갖추어진 것으로 이해할 수 있다.

④ 시민이 네트워크를 구성해 농장을 지원하고 농사에도 직접 참여하는 미국의 지역사회 공유농업은 적극적 형태의 공유농업으로 이해할 수 있다.

⑤ 활동가의 기능이 확대된 현대의 공유농업에서 공유농업에 참여하는 소비자의 역할은 상대적으로 축소될 수밖에 없다.

13 다음 글의 전체적인 맥락을 고려하여 (가)에 들어갈 문장으로 가장 적절한 것을 고르면?

우리는 노력 여하에 따라 더 높은 교육 수준과 자신이 원하는 직업을 얻을 수 있다고 믿으며 살아가고 있지만, 이러한 기대는 사실 현실적인 장벽 앞에서 좌절당하곤 한다. 모두에게 기회는 평등하게 주어진 다고 말하지만, 사실 더 좋은 환경을 기대하게 하는 기회는 나 자신의 능력보다 내 주변의 여건에 의해 주어지는 경우가 많기 때문이다. 그래서 우리는 더 나은 환경과 생활 기반을 만들기 위한 학벌주의에 더욱 집착하는 것일지도 모른다. 눈에 보이지 않는 계급이 존재하는 우리나라에서도 이러한 불공정한 면을 어렵지 않게 찾아볼 수 있는데, 아직까지도 사회적 계급이 현존하는 국가에서는 더더욱 자신들의 계급을 공고히 하기 위해 애쓰는 모습을 확인할 수 있다. 현재까지도 여왕이 존재하는 입헌군주국 영국 이 그렇다. (가   ) 귀족들이 자신들의 지위를 세습하기 위해 자신들의 자녀 들을 최고 명문 학교에 보내는 것에 집착한 것은 영국 엘리트 계층들뿐만 아니라 그들의 신대륙이었던 아메리카 대륙까지 건너가 학벌주의를 전 세계에 퍼트리는 결과를 가져왔기 때문이다.
전 세계에서 가장 많은 노벨상 수상자를 배출한 영국의 케임브리지 대학교는 영국의 대표적인 명문대학 교이다. 케임브리지에 입학하기 위해서는 학생의 시험 성적도 중요하지만, 사실 이보다 더 중요하게 여 겨지는 것은 그 학생의 사회적 배경이다. 교육 관련 자선단체인 서튼 트러스트가 2007년 발표한 자료에 의하면, 케임브리지와 옥스퍼드에 입학한 학생들의 55%가 8군데의 유명 귀족 사립학교 출신이라고 한 다. 그중 일반 대중에게도 잘 알려진 사립학교가 바로 이튼(Eton)스쿨이다. 대대로 이어져 온 영국 귀족 과 왕족들의 출신학교인 이튼은 전형적인 소수 특권층을 위한 중등학교이다. 불과 얼마 전까지만 해도 이튼은 학생의 출생 이전이나 늦어도 출생 시점에 미리 신상정보를 등록할 것을 요구했다. 아이가 존재 하지도 않는 상황에서 과연 무엇을 입학 기준으로 삼았을지 충분히 짐작이 가는 부분이다.
영어에는 '올드 스쿨 타이(old school tie)'라는 표현이 있다. 이는 중세 이후로 영국의 학계, 재계, 정계를 지배해 온 동문들 간의 학연으로 이루어진 인맥을 의미한다. 자녀를 영국 최고 명문 중등학교와 대학교 출신으로 만드는 것은 결국 '올드 스쿨 타이'로 맺어진 상류층만의 폐쇄적이고 공고한 인맥인 것이다.

① 영국에는 수백 년간 이어져 온 명문학교들이 존재하기 때문이다.
② 영국의 사교육에 대한 관심은 한국에 비해 절대 뒤지지 않는다.
③ 영국은 아직까지도 신분제도가 사라지지 않은 나라이다.
④ 영국의 높은 교육열은 곧 높은 대학 진학률로 이어진다.
⑤ 영국 사람들이야말로 학벌주의를 탄생시킨 장본인일 것이다.

14 다음 글의 내용과 일치하지 않는 것은?

지구의 자전은 지구가 남극과 북극을 지나는 선을 축으로 하루에 한 바퀴의 주기로 회전하는 현상이다. 서에서 동으로, 시간당 15도 회전하고, 지구의 자전으로 별과 태양의 일주운동이 발생하여 낮과 밤이 생긴다. 지구가 돌면서 바닷물과 그 밑의 지구 사이에 마찰이 생겨나 지구의 자전 속도가 조금씩 늦어진다. 100년 만에 하루의 길이가 0.0016초 길어졌기 때문에, 언젠가 하루가 48시간 이상으로 늘어나는 시설노 맞게 될 것이다. 먼 훗날 지구가 자전을 멈추게 되면 어떻게 될까? 만약 그렇게 되면 지구의 모든 생명은 멸종하고, 지구는 죽음의 행성이 된다.

지구의 자전은 지구 자기장을 생성시켜 준다. '다이나모 이론'에 따르면 지구 내부의 '철의 바다'로 이루어진 외핵이 지구 자전으로 전류를 만들고, 전자기 유도에 의하여 지구 자기장이 생성된다. 지구 자기장은 태양풍과 외계의 방사선과 같은 우주 공간의 위험으로부터 지구의 생명을 지켜주는 보호막 역할을 해왔다. 지구 자기장이 사라진다면 지구는 태양에서 불어대는 높은 에너지의 우주 방사선 입자에 피폭되어 끔찍한 대재앙을 맞이하게 될 것이다. 태양은 지구에 꼭 필요한 빛과 열을 제공하지만, 무수히 많은 양의 대전 입자들이 뒤섞인 우주 방사선을 뿜어내기도 한다. 태양에서 코로나 물질을 방출하거나 플레어와 같은 폭발 현상이 일어나면 최대 수백억 톤의 방사선 물질이 초속 400~1,000km의 속도로 불어와 지구 자기장에 도달하는 데 약 2일이 걸린다. 이것을 '태양풍'이라고 하는데 태양풍이 지구 자기장과 맞닿으면 상호 작용을 일으킨다. 지상으로부터 60,000km 상공에서 지구를 두르는 지구 자기권 내부로 유입되는 태양풍과 함께 날아온 대전 입자의 일부가 극지방으로 끌려 들어가면 오색의 오로라가 발생한다. 그러나 그 밖의 대전 입자들은 대부분 지구 주변으로 스쳐 지나가는데, 이때 지구를 중심으로 도넛 형태의 보호막이 형성된다. 이것을 '밴앨런(Van Allen)대'라고 한다. 미국의 유명한 물리학자 밴 앨런이 발견한 이 방사능대는 인체에 해를 주는 우주 방사능 물질이 태양풍에 실려 올 때 이것이 지구로 유입되는 것을 차단해주는 보호막 역할을 해준다. 만약 우주 방사선이 그대로 지상에 도달하면 지구는 순식간에 뜨거운 열과 방사능으로 휩싸여 생명체가 살 수 없는 불모지가 되고 말 것이다.

① 지구는 시간당 15도씩 서에서 동으로 회전하고 이로 인해 낮과 밤이 생긴다.
② 밴앨런대가 없다면 지구는 생명체가 살 수 없는 행성이 될 것이다.
③ 오로라가 생기는 것은 태양풍이 지구 자기장과 맞닿아 생기는 상호작용 때문이다.
④ '다이나모 이론'은 지구의 자전과는 상관이 없다.
⑤ 지구는 자전으로 인하여 외계의 방사선과 같은 위험으로부터 보호받는다.

15 다음 글에 자연스럽게 이어지도록 〈보기〉의 (가) ~ (라)를 순서대로 배열한 것은?

> 자동차를 설계하거나 수리할 때 나사, 도선, 코일 등의 최하부 단위의 수준에서 설계나 수리를 할 수도 있지만 그렇게 하면 일이 매우 복잡해지고 어려워진다. 차 내부를 열어 보아도 어디서부터 어디까지가 시동 장치인지 변속 장치인지 구분할 수 없을 정도로 온통 나사, 도선, 코일 등으로 가득 찬 경우를 상상해 보라.

┌ 보기 ┐

(가) 이처럼 나사, 도선, 코일 등과 같은 최하부에 일반적으로 사용되는 부품들과 달리 시동 장치, 변속기 등과 같은 것들은 특정 목적을 수행할 수 있는 의미 있는 구성단위가 된다. 또한 이들 구성단위는 다시 모여서 엔진, 제동 시스템과 같은 상위 구성단위를 이룰 수도 있다.

(나) 현대 사회에서 멀티미디어의 사용이 증가하고 좀 더 직관적이고 편리한 사용자 인터페이스가 요구됨에 따라 소프트웨어가 갈수록 복잡하고 거대해지고 있다. 따라서 소프트웨어의 제작과 유지·보수 등이 얼마나 효율적인가가 소프트웨어 발전의 중요한 열쇠가 되고 있다.

(다) 이러한 원리를 소프트웨어에서도 도입하였다. 즉, 전체 소프트웨어를 AND, OR, Loop 등의 최하부 단위로 표현하기보다 상위의 단위로 구성하고 표현하면 설계, 제작, 유지·보수 등이 훨씬 효과적으로 이루어질 수 있다.

(라) 실제로 차 내부를 열어 보면 확실하게 변속기, 시동 장치, 냉각기 등으로 구분되어 있는 것을 볼 수 있다. 이렇게 구분해 주면 시동 장치나 냉각기만을 전문으로 제작하는 업체가 생길 수 있고 차의 고장 진단이나 유지·보수도 훨씬 쉬워질 것이다.

① (가) - (나) - (라) - (다)　　　② (나) - (가) - (다) - (라)
③ (나) - (라) - (다) - (가)　　　④ (라) - (가) - (다) - (나)
⑤ (라) - (다) - (나) - (가)

16 다음 글의 내용과 일치하지 않는 것은?

세금은 정부가 사회 안전과 질서를 유지하고 국민 생활에 필요한 공공재를 공급하는 비용을 마련하기 위해 가계나 기업의 소득을 가져가는 부(富)의 강제 이전(移轉)이다. 납세자들은 정부에서 제공하는 각종 재정 활동, 즉 각종 공공시설, 보건 의료, 복지 및 후생 등의 편익에 대해서 더 큰 혜택을 원한다. 그러나 공공 서비스 확충을 위하여 세금을 더 많이 내겠다고 나서는 사람은 보기 드물다.

역사적으로 볼 때 시민 혁명이나 민중 봉기 등의 배경에는 정부의 과다한 세금 징수도 하나의 요인으로 자리 잡고 있다. 현대에 들어서도 정부가 세금을 인상하여 어떤 재정 사업을 하려고 할 때, 국민들은 자신들에게 별로 혜택이 없거나 부당하다고 생각될 경우 납세 거부 운동을 펼치거나 정치적 선택으로 조세 저항을 표출하기도 한다. 그래서 세계 대부분의 국가는 원활한 재정 활동을 위한 조세 정책에 골몰하고 있다.

애덤 스미스 등 많은 경제학자들이 제시하는 바람직한 조세 원칙 중 가장 대표적인 것이 공평과 효율의 원칙이다. 공평의 원칙이란 특권 계급을 인정하지 않고 국민은 누구나 자신의 능력에 따라 세금을 부담해야 한다는 의미이고, 효율의 원칙이란 정부가 효율적인 제도로 세금을 과세해야 하며 납세자들로부터 불만을 최소화할 수 있는 방안으로 징세해야 한다는 의미이다. 조세 원칙을 설명하려 할 때 프랑스 루이 14세 때의 재상 콜베르의 주장을 대표적으로 원용한다. 콜베르는 가장 바람직한 조세의 원칙은 거위의 털을 뽑는 것과 같다고 하였다. 즉, 거위가 소리를 가장 적게 지르게 하면서 털을 가장 많이 뽑는 것이 가장 훌륭한 조세 원칙이라는 것이다. 거위의 깃털을 뽑는 과정에서 거위를 함부로 다루면 거위는 소리를 지르거나 달아나 버릴 것이다. 동일한 세금을 거두더라도 납세자들이 세금을 내는 것 자체가 불편하지 않게 해야 한다는 의미이다. 또 어떤 거위도 차별하지 말고 공평하게 깃털을 뽑아야 한다. 이것은 모든 납세자들에게 공평한 과세를 해야 한다는 의미이다. 신용카드, 영수증, 복권 제도나 현금카드 제도 등도 공평한 과세를 위한 것이다. 더불어 거위 각각의 상태를 감안하여 깃털을 뽑아야 한다. 만일 약하고 병든 거위에게서 건강한 거위와 동일한 수의 깃털을 뽑게 되면 약하고 병든 거위들의 불평·불만이 생길 것이다. 더 나아가 거위의 깃털을 무리하게 뽑을 경우 거위는 죽고 결국에는 깃털을 생산할 수 없게 될 것이다.

① 대다수의 국민들은 양질의 공공 서비스를 받기를 원하나 세금을 더 많이 내는 것은 꺼린다.
② 정부의 과다한 세금 징수는 시민 혁명이나 민중 봉기의 가장 큰 원인이었다.
③ 공평의 조세 원칙에 따르면 국민은 누구나 자신의 능력에 따라 세금을 부담해야 한다.
④ 현금카드 제도는 공평한 과세를 위한 한 방편이다.
⑤ 프랑스의 재상 콜베르는 거위의 털에 빗대 바람직한 조세 원칙을 제시하였다.

17 다음은 우리나라의 고령화 및 인구 구조에 대한 자료이다. 이에 대한 설명으로 옳은 것을 〈보기〉에서 모두 고르면?

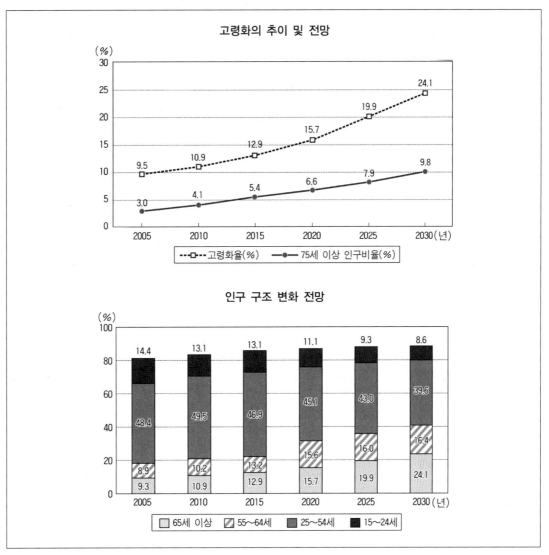

┌ 보기 ┐

㉠ 55~64세 인구비율은 점차 증가하는 추세이며, 2030년에는 2005년 대비 약 1.8배 증가할 것으로 전망된다.

㉡ 2030년에는 25~54세 인구비율이 15~24세 인구비율보다 4배 이상 많을 것으로 전망된다.

㉢ 2030년 전체 인구수가 2020년보다 10% 감소한 4,680만 명이라고 할 때, 2020년과 2030년 75세 이상 인구수의 차이는 약 115만 명이다.

㉣ 65세 이상 인구비율과 15~24세 인구비율 차이는 2005년에는 5%p 미만이나 2030년에는 15%p 이상이 될 것으로 전망된다.

① ㉠, ㉡   ② ㉡, ㉢
③ ㉡, ㉣   ④ ㉠, ㉡, ㉢
⑤ ㉠, ㉢, ㉣

[18~19] 다음은 GDP 대비 공교육비에 관한 자료이다. 이를 보고 이어지는 물음에 답하시오.

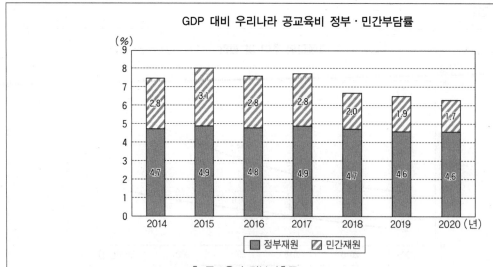

GDP 대비 우리나라 공교육비 정부·민간부담률

※ GDP 대비 공교육비 정부부담률 $= \dfrac{\text{총 공교육비 정부지출금}}{\text{당해 연도 GDP}} \times 100$

※ GDP 대비 공교육비 민간부담률 $= \dfrac{\text{총 공교육비 민간지출금}}{\text{당해 연도 GDP}} \times 100$

OECD 주요국의 GDP 대비 공교육비 민간부담률

(단위 : %)

구분	2014년	2015년	2016년	2017년	2018년	2019년	2020년
미국	2.3	2.7	2.5	2.5	2.8	2.7	2.8
일본	1.2	1.2	1.4	1.5	1.4	1.4	1.3
영국	1	1	1.1	1.2	0.9	0.9	1.1
독일	0.9	1	1	1	0.9	0.8	0.8
이탈리아	0.5	0.5	0.5	0.4	0.6	0.6	0.6
프랑스	0.4	0.6	0.5	0.5	0.5	0.4	0.4
핀란드	0.1	0.2	0.2	0.1	0.1	0.3	0.2

18 **위 자료에 대한 설명으로 옳지 않은 것은?**

① 2017년 미국과 영국의 GDP가 동일했다면, 미국은 영국의 2배 이상의 민간지출금을 공교육에 투자했을 것이다.

② 2015년 일본의 GDP가 이탈리아보다 1.8배 더 높다면, 일본은 이탈리아보다 5배 이상 많은 민간지출금을 공교육에 투자했을 것이다.

③ 우리나라의 공교육비 민간부담률은 다른 국가들에 비해 높은 편이지만 주어진 자료에서 각 국가의 GDP를 알 수 없으므로 총 공교육비 민간지출금이 많다고 말할 수는 없다.

④ 2018년 이후 우리나라 공교육비 정부부담률은 민간부담률의 2배 이상이다.

⑤ 조사기간 중 우리나라와 미국을 제외한 OECD 주요국들의 GDP 대비 공교육비 민간부담률 변화량은 각각 전년 대비 0.3%p 이내에 있다.

19 2020년 우리나라 GDP가 1조 3,500억 달러일 때, 공교육 민간지출금은 얼마인가?

① 1,890,000만 달러
② 2,065,500만 달러
③ 2,295,000만 달러
④ 2,556,500만 달러
⑤ 2,750,000만 달러

20 다음은 2024년 실시한 국내외 5개 크루즈 업체에 대한 이용자 만족도 조사 결과 그래프이다. 이에 대한 설명으로 적절하지 않은 것은?

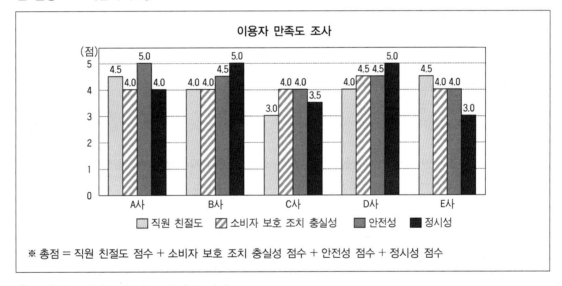

① A사와 B사의 4개 부문 총점은 같다.
② B사의 안전성 점수와 C사의 안전성 점수의 합계는 D사의 정시성 점수와 E사의 정시성 점수의 합계보다 높다.
③ 4개 부문 총점이 가장 낮은 업체는 C사이다.
④ '소비자 보호 조치 충실성' 부문에서 가장 높은 점수를 받은 업체는 D사이다.
⑤ 직원 친절도와 정시성에 각각 0.2, 소비자 보호 조치 충실성과 안정성에 각각 0.3의 가중치를 부여하면 총점이 가장 높은 업체는 달라진다.

[21~22] 다음은 2023년 국내외 2분기 화물 및 여객 운항 실적에 대한 자료이다. 이를 보고 이어지는 물음에 답하시오.

국내 항공사 화물 및 여객 운항 실적

항공사	노선 수	총 운항 횟수	화물 운항 횟수	여객 운항 횟수
D항공	134	771	136	635
A항공	93	594	82	512

국외 항공사 화물 및 여객 운항 실적

항공사	노선 수	총 운항 횟수	화물 운항 횟수	여객 운항 횟수
K항공	11	14	3	11
B항공	12	33	11	22
P항공	4	7	6	1
N항공	3	8	6	2
S항공	3	22	9	13
L항공	10	8	3	5
R항공	8	5	3	2
E항공	6	41	22	19
T항공	16	63	40	23
U항공	4	24	15	9

※ 여객지수 $= \dfrac{\text{여객 운항 횟수}}{\text{총 운항 횟수}} = 1 - \text{화물지수}$

※ 항공사 간 노선 중복 및 공동운항은 없음

21 위 자료에 대한 설명으로 옳은 것은? (단, 소수점 셋째 자리에서 반올림한다.)

① 국외 항공사 중 여객지수가 세 번째로 높은 곳은 B항공이다.
② 국내 D항공보다 여객지수가 높은 국외 항공사는 한 곳이다.
③ 국외 항공사 중 여객지수가 낮은 순서대로 나열하면 P항공, N항공, U항공이다.
④ 화물지수가 높다는 것은 총 운항 횟수 중 여객 운항 횟수 또한 많다는 것을 의미한다.
⑤ 국내외에서 노선 수 대비 총 운항 횟수가 가장 많은 항공사는 S항공이다.

22 2024년 2분기 D항공의 총 운항 횟수는 전년 동분기 대비 200% 증가했고, A항공의 여객 운항 횟수는 50% 감소했다고 한다. 이때 2024년 2분기 D항공의 총 운항 횟수와 A항공의 여객 운항 횟수의 차로 옳은 것은?

① 2,013
② 2,057
③ 2,082
④ 2,108
⑤ 2,114

23 다음은 2024년 상반기 전국의 교통사고 관련 자료이다. 이에 대한 설명으로 옳지 않은 것은?

2024년 상반기 교통사고 건수 및 사망자·부상자 수

(단위 : 건, 명)

구분		주간	야간
1월	사고건수	0,035	7,981
	사망자수	190	199
	부상자수	12,589	12,505
2월	사고건수	7,241	6,946
	사망자수	136	199
	부상자수	11,440	10,215
3월	사고건수	9,036	8,429
	사망자수	198	211
	부상자수	13,599	12,862
4월	사고건수	9,620	8,411
	사망자수	164	216
	부상자수	14,722	13,073
5월	사고건수	10,593	9,093
	사망자수	215	205
	부상자수	15,843	13,833
6월	사고건수	9,960	8,369
	사망자수	195	241
	부상자수	15,161	12,512

① 매월 사고건수와 부상자수는 주간이 야간보다 많다.
② 2024년 상반기 사망자수가 가장 많은 달과 가장 적은 달의 사망자수 차이는 100명 이상이다.
③ 2월의 사고건수당 부상자수는 야간이 주간보다 많다.
④ 2024년 상반기 야간의 사고건수당 부상자수가 두 번째로 많은 달은 4월이다.
⑤ 2~6월 중 전월 대비 주간의 교통사고 사망자수 증감률이 가장 큰 달은 3월이다.

[24~25] 다음은 A국 음악산업 직무별 업종별 총산업인력과 기술인력 현황에 관한 자료이다. 이를 보고 이어지는 물음에 답하시오.

A국 음악산업 직무별 업종별 총산업인력과 기술인력 현황

(단위: 명, %)

직무	업종	총산업인력	기술인력			
			현원	비중	부족인원	부족률
사업기획	음악 기획업	287,860	153,681	53.4	4,097	( )
	음반녹음시설 운영업	61,855	50,100	( )	256	( )
	음반 복제업	178,734	92,873	( )	1,528	1.6
	음반 배급업	94,364	31,572	33.5	1,061	( )
	음반도매업	131,485	36,197	( )	927	2.5
	음반소매업	325,461	118,524	( )	2,388	2.0
	인터넷/모바일 음악서비스업	416,111	203,988	( )	5,362	2.6
	음원대리중개업	107,347	60,301	56.2	651	( )
	음악공연 기획	122,066	65,289	( )	1,250	1.9
	기타음악공연서비스업	341,750	126,006	36.9	4,349	3.3
제작	음악 오디오물 출판업	234,940	139,454	( )	6,205	( )
	음악 오디오물 제작업	111,049	23,120	20.8	405	( )

※ 1) 기술인력 비중(%) = $\dfrac{\text{기술인력 현원}}{\text{총산업인력}} \times 100$

2) 기술인력 부족률(%) = $\dfrac{\text{기술인력 부족인원}}{\text{기술인력 현원 + 기술인력 부족인원}} \times 100$

24 위 자료에 대한 설명으로 옳은 것을 〈보기〉에서 모두 고르면?

┌ 보기 ┐
ㄱ 음악녹음시설 운영업의 기술인력 비중은 80% 미만이다.
ㄴ 기술인력 비중이 50% 이상인 업종은 6개다.
ㄷ 음악 오디오물 출판업의 기술인력 부족률은 5% 미만이다.
ㄹ 기술인력 부족률이 두 번째로 낮은 업종은 음반 복제업이다.

① ㄱ, ㄴ　　　　　　　　　　② ㄱ, ㄷ
③ ㄴ, ㄷ　　　　　　　　　　④ ㄴ, ㄹ
⑤ ㄷ, ㄹ

25 총산업인력이 두 번째로 많은 업종과 세 번째로 적은 업종의 기술인력 비중과 기술인력 부족률의 차가 바르게 짝지어진 것은? (단, 소수점 둘째 자리에서 반올림하여 계산한다.)

① 16.1%p, 2.2%p　　　　　　② 3.4%p, 2.1%p
③ 16.1%p, 2.1%p　　　　　　④ 19.3%p, 2.1%p
⑤ 19.3%p, 2.2%p

[26~27] 다음은 미국 프로야구 홈구장의 수용인원 및 연간 평균 관중수용률을 나타낸 자료이다. 이를 보고 이어지는 물음에 답하시오.

미국 프로야구 홈구장의 수용인원 및 연간 평균 관중수용률

(단위: 명)

구분		2019년	2020년	2021년	2022년	2023년	2024년
양키 스타디움	수용인원	47,309	47,309	47,309	47,309	47,309	50,960
	관중수용률	59.5%	62.3%	64.0%	66.4%	68.0%	72.4%
론디포 파크	수용인원	36,742	36,742	36,742	36,742	36,742	36,742
	관중수용률	43.2%	46.7%	48.0%	48.5%	52.6%	57.0%
체이스 필드	수용인원	48,686	48,686	48,686	48,686	48,686	50,180
	관중수용률	26.7%	27.0%	27.3%	30.6%	31.2%	32.0%
부시 스타디움	수용인원	45,494	45,494	45,494	48,581	48,581	48,581
	관중수용률	23.0%	23.7%	25.4%	27.0%	28.3%	43.7%
시티 필드	수용인원	41,922	41,922	41,922	41,922	45,186	45,186
	관중수용률	11.6%	13.6%	14.0%	14.6%	27.0%	29.4%
코메리카 파크	수용인원	41,083	41,083	45,280	45,280	45,280	45,280
	관중수용률	23.4%	25.0%	25.6%	26.9%	27.4%	28.4%
에인절 스타디움	수용인원	45,517	64,406	64,406	64,406	64,406	64,406
	관중수용률	65.9%	68.2%	69.4%	71.5%	72.6%	74.1%

※ 평균 관중 수 = 수용인원 × 평균 관중수용률로 계산한다.

26 위 자료에 대한 설명으로 옳지 않은 것은?

① 홈구장 중 에인절 스타디움의 평균 관중수용률이 매년 가장 높다.
② 2023년 코메리카 파크의 평균 관중 수는 부시 스타디움보다 적다.
③ 2021년 모든 홈구장의 평균 관중수용률은 2019년과 비교했을 때 전부 5%p 이상 증가했다.
④ 2022년 이후 홈구장을 증축한 곳은 양키 스타디움과 체이스 필드, 시티 필드이다.
⑤ 2019년 평균 관중 수가 가장 많은 구단은 에인절 스타디움이다.

27 2025년 모든 홈구장의 평균 관중수용률은 전년 대비 3%p씩 증가한다고 한다. 이때 평균 관중 수가 가장 많은 홈구장과 가장 적은 홈구장의 관중 수와, 그 차이가 알맞게 짝지어진 것은? (단, 소수점 이하는 절사하고 모든 홈구장의 수용인원은 변하지 않는다고 가정한다.)

	가장 많은 홈구장의 관중 수	가장 적은 홈구장의 관중 수	관중 수 차이
①	49,657명	14,640명	35,017명
②	38,423명	14,217명	24,206명
③	38,423명	14,640명	23,783명
④	49,657명	14,217명	35,440명
⑤	49,657명	17,563명	32,094명

[28~29] 다음은 LH의 2024년도 인쇄업체 등록 및 단가계약 제안요청서 중 업체 선정을 위한 **평가방법 및 기준**에 관한 자료이다. 이를 보고 이어지는 물음에 답하시오.

1. 평가방법
- 선정방법: 품질평가(65점)와 실적평가(30점), 서비스평가(5점)를 합산하여 85점 이상인 업체 중 고득점순으로 3개 업체 선정(85점 이상인 업체가 3개 미만인 경우 85점 이상인 업체만 선정함)
- 평가위원: 토지주택연구원 소속 직원 7인
- 평가대상: 실적물, 연구보고서 등

2. 평가기준

(1) 품질평가(65점)

구분	항목	평가요소	배점
실적물 (10점)	경인쇄물 품질	편집, 디자인, 인쇄 선명도 등 전반적인 품질	5
	오프셋인쇄물 품질	편집, 디자인, 인쇄 선명도 등 전반적인 품질	5
연구 보고서 (35점)	제본, 제단, 인쇄 품질	• 제본의 수준 • 표지 및 내지 인쇄 선명도	10
	본문인쇄 품질	• 컬러페이지 적용 정확도 • 교정 반영 정확도 • 목차와 장간지 일치 여부 • 목차와 본문 일치 여부 • 본문과 표, 그림의 편집 수준	15
	표지인쇄 품질	• 표지 색상 반영 정확도 • 국문·영문 제목, 저자명, 약력, 도서번호 등의 요소 반영 정확도	10
LH 인사이트 (20점)	제본, 제단, 인쇄 품질	• 제본의 수준 • 표지 및 내지 인쇄 선명도	5
	본문인쇄 품질	• 컬러페이지 적용 정확도 • 교정 반영 정확도 • 목차와 장간지 일치 여부 • 목차와 본문 일치 여부 • 본문과 표, 그림의 편집 수준	10
	표지인쇄 품질	• 표지 색상 반영 정확도 • 국문·영문 제목, 저자명, 약력, 도서번호 등의 요소 반영 정확도	5

(2) 실적평가(30점)

평가항목	항목별 배점표				
계약실적 (5점)	금액	3억 원 이상	2억 원 이상 3억 원 미만	1억 원 이상 2억 원 미만	1억 원 미만
	배점	5점	3점	1점	0점
경영상태 (10점)	신용등급	A등급	B등급	C등급	D등급	E등급
	배점	10점	7점	5점	3점	1점
보유시설 (10점)	구분				유	무
	오프셋 또는 마스터 또는 디지털 인쇄기				10점	0점
	컬러복사기				7점	0점
	제본기				5점	0점
보유인력 (5점)	구분	10명 이상	5명 이상 10명 미만		5명 미만
	배점	5	3		1
가산점 * 실적평가 점수 내에 서만 적용	• 장애인, 여성, 사회적 기업: 2점(중복될 경우, 하나만 인정) • 중증장애인 채용: 5점 • 장애인표준사업장: 10점 • 업무수행 만족도 조사: 2점('상' 등급) 　* 중복될 경우 가장 높은 점수 하나만 인정				

(3) 서비스평가(5점)

구분	항목	평가요소	배점
만족도 (5점)	과업수행에 대한 자체 만족도 조사 등	과업수행에 따른 편집 및 인쇄품질, 충실도, 대응 서비스 평가	5

28 위 자료의 내용을 잘못 이해한 것을 〈보기〉에서 모두 고르면?

> ┌ 보기 ┐
> ㉠ 장애인표준사업장이면서 업무수행 만족도 조사에서 '상' 등급을 받은 A업체의 경우, 12점의 가산점을 받을 수 있다.
> ㉡ 표지의 인쇄품질보다는 본문의 인쇄품질에 대한 평가 배점이 더 높으며, 이때 본문 인쇄품질을 평가하는 항목에는 표와 그림의 편집 수준도 포함된다.
> ㉢ 품질평가, 실적평가, 서비스평가 점수가 85점 이상인 업체가 2개인 경우에는 이 2개 업체만 선정하고 나머지 85점 미만 업체의 평가를 재시행하여 1개 업체를 선정한다.

① ㉠, ㉡   ② ㉠, ㉢
③ ㉡, ㉢   ④ ㉡
⑤ ㉢

29 LH의 2024년도 인쇄업체 등록을 한 업체가 A~F 6개이고 평가점수가 다음과 같을 때, 선정되는 업체는?

구분	품질평가			실적평가				서비스평가
	실적물	연구보고서	LH인사이트	계약실적	경영상태	보유시설	보유인력	만족도
A업체	10	35	18	4	8	9	4	4
B업체	9	35	19	5	9	10	5	3
C업체	8	32	17	3	6	7	4	3
D업체	10	35	16	3	7	9	3	4
E업체	8	33	17	3	8	5	5	3
F업체	10	34	18	4	3	6	5	5

※ D업체는 사회적 기업이며, 업무수행 만족도가 '상'인 기업임
※ F업체는 장애인표준사업장임

① A, B, F   ② A, C, E
③ B, D, F   ④ B, C, E
⑤ C, D, E

[30~31] 다음은 내집마련 디딤돌 대출과 관련된 자료이다. 이를 보고 이어지는 물음에 답하시오.

1. 대출대상
   - 부부합산 연소득 6천만 원 이하(생애최초 주택구입자, 2자녀 이상 가구 또는 신혼가구는 연소득 7천만 원 이하)
   - 순자산가액 5.06억 원 이하 무주택 세대주

2. 신청시기
   소유권이전등기를 하기 전에 신청. 단, 소유권이전등기를 한 경우에는 이전등기 접수일로부터 3개월 이내까지 신청

3. 대상주택
   주거 전용면적이 85m²(수도권을 제외한 도시지역이 아닌 읍 또는 면 지역은 100m²) 이하 주택으로 대출 접수일 현재 담보주택의 평가액이 5억 원(신혼가구 및 2자녀 이상 가구 6억 원) 이하인 주택

4. 대출한도
   - 일반 2.5억 원(생애최초 일반 3억 원)
   - 신혼가구 및 2자녀 이상 가구 4억 원 이내(LTV 70%, 생애최초 주택구입자는 LTV 80%, DTI 60% 이내)

5. 대출금리
   - 연 2.15%~연 3.00%

대출기간 소득수준(부부합산연소득)	10년	15년	20년	30년
2천만 원 이하	연 1.85%	연 1.95%	연 2.05%	연 2.10%
2천만 원 초과~4천만 원 이하	연 2.00%	연 2.10%	연 2.20%	연 2.25%
4천만 원 초과~7천만 원 이하	연 2.15%	연 2.25%	연 2.35%	연 2.40%

   - 금리우대(각 항목 중복 적용 불가)
     ① 연소득 6천만 원 이하 한부모가구 연 0.5%p
     ② 장애인가구 연 0.2%p
     ③ 다문화가구 연 0.2%p
     ④ 신혼가구 연 0.2%p
     ⑤ 생애최초주택구입자 연 0.2%p
   - 추가금리우대(각 항목 중복 적용 가능)
     ① 청약(종합)저축 가입자(본인 또는 배우자)
        - 가입기간 1년 이상이고 12회차 이상 납입한 경우: 연 0.1%p
        - 가입기간 3년 이상이고 36회차 이상 납입한 경우: 연 0.2%p
        (단, 대출접수일로부터 6개월 이내 일괄 납부된 경우 우대금리 회차 인정대상에서 제외하고 선납은 포함)
        - 청약(종합)저축 가입자 민영주택 청약 지역별(청약가입 시 주민등록지 또는 대출접수일 현재 주민등록지 기준) 최소 예치금액 납입이 완료된 날로부터 1년 이상 0.1%p, 3년 이상 0.2%p
     ② 부동산 전자계약 체결(2023.12.31. 신규 접수분까지) 연 0.1%p
     ③ 다자녀가구 연 0.7%p, 2자녀가구 연 0.5%p, 1자녀가구 연 0.3%p
     ④ 신규 분양주택 가구(준공 전 분양아파트 또는 준공 후 분양전환 임대아파트의 최초 분양계약체결 가구) 연 0.1%p
   - 우대금리 적용 후 최종금리가 연 1.5% 미만인 경우에는 연 1.5%로 적용
   - 자산심사 부적격자의 경우 가산금리 부과

6. 대출기간
   10년, 15년, 20년, 30년(거치 1년 또는 비거치)

30 위 자료의 내용과 일치하지 않는 것은?

① 신혼가구가 아닌 1자녀가구인 경우, 최대 2억 5천만 원까지 대출받을 수 있다.

② 부부합산 연소득이 6,500만 원이고 2자녀가구인 경우에 대출을 받을 수 있다.

③ 소유권이전등기를 2023년 1월 5일에 했다면, 2023년 3월 5일에는 대출 신청이 가능하다.

④ 서울에 위치한 주거 전용면적 87m²의 아파트인 경우 주택 평가액이 5억 원 이하여도 대출을 받을 수 없다.

⑤ 본인이나 배우자 중 한 명이 청약저축 가입자라면 최대 연 0.2%p 대출금리우대가 가능하다.

31 다음 〈보기〉의 (가)~(라)는 내집마련 디딤돌 대출을 받으려는 무주택자 세대주들의 사례를 나타낸 것이다. 위 자료를 바탕으로 했을 때, (가)~(라) 중 대출금리가 가장 높은 경우와 가장 낮은 경우를 차례로 나열한 것은?

┌ 보기 ┌
(가) 연소득 4천만 원이며, 미성년 딸 1명을 키우는 한부모가구다. 대출기간 15년에 2억 원을 대출받으려 한다.
(나) 부부합산 연소득이 7천만 원이며, 2명의 미성년 자녀를 키우는 부부이다. 세대주가 청약저축을 10년간 가입하였고 100회 이상 납입한 상태이다. 대출기간 30년에 3억 5천만 원을 대출받으려 한다.
(다) 부부합산 연소득이 6천만 원이며, 생애최초주택구입자이다. 자녀는 없으며, 부부 중 한 명이 장애인이다. 세대주가 청약저축에 2년간 가입하였고 20회차 납입한 상태이다. 대출기간 10년에 1억 2천만 원을 대출받으려 한다.
(라) 부부합산 연소득이 6,500만 원이며, 생애최초주택구입자이다. 미성년 자녀가 1명이며, 대출기간 15년에 1억 5천만 원을 대출받으려 한다.

① (다), (나) 　　　　　② (나), (가)
③ (다), (가) 　　　　　④ (라), (나)
⑤ (라), (가)

[32~33] ○○공사 인사팀에서는 직원 교육에 사용할 교재를 외부 업체에 위탁하여 제작하려 한다. 업체들이 제출한 교재 시안을 다음과 같이 평가하여 채택한다고 할 때, 이어지는 물음에 답하시오.

1. 업체가 제출한 시안을 5개의 항목으로 평가하고, 평가점수의 총합이 가장 높은 2개의 시안을 채택한다. 5개의 업체(A ~ E)가 제출한 시안에 대한 평가 결과는 다음과 같다.

(단위 : 점)

평가항목(배점) \ 업체	A	B	C	D	E
학습내용(30)	28	㉠	24	22	21
학습체계(30)	23	25	30	26	20
교수법(20)	19	17	14	20	㉡
학습평가(10)	10	8	9	6	9
학습매체(10)	7	10	9	9	8

※ 단, 점수는 자연수로만 매겨진다.

2. 위 평가점수 총합이 가장 높은 2개의 업체에, 다음과 같이 가점을 부여하여 최종 평가점수가 더 높은 시안을 채택한다.
   - 사업기간이 10년 이상이면 2점, 5년 이상 10년 미만이면 1점의 가점을 부여한다.
   - 업체 제시가격이 공사 기준 가격의 95% 이상을 만족하면 3점의 가점을, 90% 이상 95% 미만을 만족하면 1점의 가점을 부여한다.
   - 연평균 실적건수가 업계 평균보다 높을 경우 1점의 가점을 부여한다.
   - 최종 평가점수가 동일할 경우에는 '학습내용' 평가항목의 점수가 높은 업체의 시안을 선택한다.

평가부문 \ 업체	A	B	C	D	E
사업기간(년)	17	23	12	5	17
공사 기준 제시가격 수준(%)	95	90	98	90	88
연평균 실적건수(건)	37	27	34	40	35

※ 전체 업계의 연평균 실적건수는 32건이다.

32 B업체의 학습내용 점수는 업체들 중 가장 높고, E업체의 교수법 점수는 C업체보다는 높고 B업체보다는 낮다. 이때, 시안 채택과 관련된 설명으로 옳은 것은?

① 학습체계 점수가 가장 높은 업체의 시안이 채택된다.
② ㉠, ㉡에 들어갈 점수의 합은 45 이하이다.
③ 시안이 채택되는 업체는 3점의 가점을 부여받는다.
④ ㉡에 들어갈 점수가 '16'이라면 E업체는 A~E업체의 가점을 제외한 최종평가 점수가 세 번째로 높은 업체가 된다.
⑤ ㉠에 들어갈 점수가 '30'이라면 B업체의 시안이 채택된다.

33 ㉠, ㉡에 들어갈 점수가 각각 20, 17일 때, 시안이 채택되는 업체는 어디인가?

① A업체　　　　　　② B업체
③ C업체　　　　　　④ D업체
⑤ E업체

34 다음은 기숙사형·청년 매입임대주택 입주자격을 나타낸 표이다. 이에 대한 설명으로 옳은 것을 〈보기〉에서 모두 고르면?

공급유형	신청자격	입주순위		자산기준(만 원)	
				총자산	자동차
기숙사형 청년주택	무주택자인 미혼청년 (대학생, 대학원생, 만 19~39세인 자)	1순위	• 생계·의료수급자 가구 • 차상위 계층가구, 지원대상 한부모가족	–	–
		2순위	본인과 부모의 월평균소득이 전년도 도시근로자 가구원수별 가구당 월평균소득 100% 이하	–	–
		3순위	본인의 월평균소득이 전년도 도시근로자 1인가구 월평균소득 100% 이하	–	–
청년 매입임대	무주택자인 미혼청년 (대학생, 취준생, 만 19~39세인 자)	1순위	• 생계·주거·의료수급자 가구 • 차상위 계층가구, 지원대상 한부모가족	–	–
		2순위	본인과 부모의 월평균소득이 전년도 도시근로자 가구원수별 가구당 월평균소득 100% 이하 (국민임대 자산기준 충족)	34,500	3,708
		3순위	본인의 월평균소득이 전년도 도시근로자 1인가구 월평균소득 100% 이하 (행복주택 청년 자산기준 충족)	27,300	3,708

┌ 보기 ┐

㉠ 본인과 부모의 월평균소득이 전년도 도시근로자 가구원수별 가구당 월평균소득 100% 이하인 대학원생 L씨가 3,800만 원인 자동차를 소유하고 있다면 기숙사형 청년주택에 입주할 수 없다.

㉡ 지원대상 한부모가족에 속하는 대학생 Y씨는 청년 매입임대주택보다 기숙사형 청년주택 입주 신청을 하는 것이 입주확률이 더 높다.

㉢ 의료수급자 가구에 속하는 취업준비생 K씨는 총자산 기준과 상관없이 청년 매입임대주택 입주자격 1순위가 된다.

㉣ 본인의 월평균소득이 전년도 도시근로자 1인가구 월평균소득 100% 이하인 만 30세 취업준비생 Y씨가 3,610만 원인 자동차를 소유하고 있는 경우 청년 매입임대주택 입주 3순위가 될 수 없다.

① ㉠

② ㉢

③ ㉠, ㉢

④ ㉡, ㉣

⑤ ㉢, ㉣

[35~36] 다음은 ○○공사의 직원 승진을 위한 인사평가 요소와 승진 대상자의 평가점수 정보이다. 이를 보고 이어지는 물음에 답하시오.

평가 요소		승진 대상자				
구분	요소	갑	을	병	정	무
업무능률	업무 효율성(10전)	8	6	7	5	9
	업무 지식(5점)	4	3	3	5	2
	업무 속도(5점)	2	4	4	5	1
업무태도	협조성(5점)	3	2	3	4	1
	책임감(10점)	5	4	7	8	4
	근면성(5점)	2	2	5	1	3
	적극성(5점)	3	2	4	1	5
업무능력	이해판단력(5점)	4	4	2	2	5
	실행력(10점)	8	9	4	6	5
	창의력(5점)	3	3	5	2	1
관리능력	위기대처력(10점)	5	7	8	3	1
	지도력(10점)	5	9	4	7	8
	신뢰성(10점)	9	6	4	8	3
	사고 유연성(5점)	3	5	2	1	1

35 위에 제시된 인사평가 요소에 대한 점수를 산정하여 갑~무 중 승진자 1명을 선정하려고 한다. 평가요소별 점수를 합산한 총점이 높은 1명을 선정하고, 총점이 동일한 경우에는 관리능력이 높은 사람을 우선하여 승진자로 선정한다고 할 때, 승진하는 직원은?

① 갑   ② 을
③ 병   ④ 정
⑤ 무

36 위 문제의 승진자와는 별개로 업무능률과 업무태도 점수가 가장 높은 직원에 한하여 각각 총점의 15%를 가산하여 계산한 총점이 가장 높은 사람에게 상여금을 지급하려고 한다. 이때, 상여금을 받는 직원은 누구인가?

① 갑   ② 을
③ 병   ④ 정
⑤ 무

37 ○○공사 기획부에서는 다음 주 월요일에 회의실을 예약하려고 한다. 회의에 참석하는 인원은 총 12명이며 원활한 회의를 위해 빔프로젝터가 필요하다. 각 회의실의 상황이 다음과 같고 기획팀에서는 회의가 3시간 동안 이어질 것으로 예상하고 예약을 하려고 한다. 이때 예약 가능한 회의실을 고르면? (단, 모든 회의실은 오전 9시~오후 12시, 오후 1~6시에만 사용이 가능하다.)

회의실	참고 사항	예약 부서
A회의실	• 화이트보드 설치 • 15명 수용 가능	오전 9시~오후 12시 IT정보부
B회의실	• 빔프로젝터 설치 • 화이트보드 설치 • 20명 수용 가능	다음 주 수요일까지 수리로 이용 불가능
C회의실	• 빔프로젝터 설치 • 15명 수용 가능	• 오전 9시~오후 12시 금융회계부 • 오후 2~4시 경영관리부
D회의실	• 빔프로젝터 설치 • 10명 수용 가능	오후 1~4시 홍보부
E회의실	• 빔프로젝터 설치 • 화이트보드 설치 • 20명 수용 가능	• 오전 9~11시 인재개발부 • 오후 1~3시 연구관리부

① A회의실　　　　　　　　　② B회의실
③ C회의실　　　　　　　　　④ D회의실
⑤ E회의실

[38~39] T지역 주민센터에서는 지역 초등학생들에게 여름방학 동안 교육 프로그램을 제공하려고 한다. 다음은 이를 위해 정한 교육 프로그램 후보 및 관련 정보이다. 이를 보고 이어지는 물음에 답하시오.

분야	프로그램명	전문가 점수	주민 점수
미술	입체조형 만들어 보기	26	32
인문	논리력 기르기	31	18
무용	스스로 창작	37	25
인문	글짓기 교실	36	28
음악	피아노 교실	34	34
연극	연출 노트	32	30
미술	크로키·수채화 수업	40	25
진로	항공 체험 캠프	30	35

• 전문가와 주민은 후보로 선정된 프로그램을 각각 40점 만점제로 우선 평가하였다.
• 전문가 점수와 주민 점수의 반영 비율을 1 : 1로 적용하여 합산한 후, 하나밖에 없는 분야에 속한 프로그램에는 취득 점수의 10%를 가산점으로 부여한다.
• 주민센터는 높은 점수를 받은 프로그램 두 개를 최종 선정하여 운영한다.

38 위 자료를 근거로 판단할 때, T지역 주민센터가 운영할 교육 프로그램을 고르면?

① 글짓기 교실, 크로키·수채화 수업
② 항공 체험 캠프, 입체조형 만들어 보기
③ 스스로 창작, 글짓기 교실
④ 피아노 교실, 항공 체험 캠프
⑤ 크로키·수채화 수업, 항공 체험 캠프

39 주민센터에서는 교육 프로그램 선정 방법을 〈보기〉와 같이 바꾸기로 하였다. 이때, T지역 주민센터가 운영할 교육 프로그램을 고르면?

┌ 보기 ┐
전문가 점수와 주민 점수의 반영 비율을 1 : 2로 적용하여 합산한 후, 전문가 점수가 높은 3개 프로그램에는 취득 점수의 10%를 가산점으로 부여한다. 높은 합산 점수를 받은 2개의 프로그램을 선정한다.

① 연출노트, 크로키·수채화 수업
② 글짓기 교실, 피아노 교실
③ 입체조형 만들어 보기, 스스로 창작
④ 피아노 교실, 크로키·수채화 수업
⑤ 글짓기 교실, 항공 체험 캠프

40 U기업은 외국담배를 수입하였으나 납부기한인 2024년 8월 7일까지 관세를 납부하지 아니하였는데, 교육세 71,120원을 제한 관세가 92만 8천 원이다. 다음 관세 및 가산금에 대한 자료를 보고 2024년 9월 10일 U기업이 납부하여야 할 총 가산금을 구하면? (단, 1원 미만은 절사한다.)

제41소(가산금)

가. 1차가산금 : 납부기한이 지난날부터 체납된 관세에 대하여 3%의 가산금을 징수한다.

나. 중가산금 : 납부기한이 지난날부터 1개월이 지날 때마다 체납된 관세의 0.75%에 상당하는 중가산금을 1차가산금에 다시 더하여 징수한다.(중가산금은 60개월까지만 부과)

다. 체납된 관세(내국세가 있을 때는 그 금액을 포함)가 100만 원 미만인 경우에는 중가산금을 비적용

제46조(관세환급금의 환급 및 과다환급가산금)

① 세관장은 납세의무자가 관세·가산금·가산세 또는 체납처분비의 과오납금 또는 이 법에 따라 환급하여야 할 환급세액의 환급을 청구할 때에는 대통령령으로 정하는 바에 따라 지체 없이 이를 관세환급금으로 결정하고 30일 이내에 환급하여야 하며, 세관장이 확인한 관세환급금은 납세의무자가 환급을 청구하지 아니하더라도 환급하여야 한다.

② 세관장은 제1항에 따라 관세환급금을 환급하는 경우에 환급받을 자가 세관에 납부하여야 하는 관세와 그 밖의 세금, 가산금, 가산세 또는 체납처분비가 있을 때에는 환급하여야 하는 금액에서 이를 충당할 수 있다.

※ 환급금액 = 환급금(과오납금액) + 환급가산금

※ 환급가산금 = 환급금 × 과오납부한 날의 다음 날부터 환급 결정을 하는 날까지의 기간/365(일) × 이자율

※ 이자율 : 연 1.8%

관세는 운임·보험료포함조건가격에 수입신고일의 과세환율을 적용한 금액에 해당 물품의 관세율을 곱해 산출한다. 이때, 관세에는 내국세가 포함되어 함께 부과된다. 관세법 제4조 제1항에 따라 수입 물품에 대해 세관장이 부과·징수하는 내국세로는 부가가치세, 지방소비세, 담배소비세, 지방교육세, 개별소비세, 주세, 교육세, 교통·에너지·환경세 및 농어촌특별세가 있다.

---

① 27,783원
② 27,840원
③ 29,703원
④ 29,711원
⑤ 29,973원

LH한국토지주택공사

직업기초능력평가

LH한국토지주택공사

직업기초능력평가
봉투모의고사

/

4회

제4회 직업기초능력평가

(40문항 / 50분)

01 'LH 찾아가는 일자리상담 및 취업·복지 연계서비스' 사업에 대한 설명이 다음 보도자료와 일치하는 것은?

> LH는 2023년 3월 17일, 경기남부지역본부에서 '2022년 찾아가는 일자리상담 및 취업·복지 연계 서비스' 성과보고회를 개최했다고 밝혔다. 'LH 찾아가는 일자리상담 및 취업·복지 연계서비스' 사업은 일자리 및 복지 전문 상담사들이 LH 임대주택 단지에 직접 방문해 일자리를 필요로 하는 입주민을 대상으로 취업상담 및 컨설팅을 하는 사업이다. 더불어, 직업훈련 연계서비스, 복지서비스 지원 등을 종합적으로 제공하며 개인별 맞춤형 서비스가 가능하다는 것이 가장 큰 특징이다.
> 성과보고회에서는 입주민들의 일자리 상담서비스를 통해 많은 입주민들의 취업을 도운 10개 임대주택단지에 대한 LH 사장상 수여가 진행됐다. 아울러, 우수 상담사례 및 우수성과를 달성한 상담사에게는 한국고용복지사회적협동조합연합회에서 상장을 시상하는 등 그간 상담사들의 노고를 격려하고, 입주민들에 더 나은 복지 안전망을 구축하기 위한 다짐을 나누는 시간을 가졌다.
> LH는 2022년 사업 추진을 위해 예산을 2배 이상 확대하고 서비스 지역 또한 기존 수도권에서 5대 광역시까지 확대해 212개 임대주택단지 입주민들의 일자리 찾기에 힘을 쏟았다. 그 결과, 취업을 희망하는 8,887명에게 맞춤형 취업·교육·복지관련 상담 서비스를 제공해 2,355명이 일자리를 얻게 됐으며, 472명에게는 취업관련 교육 및 컨설팅을 함께 지원했다. 또한, 정부의 취업정책과도 연계해 자립준비청년, 홀몸어르신, 다문화가정 등 일자리 사각지대에 있는 입주민들을 고용노동부에 추천함으로써 보다 촘촘한 입주민 복지 제공을 위해 노력했다. 서비스를 이용한 입주민들은 '나에게 맞는 맞춤형 상담을 받을 수 있어 좋았다', '고용노동부 지방지청과 연계한 많은 취업 정보를 알게 됐다', '취업지원뿐만 아니라 지자체의 돌봄, 생계비 및 건강 및 보건상담 서비스까지 받을 수 있었다'라며 LH와 전문 상담사에게 고마움을 전했다.
> LH는 2023년에도 보다 많은 입주민들에게 일자리를 지원하기 위해 '찾아가는 일자리상담 및 취업·복지 연계 서비스'를 지속적으로 추진할 예정이다.

① LH 임대주택 입주민을 대상으로 취업상담 및 컨설팅을 해주는 사업으로, 입주민에 대한 복지서비스 지원은 이 사업과 별도로 진행된다.

② 입주민들이 LH 지역본부에서 전문 상담사와 맞춤형 상담을 진행한다.

③ 개인별 맞춤 상담을 제공하며, 2023년에는 사업 추진 예산을 2배 이상 확대할 계획이다.

④ 2022년에는 수도권과 5대 광역시를 대상으로 서비스를 진행하였으며, 그 결과 2,000명 넘는 입주민이 일자리를 얻었다.

⑤ 성과보고회에서는 우수성과를 달성한 상담사에 대해 LH 사장상을 수여했다.

02 다음 보도자료의 내용과 일치하는 것은?

LH, 에너지복지사업으로 입주민 부담 완화에 앞장

LH가 에너지자원의 효율적 이용과 입주민 에너지복지 제공을 위해 다양한 에너지 사업을 실시하는 가운데, 인천지역 46개 단지에서 세대별 연간 최대 11만 6천 원의 전기료 절감이 예상된다고 밝혔다. LH는 그간 공공주택에 태양광발전설비를 설치해 연간 52,166MWh 전력*을 생산하는 등 공공주택 에너지 자급률을 높이는 한편, 국민DR** 사업 참여를 통해 참여 세대당 연간 1만 3천 원의 전기료를 경감하는 등 입주민의 에너지 주거비용을 줄이기 위해 다양한 사업을 추진해 왔다. 아울러, 2022년 3월에는 에너지 설비 및 소비 관련 데이터를 수집해 에너지 수요·생산량 등을 예측할 수 있는 'LH 에너지 통합 플랫폼'을 구축했다. 이를 통해 전국 LH 임대주택단지 내 비상발전기, 전자식 계량기, 세대 조명 등 수기로 관리하던 단지별 시설정보가 전산화돼 에너지 자원의 상시적인 원격 관리가 가능해지고, 단지별 전력 소비량·생산량 등 통합DB가 구축돼 입주민에게 합리적인 에너지 소비를 유도할 수 있게 됐다.

그중 인천지역 46개 단지, 6만 7천 호를 대상으로 추진한 에너지복지사업 결과, 입주민 세대별 연간 7만 6천 원~11만 6천 원의 편익이 발생하는 것으로 분석됐으며, 특히 인천논현5단지, 인천동양4단지, 부천소사2단지는 전력거래소에서 인증하는 '에너지쉼표 AAA등급'을 획득했다. LH 인천지역본부가 2022년 실시한 에너지복지사업은 5가지로, △IoT 스마트 LED 조명기구 교체 △옥상태양광 설치 △전기자동차 충전기 설치 △전력시설물 교체 △지능형 계량기 교체이다.

기축 임대주택의 경우, 신축에 비해 LED 조명의 조도, 색상조절 및 스마트홈 기능 구현이 어려웠으나 이번 사업으로 IoT 스마트 LED 조명기구를 설치해 조명의 조도 및 색상의 자동조절 뿐만 아니라, 모바일로 TV, 에어컨 등 가전기기 제어가 가능해짐에 따라 기축 임대주택단지 스마트홈 성공모델로 자리매김할 것으로 기대된다. 또한, 아파트 옥상에 태양광발전설비를 설치하고 단지 총 주차면수의 2% 규모로 전기자동차 충전기를 설치해 입주민 전기료 및 충전요금을 절감하고 입주민 편의를 더욱 높였다. 아울러, 무정전절체스위치***를 설치하고 기계식 계량기를 지능형 계량기로 교체하는 등 전력수요관리사업 참여 및 실천에 따른 추가 금전적 보상이 가능해졌다.

〈인천지역 에너지사업〉

추진과제	주요 내용	공사대상	주민편익
① LED 조명기구 교체	• 에너지효율이 낮은 형광등을 고효율 LED 조명기구로 교체	3단지 2,403호	연 26천 원/호 전기료 절감
② 옥상태양광 설치	• 임대단지에 태양광발전설비 설치를 통한 에너지복지 강화	3단지 6,412호	연 3만 원/호 전기료 절감
③ 전기자동차 충전기	• 국비지원 • 민간협업으로 주차면수의 2% 충전기 설치 (시범사업)	2단지 1,847호	충전 편의 ('25년, 법적사항)
④ 전력시설물 교체	• 무정전절체스위치 설치 (국민DR 및 1,000세대 이상 단지)	35단지 54,076호	연 1만 원/호 ('22~연속사업)
⑤ 계량기 교체 (기계식 → 지능형)	• 국민 에너지절약프로그램 참여 • 원격검침 및 '에너지인증마크' 취득	3단지 2,403호	연 1~5만 원/호 (국민DR 참여 시)

* 소형열병합발전소 1기(30MW급) 규모, 가구당 전기사용량 300kWh인 경우 15만 가구가 한 달간 사용 가능
** 국민DR : 전력거래소가 미세먼지 경보 등 요청한 시간에 입주민이 전기사용량을 줄이면 금전으로 보상받는 제도
*** 무정전절체스위치 : 정전 시 발전기로부터 비상전력을 공급받거나 비상 시 발전기를 가동하여 상용 전력의 일부를 충당할 수 있는 병렬운전장치

---

① LH 에너지 통합 플랫폼은 2022년 현재 인천지역의 46개 LH 임대주택단지를 시작으로 구축되었다.

② LH가 공공주택에 태양광발전설비를 설치해 생산한 전력은 연간 52,166MWh로, 이는 15만 가구가 일 년간 사용할 수 있는 사용량이다.

③ LH 인천지역본부의 에너지복지사업의 하나로, 단지 총 주차면수의 1% 규모로 전기자동차 충전기를 설치해 입주민 진기료 및 충전요금을 절감하는 효과를 거뒀다.

④ LH 인천지역본부는 옥상에 태양광발전설비를 설치함으로써 연간 1억 5천만 원이 넘는 전기료 절감효과를 거뒀다.

⑤ 인천지역 35개 단지의 계량기를 지능형 계량기로 교체함으로써 평균 호당 연 1~5만 원의 전기료 절감 효과를 이루었다.

[03~04] 다음은 서귀포성산 임대주택 단지 내 입주희망 사회적기업 공모 공고문이다. 이를 보고, 이어지는 물음에 답하시오.

1. 대상공간
   - 단지명 : 서귀포성산 임대주택 단지(346호)
   - 소재지 : 서귀포시 성산읍 고성리 1141 1 일원
   - 공간면적 : 82.190m² (전용면적 64.94m², 공용면적 17.25m²)
   - 공간 사용가능 시기 : 2025. 2월 이후
   - 단지 입주 시기 : 2020. 11월

2. 신청자격(아래 각 호 중 어느 하나에 해당하는 자)
   (1) 1순위
      - 사회적기업육성법 제2조에 따른 사회적기업
      - 협동조합기본법 제2조에 따른 사회적협동조합
   (2) 2순위
      - (지역형 또는 부처형) 예비사회적기업

3. 업종제한 [아래 각호에 해당하는 법인(기업, 기관, 단체) 제외]
   (1) 영업불가능 업종 : 근린생활시설 내 유치 불가능한 업종
   (2) 상가영업 충돌 방지 : 인근 근린상가 간 업종 충돌성이 높은 영업행위
      ※ 현재 단지 내 편의점, 조리 반찬류 소매업, 기타 서비스업(공간대여업) 입점
   (3) 오염물질배출 기관, 화학물질 제조 및 유통관련 업종 등 : 오염물질 배출 및 악취·소음발생, 화학물질 제조 및 유통관련 업종 등 주택단지 주민들에게 피해를 끼칠 수 있는 서비스를 수행하는 기관
   (4) 기타 : 유급 근로자를 사용하지 않고 자원봉사로만 사업을 수행하는 기관

4. 사용조건
   임대료 면제, 관리비는 별도 납부

5. 사용기간
   - 사용개시일(또는 열쇠교부일)로부터 2년
   - 2년 단위 갱신협약 가능하되 최대 10년 이내로 제한되며, 사회적기업 등 최초 협약 시의 자격이 유지되고 있어야 동일 조건으로 갱신협약을 체결할 수 있음

6. 퇴거기준 안내
   (1) 협약기간이 종료되는 경우
   (2) 협약기간이 종료되지 않았으나 다음에 해당하는 경우 협약해지 사유에 해당되며 당해 시설을 원상복구하여 협약해지일로부터 1개월 이내 명도하여야 함
      - 입주기간 도중 사회적기업 인증이 취소되는 경우
      - 사용권을 타인에게 양도하거나 전대하는 경우
      - 사업목적 변경 또는 입주시 제출한 사업계획서와 상이한 사업을 수행하는 경우
      - 주거환경과 입주민 삶의 질을 해치는 사유가 발생하여 LH가 개선을 요청하였으나 시정 조치하지 아니하는 경우
      - 표준협약상의 용도제한 또는 행위금지 사항을 위반하였거나 해제 또는 해지 사유에 해당하는 경우

7. 신청기간, 장소 및 방법
   (1) 신청기간
      - 1순위 : 2024년 12월 23일 10:00~2025년 1월 10일 16:00
      - 2순위 : 2025년 1월 13일 10:00~2025년 1월 17일 16:00
   (2) 신청장소 : LH 제주지역본부 (주소 : 제주특별자치도 제주시 전농로 100, 1층)
   (3) 신청방법 : 방문 또는 우편접수(접수마감일 도착분까지 유효)

8. 신청 시 구비서류
   - 입주신청서(소정양식)
   - 사회적기업 인증서 사본 등 신청자격을 입증할 수 있는 서류
   - 사업자등록증, 법인등기부등본
   - 개인정보 수집·이용·제공 동의시

9. 심사 및 선정
   - 입주 신청한 법인을 대상으로 입주업종 및 사업계획의 적합성, 지역사회 기여 또는 일자리 창출 효과 등 심사
   - 심사위원별 심사점수를 산술평균하여 최고득점 법인을 선정하며, 경쟁이 없는 경우라도 75점 이상을 득점하여야 입주 가능

03 위 공고문의 내용과 일치하는 것은?

① 입주기간 도중 사회적기업 인증이 취소되는 경우에는 협약이 해지되며, 즉시 퇴거해야 한다.

② 예비사회적기업에 해당하는 기관은 2025년 1월 13일부터 신청이 가능하다.

③ 1순위에 해당하는 사회적기업은 22025년 1월 10일 오후 2시까지 신청해야 하며, 우편접수 또는 방문 접수가 가능하다.

④ 지역사회 기여도가 높은 기업은 사업계획 적합성이 높은 기업보다 입주심사에서 좋은 평가를 받을 수 있다.

⑤ 입주 신청 시 입주신청서 외 신청자격을 입증할 수 있는 서류와 사업자등록증만 제출하면 된다.

04 위 임대주택 단지에 입주할 수 없는 사회적기업을 〈보기〉에서 모두 고르면?

┌─ 보기 ───
│ ㉠ 장애인 직원들을 고용해 제과류를 생산하는 사회적기업 A
│ ㉡ 반찬 및 도시락을 판매하는 사회적기업 B
│ ㉢ 종합청소업체인 사회적기업 C
│ ㉣ 자원봉사자들만 근무하는 사회적협동조합 D
└──

① ㉠, ㉡, ㉣   ② ㉡, ㉢, ㉣
③ ㉠, ㉡   ④ ㉠, ㉢
⑤ ㉡, ㉣

05 다음 보도자료의 내용과 일치하는 것을 〈보기〉에서 모두 고르면?

LH, 청년 · 자립준비청년 전세임대 입주자 모집

한국토지주택공사(LH)는 2025년 2월 7일부터 청년, 자립준비청년을 대상으로 전세임대주택 입주자 상시 모집을 진행한다. 전세임대주택은 입주대상자로 선정된 청년이 거주할 주택을 직접 찾으면 LH가 주택 소유자와 전세 계약을 체결한 뒤 이를 입주대상자에게 저렴하게 재임대하는 제도이다. 이번 공고는 전국을 대상으로 하며, 청년(1순위 유형)은 총 7,000호를 모집하고 자립준비청년은 제한 없이 모집한다. '청년 1순위' 전세임대는 신청일 현재 무주택자이면서 혼인을 하지 않은 대학생, 취업준비생, 만 19세 이상 39세 이하인 자 중 수급자, 한부모가족, 차상위계층인 경우 신청 가능하다. 전세보증금은 수도권 1억 2,000만 원, 광역시 9,500만 원, 기타 지역 8,500만 원 한도로 지원한다. 입주자는 100만 원의 입주자 부담 보증금과 지원금액(전세금에서 입주자 부담 보증금을 제외한 금액)에 대한 금리(연 1~2%)를 월 임대료로 부담하게 된다. 최초 임대 기간은 2년이며, 최초 임대 기간 경과 후 재계약 기준 충족 시 2년 단위로 총 4회 재계약이 가능해 최대 10년 거주할 수 있다.

'자립준비청년' 전세임대는 혼인 중이 아닌 무주택자이면서 아동복지법상 가정위탁 보호조치가 종료되거나 아동복지시설에서 퇴소한 지 5년 이내인 경우 신청할 수 있다. 전세보증금은 청년 1순위와 동일하나, 월 임대료의 경우 만 22세 이하는 무이자, 전세임대주택 거주 5년 이내는 50% 감면 적용된다. 최초 임대 기간은 2년으로 최초 임대 기간 경과 후 재계약 기준 충족 시 2년 단위로 총 14회 재계약이 가능해 최대 30년 거주할 수 있다.

2025년 12월 31일까지 수시로 청약접수 가능하며, 자세한 사항은 LH청약플러스(https://apply.lh.or.kr)에 게시된 공고문을 통해 확인할 수 있다. LH 전세임대 콜센터(1670-0002)를 통한 전화 상담도 가능하다.

┌ 보기 ┐

ㄱ. '청년 1순위' 전세임대 입주자 갑이 지원받을 수 있는 전세보증금은 1억 2,000만 원을 넘지 못한다.
ㄴ. 아동복지시설에서 퇴소한 지 2년 된 을이 혼인을 했다면 '자립준비청년' 전세임대 신청이 불가하다.
ㄷ. 아동복지시설에서 퇴소한 지 1년인 만 20세 병은 '자립준비청년' 전세임대 시 월 임대료가 50% 감면된다.
ㄹ. '자립준비청년' 전세임대는 '청년 1순위' 전세임대와 동일하게 최대 30년 거주가 가능하며, 이때 재계약 기준을 충족해야 한다.

① ㄱ, ㄴ   ② ㄱ, ㄷ
③ ㄴ, ㄷ   ④ ㄴ, ㄹ
⑤ ㄷ, ㄹ

06 다음 보도자료의 내용과 일치하지 않는 것은?

영구임대 주거복지사 확대배치 본격화

LH가 2023년 4월 3일부터 LH 영구임대주택단지 67곳에 주거복지사를 배치해 입주민에게 더욱 다양한 주거서비스를 제공하겠다고 밝혔다. 국정과제 "촘촘하고 든든한 주거복지 지원"의 일환으로 추진 중인 영구임대 주거복지사 배치사업은 단지 내 주거복지 전문인력이 상주해 취약계층 위기가구 발굴, 각종 복지서비스 연계, 공동체 활성화 등을 밀착 지원하는 사업이다. 2022년까지 주거복지사가 배치된 영구임대주택단지는 LH가 운영하는 15곳에 불과했으나, 2023년부터 국고 지원을 통해 배치대상이 전국의 모든 500세대 이상 영구임대주택단지로 대폭 확대됐다. 이와 관련해 국토교통부는 LH 이외에도 영구임대주택단지를 운영 중인 지자체를 대상으로 사업 수요조사를 진행 중이며, 희망하는 지자체에는 총 사업비의 50~80%에 해당하는 국고보조금을 지원할 계획이다. LH는 2023년 하반기에 44개 단지 등 연내 총 111개 단지에 주거복지사를 배치하는 것을 목표로 하고 있다. 영구임대주택단지에 배치되는 주거복지사는 거동불편, 저장강박, 정신건강 위기 가구 등에 대한 복지서비스 연계를 비롯해 입주민 자활 및 주거환경 개선 지원, 공동체 활성화 프로그램 추진 등의 업무를 수행하게 된다. 주거복지사 배치사업을 통해 영구임대주택에 거주하는 취약계층 입주민들의 복지서비스 접근성을 높이는 한편, 단지 공동체를 활성화하는 등 더욱 살기 편한 주거환경을 제공할 수 있을 것으로 기대된다.

신○○ LH 주거서비스처장은 "주거복지사 배치는 안정적 주거의 공급을 넘어, 입주민에게 양질의 주거서비스를 제공할 수 있다는 점에서 의의가 크다"며, "입주민들의 어려움을 가까이서 살피고, 필요한 복지서비스가 연계될 수 있도록 지속적으로 노력하겠다"고 밝혔다.

---

① 영구임대주택단지에 주거복지사가 배치된 사례는 2023년 이전에는 20곳이 채 되지 않았다.
② 영구임대 주거복지사 배치사업은 주거복지 전문인력이 단지 내에 상주해 입주민에게 다양한 주거서비스를 제공하는 것이다.
③ 국토교통부는 영구임대주택단지를 운영 중인 지자체가 희망할 경우, 주거복지사 배치에 드는 사업비 전액을 국고보조금으로 지원할 방침이다.
④ 영구임대주택단지에 주거복지사를 배치하여 거동이 불편하거나 정신건강에 위기가 있는 가구 등 취약계층 입주민에 대한 복지서비스 접근성을 높일 수 있다.
⑤ LH는 2023년 하반기까지 총 111개의 영구임대주택단지에 주거복지사를 배치할 계획이다.

07 다음 보도자료의 내용과 일치하지 않는 것을 〈보기〉에서 모두 고르면?

LH는 동탄2 신도시 내 인큐베이팅센터가 벤처기업집적시설로 지정됨에 따라 창업 생태계 조성을 위한 기업 혁신성장 공간으로 자리매김하게 될 것이라고 밝혔다. 벤처기업집적시설은 벤처기업 및 지원시설을 집중적으로 입주하는 등 벤처기업의 영업활동을 활성화하기 위해 벤처기업육성에 관한 특별조치법에 따라 지정되는 신축불이다. '동탄2 인큐베이팅센터'는 업무·주거공간과 기업지원·공유시설, 지원프로그램 등이 함께 제공돼 근로자의 직주근접, 양질의 일자리 창출 등이 가능한 복합건축물이다. 지난 2019년에 착공해 오는 2022년 9월에 기업이 입주할 예정이다. 전체 18개 층 중 2층~5층이 이번 벤처기업집적시설로 지정(총 13,049m², 기업 입주 공간이 아닌 행복주택과 근린생활시설 등 제외)됐다. LH는 이번 시설 지정을 통해 국가 및 지자체의 시설비용 지원 근거가 마련됐으며, 입주 기업의 공장설치 절차가 간소화되고 각종 세금 및 부담금 면제·감면이 가능할 것으로 기대하고 있다.

동탄2 인큐베이팅센터는 하나의 건물에 기업 업무공간, 행복주택, 근린생활시설이 함께 설계돼 입주기업 근로자에게 주거, 업무, 편의 서비스를 원스톱으로 제공하는 LH형 창업지원 공간이다. 기업 사무실 또는 공장으로 활용할 수 있는 기업 업무공간은 총 129호이다. 특히, 기업 업무공간은 창업 단계를 고려해 공간을 이용할 수 있도록 1~2인실, 3~5인실, 6~10인실로 구성됐다. 또한, 시제품 제작을 위한 메이커스페이스, 교육·행사를 위한 컨퍼런스홀, 기업 간 교류를 지원하고 유연하고 창의적인 근무환경을 제공하기 위한 코워킹스페이스 등 다양한 기업지원 공간이 함께 마련돼 있다.

행복주택은 △20m²형(188호) △28m²형(92호) 총 280호로 구성된 지역전략산업지원주택으로, 지역전략산업에 해당하는 기업에 종사하는 종사자가 우선 입주할 수 있다. 지난 2020년 10월, LH의 요청에 따라 화성시가 동탄2 인큐베이팅센터 입주대상 업종인 스마트시티 산업 11개 업종을 지역전략산업으로 선정함에 따라 입주기업 근로자는 이 행복주택에 우선 입주할 수 있게 됐다. 단, 소득·자산 등 행복주택 입주요건을 충족해야 한다. 아울러, LH는 국토교통부, 화성시 등 관련 기관과의 협업을 통해 입주기업을 위한 기업지원 프로그램 제공을 추진 중이다. 특히, 2022년 3월, 중소벤처기업부가 주관하는 '소공인 복합지원센터 구축·운영사업' 공모에서 동탄2 인큐베이팅센터가 선정돼 입주기업에게 더욱 다양한 지원이 가능해졌다. 소공인 복합지원센터는 스마트 제조장비, 제품개발, 판로 등 다방면에서 반도체 관련 소공인을 지원하기 위해 구축되며, 동탄2 인큐베이팅센터 내에 마련될 예정이다.

LH는 2022년 6월 말, 동탄2 인큐베이팅센터에 입주할 기업을 모집한다. 이를 위해 스마트도시협회, 화성산업진흥원, 중소기업진흥공단, 화성상공회의소 등 산업계 및 창업지원 기관들과 6월 중순에 수요자 설명회를 개최할 예정이다. 동탄2 인큐베이팅센터 입주 대상은 스마트시티 산업분야 11개 업종에 해당하는 창업 7년 이내의 창업기업과 기업부설연구소(창업기업 여부와 무관)이다. 창업기업의 경우, 창업 3년 이내 기업을 우대·선정한다. 아울러, LH는 인근 시세 대비 저렴하게 기업 공간을 임대하고 동반성장 협력 대출을 연계하는 등 입주기업의 자금 부담을 줄일 수 있도록 적극 노력한다는 방침이다.

┌ 보기 ┌
㉠ 동탄2 인큐베이팅센터는 업무·주거공간과 기업지원·공유시설, 지원프로그램 등이 함께 제공된다.
㉡ 벤처기업집적시설은 세금 면제·감면과 국가 지원을 받을 수 있다.
㉢ 기업 업무공간이 1~2인실부터 6~10인실까지 구성되는데, 이는 기업 규모에 따라 배치된다.
㉣ 동탄2 인큐베이팅센터 내 행복주택에는 소득이나 자산과 관계없이 인큐베이팅센터 입주기업 근로자가 우선 입주할 수 있다.
㉤ 스마트시티 산업분야 11개 업종에 해당하나 창업한 지 3년이 넘은 기업은 동탄2 인큐베이팅센터에 입주할 수 없다.

① ㉠, ㉡, ㉢   ② ㉠, ㉣, ㉤
③ ㉢, ㉣, ㉤   ④ ㉠, ㉣
⑤ ㉣, ㉤

08 다음 보도자료의 내용과 일치하지 않는 것은?

> LH는 최근 대형 화재가 잇따라 발생함에 따라 신속한 화재 진압으로 입주민 안전을 확보하기 위해 전국 공공임대주택단지에 노면컬러안내선(Info-Line)을 설치한다고 밝혔다. 2022년, LH는 경남 소방본부와 협업해 경남권 임대주택 6개 단지에 인포라인을 시범 설치한 바 있으며, 관할 소방서의 출동 단축시간 분석결과에 따르면 단지 입구에서 특정 동으로의 도착 시간이 19% 단축됐으며, 이중 주차 건수가 감소했다. 아울러, 소방원의 92% 및 입주민의 93%가 인포라인이 소방차 출동여건에 도움이 되고, 확대 필요성이 높다고 평가하는 등 긍정적인 반응을 보였다.
>
> 이에 따라 LH는 인포라인을 전국 105개 임대주택단지에 확대 설치한다. 설치 대상으로는 대단지, 동 배치 및 동선이 복잡한 단지 등을 우선적으로 선정했다. 인포라인 설치는 오는 2023년 말까지 완료하고, 확대 설치 결과에 따라 추가적으로 설치가 필요한 단지는 향후 설치할 계획이다. 특히, 도료 벗겨짐, 단지별 인포라인 도안 차이 등 시범단지 추진결과 도출된 개선사항은 오는 2023년 8월까지 도료 내구성 확보, 통일된 도안 마련 등으로 보완해 입주민, 소방인력 등에게 더욱 편리한 환경을 제공한다.
>
> LH는 단지 내 인포라인 설치로 화재·응급 상황 시 소방차 진입, 입주민 이동이 더욱 신속하고 편리하게 이뤄질 수 있고, 골든타임을 확보하는 등 입주민의 생명 및 재산 보호를 더욱 강화할 수 있을 것으로 기대하고 있다.

① LH는 2022년 이전에는 공공임대주택단지에 인포라인을 설치한 적이 없다.

② LH의 설문조사 결과, 인포라인은 소방차 출동 시간 단축, 이중 주차 건수 감소 등의 긍정적 효과가 있는 것으로 나타났다.

③ LH는 인포라인을 2023년 내로 전국 105개 임대주택단지에 확대 설치할 예정이다.

④ 단지가 크고 동 배치나 동선이 복잡한 단지가 인포라인 설치 우선 대상이다.

⑤ LH는 인포라인 설치로 입주민의 생명 및 재산 보호를 더욱 강화할 수 있을 것으로 보고 있다.

09 다음 보도자료의 내용과 일치하지 않는 것은?

LH, 영등포 쪽방촌 공공주택지구 조성사업 본격 추진

LH는 2022년 9월 8일, 영등포 쪽방촌 공공주택지구 사업시행을 위한 지구계획이 승인·고시됨에 따라 '영등포 쪽방촌 공공주택사업'을 본격 추진한다고 밝혔다. 영등포 쪽방촌 공공주택사업은 공공주도 최초의 쪽방촌 정비사업으로, 열악한 쪽방거주자들의 주거환경을 개선하고 쪽방거주자, 신혼부부 및 청년층에게 서울 도심 역세권 내 양질의 주택을 공급하는 사업이다. LH, 서울 영등포구, SH가 공동사업시행자로서 사업을 추진한다. 2020년 7월 공공주택지구 지정 이후 주민과 지속적인 협의를 통해 2022년 8월에는 보상공고가 실시됐으며, 이번 지구계획 승인·고시를 통해 사업 착수를 위한 행정절차가 마무리됐다. 이번 사업을 통해 △쪽방거주자를 위한 임대주택 370호 △청년 및 신혼부부 등을 위한 임대주택 91호 △공공분양주택 182호 및 민간분양주택 139호 등 782호의 주택이 공급된다.

LH는 이번 사업을 추진하면서 지구 내 쪽방 거주자들의 둥지내몰림을 방지하기 위해 '선(先)이주 선(善)순환' 방식을 활용했다. 쪽방 거주자 약 140여 명은 임대주택 건설기간 중 지구 내외에 마련된 임시이주공간에 거주하고, 임대주택 건설이 완료되면 공공임대주택으로 입주하게 된다. 주민들의 안정적인 이주를 돕기 위해 철거 및 착공은 단계적으로 진행될 예정이다. 또한, 주민대책위원회, LH, SH, 영등포구가 참여하는 주민협의체를 구성해 토지소유자를 위한 대토용지, 건축물 소유자를 위한 공공분양주택을 지구계획에 반영하는 등 주민보상 방안도 마련해 원주민들의 재정착을 적극 지원했다. 쪽방 거주자들의 성공적인 재정착을 위해 공공임대주택에는 돌봄시설, 자활시설 등도 함께 마련해 다양한 서비스를 제공할 예정이다.

LH는 돌봄시설 등을 반영한 건축계획 수립을 위해 2022년 말 임대주택 건축설계공모를 시행한다. 아울러, 오는 2023년 조성공사 및 주택건설공사를 착수, 2026년 말 임대주택 입주를 목표로 사업을 적극 추진한다는 계획이다.

박○○ LH 지역균형발전본부장은 "쪽방촌 공공주택사업을 통해 열악한 쪽방촌 주거환경을 근본적으로 개선하고, 돌봄시설 및 사회복지시설을 갖춘 주택을 공급하는 등 쪽방거주자 뿐만 아니라 토지등 소유자도 재정착할 수 있도록 LH가 공공의 역할을 적극적으로 수행할 것"이라고 밝혔다. 한편, 도심공공주택복합사업의 현물보상 제도를 쪽방촌 공공주택사업에도 적용하는 특례 신설을 골자로 하는 공공주택특별법 개정안이 마련됨에 따라, 더욱 원활한 쪽방촌 공공주택사업 추진이 기대된다.

---

① 영등포 쪽방촌 공공주택지구 사업시행은 공공주택지구 지정을 시작으로, 보상공고 실시 후 1년여 만인 2022년 9월 지구계획이 승인, 고시됐다.
② 영등포 쪽방촌 공공주택지구 사업시행으로 공급되는 주택 중 쪽방거주자를 위한 임대주택은 전체의 절반 이하이다.
③ 주민협의체는 LH, SH, 영등포구 및 주민대책위원회가 참여해, 원주민들의 재정착에 도움이 되는 주민보상 방안을 마련하였다.
④ LH는 2023년 임대주택 조성공사 및 주택건설공사를 착수하고, 2026년 말 입주를 목표로 사업을 추진할 계획이다.
⑤ 공공주택특별법 개정안은 쪽방촌 공공주택사업 시 현물보상이 가능하도록 하는 내용을 담고 있다.

10 다음은 경남 진주에 있는 LH 토지주택박물관 1층에 개관한 주택도시역사관에 대한 자료이다. 자료의 내용과 일치하지 않는 것은?

주택도시역사관은 우리나라 주택과 도시의 역사를 시간 흐름에 따라 보여주는 연대기적 전시로 구성돼 있으며, 총 4개의 전시존(Zone)이 있다. 각 전시존에는 시대 배경, 국가정책, 그리고 주택과 도시를 만들어 온 LH의 각종 노력이 담겨 있다.

1존에는 '절망을 넘어서는 집, 집, 집'을 주제로 한국전쟁 이후 발생한 심각한 주택난 속에서 대한주택영단이 공급한 재건주택, 부흥주택, 희망주택 등 다양한 유형의 공공주택이 전시돼 있다. 2존에서는 '집의 혁명, 아파트 시대'를 주제로, 1960~70년대 주거 문화를 주도했던 아파트 혁명과 대한주택공사 창립에 관한 내용을 관람할 수 있다. 특히, 최초의 단지형 아파트인 마포아파트, 중대형 아파트의 효시인 한강맨션아파트, 강남 시대를 연 반포아파트와 잠실아파트를 볼 수 있다. 3존에는 '한국형 신도시의 출발'을 주제로 1980~90년대 주거 문제 해결을 위한 신도시 건설의 역사가 전시돼 있다. 1기 신도시 외에도 개성공단, 산업단지, 경제자유구역 등 국가 성장의 원동력이 된 도시 조성의 과정이 담겨 있으며, 한국토지공사 창립에 관한 내용도 확인할 수 있다. 마지막 4존에서는 '모두를 품는 상생도시'를 주제로 한 2000년대 이후 다원화된 사회 속에서 생겨난 다양한 도시·주거문화에 관한 내용을 확인할 수 있다. 세종시와 혁신도시, 2기·3기 신도시, 도시재생 뿐만 아니라 다양한 주거복지 사업에 대해 전시하고 있으며, LH 출범에 관한 내용도 담겨 있다.

또한, 주택도시역사관은 인포그래픽 월(Wall), 영상관 및 재현공간 등 다양한 방식으로 전시 내용을 제공해 관람객들의 흥미를 더욱 북돋는다.

- 존 패널 : 전시 내용을 1분 분량의 그림 영상으로 제작해 어린이들도 쉽게 이해할 수 있도록 했다. 외국인 관람객을 위해 영어, 중국어, 아랍어 자막도 제공된다.
- 인포그래픽 월 : 주택·도시 관련 통계 자료를 활용해 주거 문화의 변화와 우리나라 경제 발전을 한 눈에 알아볼 수 있도록 디지털 인포그래픽 월도 설치돼 있다.
- 재현 공간 : 1존과 2존에 각각 영단주택, 한강맨션아파트 재현 공간이 마련돼 있어 당시의 주거생활을 생생하게 체험해볼 수 있다.
- 주제 영상관 : 전시 내용을 더욱 풍부하고 입체적으로 전달하기 위한 영상관도 마련돼 있다. 대형 영상관은 3존에 설치돼 있으며, 4존에는 3면으로 이뤄진 입체 영상관이 있다.

한편, 주택도시역사관에는 529점의 유물이 전시돼 있는데, LH는 그간 직원들을 대상으로 사사 자료 공모전을 개최하고, 관련 기관에서 유물을 기증받는 등 자료 수집을 위해 전사적인 노력을 기울여 왔다. 한국전쟁 당시 비상 탈출용으로 미국 공군이 사용했던 한반도 지도, 국내에 2장만 남은 제1차 경제개발 5개년 계획 도표 등 아파트 건설과 신도시 조성 관련 중요한 유물이 다수 전시돼 있다. 아울러, 전남 장흥 고택 자현당으로부터 일괄 기증받은 유물로 재현공간을 더욱 사실적으로 꾸밀 수 있었다. 뿐만 아니라, 주택도시역사관에서는 도시공간과 각종 주거문화를 만드는 데 노력해온 LH 직원들의 모습도 볼 수 있다. 주택도시역사관 관람은 월요일~일요일, 오전 10시부터 오후 5시까지 가능하며, 입장료는 무료이다. 향후, LH는 시민과 학생을 대상으로 역사관 관람 프로그램도 개발해 운영할 예정이다.

① 주택도시역사관 3존에서는 1기 신도시와 개성공단 조성과정을 살펴볼 수 있다.

② LH 출범에 대한 내용을 소개하고 있는 곳은 주택도시역사관 4존이다.

③ 주택도시역사관의 존 패널은 전시 내용을 1분 분량의 그림 영상으로 제작해 쉽게 이해할 수 있도록 만든 것이다.

④ 주택도시역사관에는 LH 직원을 대상으로 공모전을 개최해 모은 자료 및 기증받은 유물을 포함해 500점 넘는 유물이 전시돼 있다.

⑤ 주택도시역사관 입장료는 무료이며, 주말을 제외하고 오전 10시부터 오후 5시까지 관람이 가능하다.

11 다음 글을 통해 알 수 있는 내용이 아닌 것은?

전자책이라 하면 크게 콘텐츠를 지칭하는 '디지털 책(digital book)' 그리고 디지털 책을 읽게 해 주는 '전자책 리더(reader)' 두 가지를 의미한다. 디지털 책은 CD-ROM과 같은 패키지 매체나 인터넷망 등 유무선 네트워크를 통해 전달되는 정보나 지식을 표현하는 구조화된 비트들의 모음이라 할 수 있다. 전자책 리더는 컴퓨터나 태블릿에서 디지털 책을 구현해 주는 전자책 애플리케이션 또는 다른 기능은 배제한 채 전자책 전용 리더로 개발된 단말기를 의미한다. 전자책의 확산으로 전자책 제조 업체나 유통 업체는 물론 출판사, 잡지사, 신문사 등 종이 미디어 업체들까지 전자책을 둘러싼 경쟁에 뛰어들고 있다. 이러한 경쟁으로 전자책은 급속하게 확산되고, 반대급부로 종이 인쇄물은 쇠퇴하고 있다. 한 예로 애플의 아이패드(iPad) 등장을 계기로 아이패드와 유사한 태블릿PC 또는 전자책 전용 리더 사이의 경쟁이 치열해지고 있다.

전자책의 특징은 하나의 콘텐츠가 여러 플랫폼을 넘나들며 유통되어도 텍스트의 내용이 변질되지 않고 전자책 리더의 종류와 상관없이 동일하게 제공될 수 있다는 점이다. 예를 들어 동일한 디지털 책이 스마트폰, 태블릿, 데스크톱 등 다양한 스크린을 통해 제공될 때 텍스트는 디바이스에 적합한 포맷으로 자동 변환되어 제공된다. 이를 '확장성(scalability)'이라 부르는데, 이러한 변환이 이용자나 제공자의 명시적인 조작이나 개입 없이도 자동으로 이루어진다는 점은 전자책 확산에 주요한 영향력을 제공하고 있다.

하지만 전자책의 콘텐츠가 종이책의 디지털 번역이라면, 전자책에서도 종이책의 '텍스트성(textuality)'이 유지되는가 하는 점이 소비자들의 입장에서는 중요한 문제라고 할 수 있다. 예를 들어 종이 신문의 기사가 인터넷을 통해 제공될 때 그 기사에는 어떤 변화가 나타나는가와 같은 문제이다. 구현하는 매체와 관계없이 그 내용은 유지된다는 본질주의적 입장이 일반적이고, 기사의 내용은 그대로이지만 구현하는 매체의 전환이 내용을 담는 '언어적 코드' 이외에 '서지적 코드', 즉 매체의 물질성이 작용하면서 텍스트성의 변화를 초래해 본질적인 내용이 훼손된다는 주장도 있다.

오늘날 전자책이 본질적인 내용은 훼손시키지 않으면서 소비자들에게 얼마나 영향을 미치고 미디어 지형에 변화를 줄지는 예측하기 어렵다. 다만 현재 전자책이 책 읽기를 부활시키고 나아가 종이 매체와 연관된 산업을 활성화시키고 있다는 사실은 부정할 수 없다. 아이패드의 등장 이후 미국과 일본 신문사, 잡지사 등의 적극적인 관심과 투자가 일어났고, 이는 전자책이 '죽은 종이 미디어'를 부활시킬 수 있는 가능성을 보여 주고 있다. 또한 전자책은 글쓰기 테크놀로지로서 새로운 '글쓰기 공간(writing space)'을 창출하고 있다. 이 글쓰기 공간은 시각을 넘어 청각, 촉각 등 다중 감각에 소구하는 멀티미디어 공간이 될 것이고, 표현 양식의 재매개나 콘텐츠 유통 측면에서 다른 미디어와의 관계가 강화되는 네트워크 공간이 될 것이다. 또한 다양한 문화적, 매체적 전통이 혼합·융합되는 공간이 될 것임은 자명한 사실이다.

① 전자책은 디지털 책과 전자책 리더를 의미한다.
② 확장성이란 텍스트가 다양한 디바이스에 적합한 포맷으로 자동 변환되어 제공됨을 의미한다.
③ 전자책은 책 읽기를 부활시키고 전체 미디어 산업의 활성화를 견인하였다.
④ 전자책으로 인한 글쓰기 공간은 다른 미디어와의 관계를 강화시킬 것이다.
⑤ 전자책을 둘러싼 경쟁이 확대된 것은 아이패드의 등장 이후이다.

12 다음 글에서 추론할 수 없는 것은?

> 기존 경제학의 인간상은 '합리적인 인간'으로, 어떤 행동을 할 때 효율을 극대화하는 방향으로만 선택한다. 그렇기 때문에 기존 경제학은 인간의 비합리적 행동을 설명할 수 없고, 이를 보완하기 위한 방안으로 나온 것이 인간을 '제한적으로 합리적'이라고 설명하는 행동경제학이다. 특정 상황 속 개인은 가장 효율적 선택을 하기 위한 모든 정보를 갖고 있지 않고, 설령 그렇다 하더라도 정보를 처리하는 인간의 능력엔 한계가 있다는 것이다.
>
> 행동경제학의 뼈대를 이루는 것은 '기대 이론'이다. 사람들은 결과를 계산해 합리적인 선택을 하기보단 직관적으로 판단해 편향된 행동을 하는 경우가 많았다. 기대 이론 중 현실에서 흔히 발견할 수 있는 특징으로 '손실회피성'이 있다. 손실회피성은 똑같은 금액의 이익과 손실이 있을 때 이익보다도 손실을 더 크게 평가하는 경향을 말한다. 또 다른 기대 이론을 지지하는 개념 중 하나로 '심적 회계'가 있다. 이것은 심리가 무의식적으로 조작되는 현상으로 사람들이 자신들의 경제활동을 평가, 관리, 기록할 때 나타난다. 예를 들어 영화를 보러 갔다고 가정하자. 상황 1은 영화를 보기 위해 만 원짜리 티켓을 사려는데 만 원 지폐 한 장을 잃어버린 사실을 알게 된 경우고, 상황 2는 전날 만 원을 주고 산 티켓을 갖고 영화관을 갔는데 티켓을 잃어버린 사실을 알게 된 경우다. 이때 만 원짜리 티켓을 다시 살 거냐는 질문에 '예'라고 답한 확률은 상황 1보다 상황 2에서 훨씬 낮았다. 심적 회계에 따라 무의식적으로 상황 2에서 잃어버린 만 원은 오락비에 포함되지만, 상황 1에서 잃어버린 만 원은 포함되지 않기 때문이다. 따라서 상황 2의 오락비 2만 원은 상황 1의 오락비 1만 원보다 비싸기 때문에 지출 의사의 비율도 줄어든 것이다. 이 현상은 기존 경제학의 시각과 대립된다.

① 상황 1과 상황 2에서 질문에 대한 답변의 차이는 기존 경제학으로는 설명할 수 없는 현상이다.

② 손실회피성과 심적 회계는 인간이 제한적인 합리성을 가지게 되는 요인에 해당한다.

③ 행동경제학은 기존 경제학의 오류 및 한계를 최소화하기 위해 도입되었다.

④ 기대이론에 따르면 상황 1에서 잃어버린 돈이 만 원보다 크다면 사람들의 선택은 달라질 것이다.

⑤ 손실회피성을 고려했을 때, 원안 포기 시의 손실과 수정안 선택 시의 이익이 같다면 사람들은 원안을 선택할 것이다.

13 다음 글의 내용과 일치하지 않는 것은?

기술은 그 내부적인 발전 경로를 이미 가지고 있으며, 따라서 어떤 특정한 기술(혹은 인공물)이 출현하는 것은 '필연적'인 결과라고 생각하는 사람들이 많다. 이러한 통념을 약간 다르게 표현하자면, 기술의 발전 경로는 이전의 인공물보다 '기술적으로 보다 우수한' 인공물들이 차례차례 등장하는, 인공물들의 연쇄로 파악할 수 있다는 것이다. 그리고 기술의 발전 경로를 '단일한' 것으로 보고, 따라서 어떤 특정한 기능을 갖는 인공물을 만들어 내는 데 있어서 '유일하게 가장 좋은' 설계 방식이나 생산 방식이 있을 수 있다고 가정한다. 이와 같은 생각을 종합하면 기술의 발전은 결코 사회적인 힘이 가로막을 수 없는 것일 뿐 아니라 단일한 경로를 따르는 것이므로, 사람들이 할 수 있는 일은 이미 정해져 있는 기술의 발전 경로를 열심히 추적해 가는 것밖에 남지 않게 된다는 결론에 이른다.

그러나 다양한 사례 연구에 의하면 어떤 특정 기술이나 인공물을 만들어 낼 때, 그것이 특정한 형태가 되도록 하는 데 중요한 역할을 하는 것은 그 과정에 참여하고 있는 엔지니어, 자본가, 소비자, 은행, 정부 등의 이해관계나 가치체계임이 밝혀졌다. 이렇게 보면 기술은 사회적으로 형성된 것이며, 이미 그 속에 사회적 가치를 반영하고 있는 셈이 된다. 뿐만 아니라 복수의 기술이 서로 경쟁하여 그중 하나가 사회에서 주도권을 잡는 과정을 분석해 본 결과, 이 과정에서 중요한 역할을 하는 것은 기술적 우수성이나 사회적 유용성이 아닌, 관련된 사회집단들의 정치적·경제적 영향력인 것으로 드러났다고 한다. 결국 현재에 이르는 기술 발전의 궤적은 결코 필연적이고 단일한 것이 아니었으며, '다르게' 될 수도 있었음을 암시하고 있는 것이다.

기술의 발전이 사회에 영향을 준다는 것은 부인할 수 없는 사실일 것이다. 하지만 기술과 사회의 관계에 대한 통념은 기술이 사회에 영향을 미친다는 정도를 넘어 그것이 사회의 형태와 변화 방향을 '결정'한다는 견해로까지 나아가는 경우가 많다. 새로운 동력 기술이 자본주의를 낳았다는 주장, 새로운 정보 기술이 과거의 산업사회와는 근본적으로 다른 사회를 낳는다는 주장 등이 그 사례가 될 것이다. 실제로 우리의 일상에서는 새로운 기술의 도입으로 사회적 관계와 행동 양식이 바뀌어 나가는 경우가 많기에 이러한 주장은 상당히 그럴듯하게 들린다. 그러나 기술이 사회적인 영향력을 갖는다는 것과 기술이 사회를 결정한다는 주장은 분명히 구분되어야 한다. '기술이 사회를 결정한다'는 주장의 근저에는 기술을 스스로 진화하는 실체로 여기는 사고가 놓여 있다. 그러나 앞서 살펴보았듯이 기술은 결코 독자적으로 발전하는 실체가 아니며 '사회적인 영향력 속에서 구성되는' 존재이다. 특정한 기술의 발전 궤적을 들여다보면, 그것이 사회로부터 영향을 받기보다는 사회에 거의 결정적인 영향을 주는 것처럼 여겨지는 것들도 있다. 핵 발전 기술처럼 이미 우리 사회 속에 깊숙이 자리 잡은 거대 기술시스템들은 사회 구성원들의 통제를 벗어난 자율적 실체로 보이지 않는가? 이러한 지적은 얼핏 보기에는 타당한 것 같다. 그러나 이러한 경우에도 기술이 사회로부터 벗어나 완전히 자율적인 실체가 되는 것은 아니라는 점을 강조하지 않을 수 없다. 거대 기술시스템을 지탱하는 요소 역시 궁극적으로는 사회적인 이해관계의 총체이기 때문이다.

① 거대 기술시스템은 사회적인 이해관계의 총체라고 할 수 있다.
② 새로운 기술의 도입으로 사회적 관계와 행동 양식이 바뀔 수도 있다.
③ 많은 사람들이 기술의 발전 경로를 인공물의 연쇄로 파악하고 있다.
④ 현재의 기술 발전의 궤적은 필연적이고 단일한 형태로 발전되어 온 것이다.
⑤ 어느 기술이 사회에서 주도권을 잡을 수 있는 것은 관련된 사회집단들의 영향력 때문이다.

14 다음 글의 전체적인 맥락을 고려하여 (가)에 들어갈 문장으로 가장 적절한 것을 고르면?

우리는 도시의 세계에 살고 있다. 2010년에 인류 역사상 처음으로 전 세계 도시 인구수가 농촌 인구수를 넘어섰다. 이제 우리는 도시가 없는 세계를 상상하기 힘들며, 세계 최초의 도시들을 탄생시킨 근본적인 변화가 무엇이었느지를 상상하는 것도 쉽지 않다. 인류는 1만 년 전부터 5천 년 전까지 도시가 아닌 작은 농촌 마을에서 살았다. 이 시기 농촌 마을의 인구는 대부분 2천 명 정도였다. 약 5천 년 선부터 이라크 남부, 이집트, 파키스탄, 인도 북서부에서 1만 명 정도의 사람이 모여 사는 도시가 출현하였다. 이런 세계 최초의 도시들을 탄생시킨 배경은 무엇인가? 이 질문에 대해서 몇몇 사람들은 약 1만 년 전부터 5천 년 전 사이에 일어난 농업의 발전에 의해서 농촌의 인구가 점차적으로 증가해 도시가 되었다고 말한다. 과연 농촌의 인구는 점차적으로 증가했는가? 고고학적 연구는 그렇지 않다고 말해주는 듯하다. (가   ) 그러나 2천 명이 넘는 인구를 수용한 마을은 거의 발견되지 않았다. 이 점은 약 5천 년 전 즈음 마을의 거주 인구가 비약적으로 증가했다는 것을 보여준다.

① 농업 기술의 발전에 의해서 마을이 점차적으로 거대화되었다면, 거주 인구가 2천 명과 1만 명 사이인 마을들이 빈번하게 발견되어야 한다.

② 농업 기술의 발전에 의해서 마을이 점차적으로 거대화되었다면, 약 1만 년 전 농촌 마을의 거주 인구는 2천 명 정도여야 한다.

③ 거주 인구가 비약적으로 증가하기 위해서는 사람들을 조직하고, 이웃들 간의 분쟁을 해소하는 것과 같은 문제들을 해결하는 사회적 제도의 발명이 필수적이다.

④ 거주 인구가 2천 명이 넘지 않는 마을은 도시라고 할 수 없다.

⑤ 행정조직, 정치제도, 계급과 같은 사회적 제도 없이 사람들이 함께 모여 살 수 있는 인구규모의 최대치는 2천 명 정도밖에 되지 않는다.

[15~16] 다음 글을 읽고 이어지는 물음에 답하시오.

국민의 복지를 위한 정부 개입의 정도는 시대나 상황의 요구에 따라 달랐다. 나치 독일의 전쟁국가에 대한 대립 개념으로 등장한 복지국가는 1942년 <베버리지 보고서>에 의해 '요람에서 무덤까지' 개인의 복지를 국가가 책임진 다는 개념으로 정착되었다. 즉 복지국가란 일반 국민들에게 최저 소득의 보장, 사회 안전망의 제공, 최상의 사회 서비스의 보장 등을 위한 목적으로 국가가 개입하는 한 형태를 지칭한다. 제2차 세계대전 이후 선진국들은 사회주의 국가와의 대결 과정에서 이러한 복지 지출의 과다로 복지병에 시달린 경험이 많아 최근에는 복지국가 개념이 크게 쇠퇴하고 있다. 하지만 국민 소득이 높은 북유럽의 국가들은 여전히 높은 수준의 복지제도를 유지하고 있다. 결국 복지의 정도는 국가의 경제력 유무에 달려 있다고 해야 할 것이다.

여기서 우리는 복지의 정도가 아니라 어떠한 복지제도가 지속 가능할 것인가에 대해 관심을 가질 필요가 있다. 아무리 강한 경제에서 출발하여 복지국가를 지향한다 하더라도 발전의 기본원리인 경제적 차별화에 따른 분배, 즉 각자가 자신이 이뤄낸 성과에 부합하는 보상을 받는 분배를 부정하는 방식으로 복지가 시행되어서는 안 된다. 경제 자체의 발전이 잠식됨으로써 복지국가의 지속 가능성이 훼손될 가능성이 있기 때문이다. 이러한 가능성은 두 가지 경로를 통해 나타나게 된다.

첫째, 복지를 위한 재원의 조달 과정에서 스스로 노력하는 자들에게 지나치게 과도한 세금을 부과하게 되면 차별화 원리에 훼손이 오고 나아가 경제·사회 발전의 역동성이 약화된다. 둘째, 단지 '그늘진 환경에 있다'는 이유만으로 복지의 지출이 이뤄진다면 도덕적 해이 현상이 나타날 수 있다. 건강한 노동력을 보유한 계층이 단지 그늘진 계층 이라는 이유만으로 지원을 받게 되면 그 계층에 계속 안주하려는 도덕적 해이가 발생할 뿐만 아니라, 그보다 형편 이 더 나은 계층으로 하여금 그늘진 계층으로 내려가게 하는 또 다른 형태의 도덕적 해이를 유발하게 된다.

따라서 경제의 역동성을 유지하면서도 복지국가로서의 기능을 다하려면 다음의 방식이 매우 유용하다. 즉, 복지 재원 조달방식이 스스로 노력하는 자들을 역차별할 정도로 지나치게 고율이어서는 안 된다는 것과, 복지 제도가 음지에 있는 사람들을 양지로 이끌어내는 데 그 근본 목적을 두어야 한다는 것이다. 결국 복지 지출은 (가   )

---

15 윗글의 내용과 일치하지 않는 것은?

① 복지국가를 실현하기 위해서는 국가의 개입이 필요하다.
② 복지제도의 확대에는 경제 발전의 역동성이 전제되어야 한다.
③ 복지정책은 자력갱생을 돕는 방향으로 추진되어야 한다.
④ 제2차 세계대전 이후의 경제적 어려움이 복지국가 쇠퇴의 가장 큰 원인이다.
⑤ 경제적 차별화 원리는 복지국가 유지를 위해 필요하다.

---

16 윗글의 (가)에 들어갈 내용으로 가장 적절한 것은?

① 형편이 더 나은 계층과 좋지 않은 계층의 차이를 서서히 좁히는 방향으로 이루어져야 한다는 것이다.
② '스스로 돕는 자'가 되려고 노력하는 사람들을 우대하는 방향으로 이루어져야 한다는 것이다.
③ 재원을 부담하는 계층에 어느 정도의 부담을 지울 수밖에 없다는 한계를 가진다.
④ 복지제도의 수혜를 입는 계층의 도덕적 해이가 나타나지 않는 선에서 최소한으로만 주어져야 한다는 것이다.
⑤ 지금까지보다 더 적극적이고 많은 양의 재원을 쏟아부어야 가시적 성과가 나타난다는 말이다.

17 다음은 S극장에서 장기 상연 중인 뮤지컬 작품 3개의 관객 수 자료이다. 이에 대한 설명으로 옳지 않은 것은?

뮤지컬 작품별 관객 수

(단위 : 천 명)

연도	Y작품		N작품		H작품	
	남자	여자	남자	여자	남자	여자
2020년	654	530	758	490	531	545
2021년	670	501	780	513	557	531
2022년	678	487	801	527	592	518
2023년	637	453	823	569	603	498
2024년	621	423	859	587	609	478

뮤지컬 작품별 40대 남자 관객 수

(단위 : 천 명)

연도	Y작품	N작품	H작품
2020년	289	358	251
2021년	301	371	263
2022년	313	389	271
2023년	278	412	289
2024년	265	423	293

① H작품을 제외하고는 매년 모든 작품에서 남자 관객 수가 여자 관객 수보다 많다.
② 제시된 뮤지컬 세 작품의 40대 남자 관객 수 합이 가장 많은 해에 Y작품의 남자 관객 수는 전년보다 감소하였다.
③ 2020년 대비 2023년 뮤지컬 세 작품의 총 관객 수는 증가하였다.
④ 매년 40대 남자 관객 수가 계속하여 증가한 뮤지컬은 매년 여자 관객 수도 증가하였다.
⑤ 2024년 Y작품 남자 관객 중 40대의 비중은 N작품 남자 관객 중 40대의 비중보다 낮다.

[18~19] 다음은 2023년 서울특별시와 경기도의 자원봉사자 현황에 관한 자료이다. 이를 보고 이어지는 물음에 답하시오.

시설종별 자원봉사자 현황

(단위 : 명)

시설종별 \ 구분	서울특별시	경기도
사회복지	81,813	75,645
보건의료	5,652	1,827
기타	15,198	4,703
전체	102,663	82,175

연령대별, 성별 자원봉사자 현황

(단위 : 명)

연령대별 \ 구분	서울특별시		경기도	
	남자	여자	남자	여자
10대 이하	2,782	3,538	1,730	2,465
20대	12,962	25,134	7,631	11,759
30대	5,251	6,135	2,918	2,600
40대	3,677	4,951	2,443	3,958
50대	3,072	6,520	2,787	8,042
60대 이상	8,995	19,646	10,929	24,913
전체	36,739	65,924	28,438	53,737

직업별 자원봉사자 현황

(단위 : 명, %)

직업별 \ 구분		서울특별시		경기도	
		소계	비중	소계	비중
공무원		1,077	1.0	1,352	1.6
사무관리직		4,919	4.8	2,260	2.8
전문직		2,652	2.6	2,288	2.8
자영/서비스직		1,242	1.2	1,510	1.8
기술/단순노무직		305	0.3	349	0.4
농수산업		310	0.3	137	0.2
군인		306	0.3	303	0.4
주부		6,624	6.5	8,216	10.0
학생	초등	1,005	1.0	630	0.8
	중등	5,340	5.2	3,583	4.4
	고등	6,743	6.6	3,408	4.1
	대학	14,423	14.0	6,943	8.4
무직		2,037	2.0	2,176	2.6
기타		55,680	54.2	49,020	59.7
전체		102,663	100.0	82,175	100.0

최종학력별, 성별 자원봉사자 현황

(단위 : 명)

구분 최종학력별	서울특별시		경기도	
	남자	여자	남자	여자
무학	173	369	106	201
초졸	1,567	3,235	1,129	1,961
중졸	2,218	3,933	1,195	1,969
고졸	8,249	12,887	5,252	8,266
대졸 이상	3,892	5,043	2,830	3,907
무응답	20,640	40,457	17,926	37,433
전체	36,739	65,924	28,438	53,737

18 위 자료를 보고 〈보고서〉의 내용 중 옳은 것을 모두 고르면?

〈보고서〉

㉠ 2023년 서울특별시의 전체 자원봉사자 수는 경기도 자원봉사자 수에 비해 24% 이상 많다. ㉡ 또한 사회복지시설에서 봉사한 자원봉사자 수는 전체 서울특별시와 경기도 지역 자원봉사자의 85% 이상이다. ㉢ 연령대별 자원봉사자 수를 살펴보면, '60대 이상'을 제외하고 서울특별시와 경기도의 연령대별 자원봉사자 순위는 동일하였다. 직업별 자원봉사자 현황을 보면, ㉣ 서울특별시와 경기도 모두 학생 자원봉사자가 전체의 20% 이상을 차지했다. 최종학력별 자원봉사자 수를 살펴보면, '무응답'의 비중이 서울특별시와 경기도에서 모두 전체 자원봉사자의 50% 이상으로 나타났다. ㉤ 서울특별시와 경기도 자원봉사자 수에서 '대졸 이상'과 '무응답'을 제외하고 살펴보면, 모든 성별에서 학력이 올라갈수록 자원봉사자 수도 증가하였다.

① ㉠, ㉡, ㉣
② ㉠, ㉡, ㉤
③ ㉠, ㉢, ㉤
④ ㉡, ㉢, ㉣
⑤ ㉢, ㉣, ㉤

19 위 자료를 바탕으로 만든 그래프로 옳지 않은 것은?

① 서울특별시 시설종별 자원봉사자 구성비

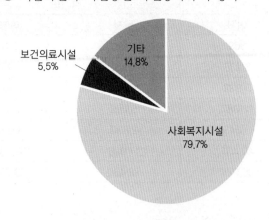

② 연령대별 경기도 여성 자원봉사자 수

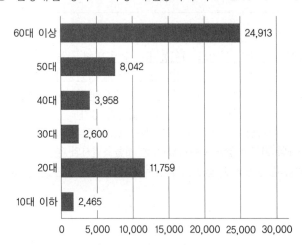

③ 최종학력별 경기도 남성 자원봉사자 구성비(무응답 제외)

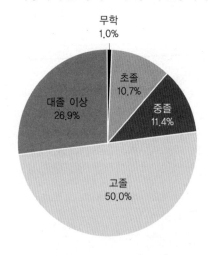

④ 서울특별시 직업별 자원봉사자 수

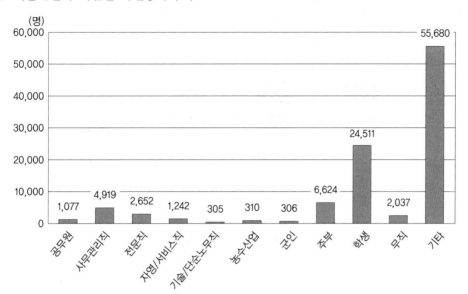

⑤ 서울특별시 연령대별 남녀 자원봉사자 수 차이

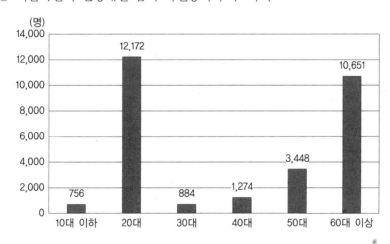

[20~22] 다음은 R카페에서 근무하는 바리스타가 커피를 구입한 고객들을 대상으로 2020~2023년 진행한 설문조사 결과이다. 이를 보고 이어지는 물음에 답하시오.

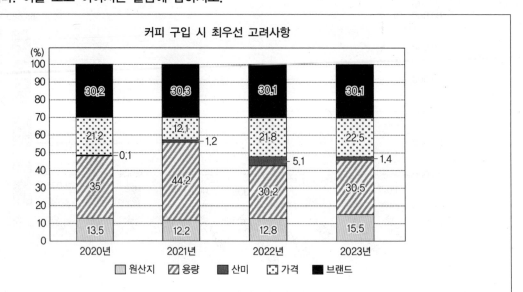

커피 종류별 만족도

(단위: 점)

구분	2020년	2021년	2022년	2023년
블렌디드	6.8	8.0	6.1	5.1
에스프레소	4.0	5.7	6.8	7.2
콜드 브루	3.3	5.2	7.3	7.5
블론드	6.1	6.9	8.3	7.7
디카페인 커피	4.6	5.5	6.8	6.9
프라푸치노	6.8	8.0	7.1	6.4
논 커피	4.6	5.8	7.3	6.7

선호하는 커피 원두 생산지

구분	1위	2위	3위	4위
2020년	콜롬비아	브라질	에티오피아	인도네시아
2021년	브라질	콜롬비아	베트남	인도네시아
2022년	인도네시아	에티오피아	콜롬비아	과테말라
2023년	브라질	인도네시아	멕시코	콜롬비아

20 위 설문조사 결과에 대한 설명으로 옳지 않은 것을 〈보기〉에서 모두 고르면?

┌─ 보기 ┐
㉠ 2020년부터 2023년까지 고객들이 가장 선호하는 커피 원두 생산지 중 4위 안에 항상 콜롬비아가 있다.
㉡ 2020년 대비 2023년 만족도 점수의 증감량이 가장 큰 커피 종류는 에스프레소이다.
㉢ 모든 커피 종류의 만족도 점수가 매해 상승하고 있음을 봤을 때 전체적으로 R카페의 서비스는 발전하고 있음을 알 수 있다.
㉣ 2023년 설문조사에 응답한 고객 수가 12,600명이라고 하면 커피를 구입할 때 가격을 최우선으로 고려한 고객은 2,835명이다.
└─────────┘

① ㉠, ㉡   ② ㉡, ㉢
③ ㉡, ㉣   ④ ㉡, ㉢, ㉣
⑤ ㉠, ㉡, ㉣

21 2022년 커피 구입 시 최우선 고려사항 중 두 번째로 많은 비중을 차지하는 항목의 비율을 a%, 같은 해 커피 종류별 만족도에서 가장 높은 점수를 b, 선호하는 커피 원두 생산지 중 브라질이 조사기간 동안 순위 안에 들어간 횟수를 c라 할 때, $\dfrac{10a + 100b}{c}$ 의 값은?

① 343   ② 352
③ 377   ④ 382
⑤ 396

22 2023년 설문조사에 응답한 고객이 10,000명이라고 했을 때, 커피 구입 시 최우선 고려사항이 원산지인 고객들이 선호하는 커피 원두 생산지 비율이 브라질, 인도네시아, 멕시코, 콜롬비아 순서대로 4 : 3 : 2 : 1이라면 이 고객들 중 인도네시아산 커피 원두를 선호하는 고객은 총 몇 명인가?

① 465명   ② 495명
③ 520명   ④ 612명
⑤ 775명

23 다음은 2020~2024년 해외체류 아동에게 초과지급된 양육수당의 지급정지 및 환수 현황에 관한 자료이다. 이에 대한 설명으로 옳은 것은?

해외체류 아동에 지급된 양육수당 환수 현황

(단위: 건, 천 원)

연도	환수 결정건수	환수 결정액	환수 납부액
2020	1,980	2,541,500	1,143,670
2021	2,185	2,323,700	927,770
2022	2,730	3,246,170	1,129,000
2023	2,020	1,755,250	588,900
2024	990	660,143	190,300

※ 환수 비율 $= \dfrac{\text{환수 납부액}}{\text{환수 결정액}} \times 100$

해외체류 아동에 대한 양육수당 지급정지 현황

(단위: 건)

연도	2020	2021	2022	2023	2024
지급정지 건수	33,512	34,734	37,079	37,478	25,379

※ 환수 결정비율 $= \dfrac{\text{환수 결정건수}}{\text{지급정지 건수}} \times 100$

① 2020년 대비 2024년 환수 납부액 감소율은, 같은 기간 환수 결정액의 감소율보다 작다.
② 2021~2023년 양육수당 지급정지 건수는 매년 전년 대비 5% 이상 증가하였다.
③ 2023년 환수 결정건수당 결정액은 전년 대비 증가하였다.
④ 연도별 환수 결정비율은 매년 증가하였다.
⑤ 연도별 환수 비율은 매년 감소하였다.

24 다음은 우리나라의 대인도 수출액 및 2024년도 대인도 5대 수출품 현황에 관한 자료이다. 이에 대한 설명으로 옳은 것은?

대인도 연도별 수출액 및 증감률

(단위 : 백만 달러, %)

구분	2020년	2021년	2022년	2023년	2024년
수출액	7,012	8,123	8,823	8,213	9,010
증감률	32.3	15.8	8.6	−6.9	9.7

2024년 대인도 5대 수출품 현황

(단위 : 천 달러, %)

구분	품목명	수출액	전년도 대비 증감률
1	전자집적회로	4,453,123	8.7
2	기계류	1,123,507	10.9
3	스마트폰	900,457	−1.9
4	철강제품	234,509	2.3
5	석유화학제품	193,233	−3.7
	전체 수출품 합계	9,010,039	9.7

① 대인도 5대 수출품 중에서 2023년 수출액이 가장 낮았던 수출품은 철강제품이다.
② 2023년 대인도 수출액은 3년 전에 비해 20% 이상 증가했다.
③ 2024년 전자집적회로와 기계류의 대인도 수출액이 전체 대인도 수출액에서 차지하는 비중은 60% 이상이다.
④ 2024년 대인도 스마트폰 수출액은 전년 대비 2,000만 달러 이상 감소했다.
⑤ 2019년도 대인도 수출액은 2023년도 대인도 수출액의 60% 미만이다.

[25~26] 다음 자료는 2018년과 2023년 A종합병원에 내원한 청소년 환자를 대상으로 다빈도 질병에 관해 조사한 자료이다. 이를 보고 이어지는 물음에 답하시오.

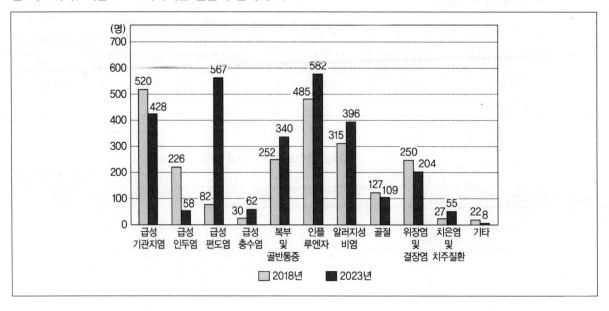

25 위 자료에 대한 설명으로 옳지 않은 것은?

① 2018년 급성인두염과 알러지성 비염 환자 수의 합은 2023년 급성편도염 환자수보다 적다.

② 2018년 청소년 환자 다빈도 질병 1~3위와 질병과 2023년 다빈도 질병 1~3위 질병은 동일하지 않다.

③ 2018년과 2023년을 비교했을 때 환자 수 차이가 5배 이상 나는 질병은 급성편도염뿐이다.

④ 기타 질병을 제외하고 2018년 대비 2023년에 환자 수 변화가 가장 적은 질병은 골절이다.

⑤ 2018년과 2023년 청소년 환자 수가 가장 많았던 질병의 환자 수 차이는 50명 이내이다.

26 2023년 청소년 환자가 가장 많은 3개 질병의 환자 수의 합이 2028년에는 10% 늘어난다고 할 때, 2028년 이 3개 질병 환자 수는 2018년에 비해 몇 % 늘어났겠는가? (단, 환자 수 계산 시 소수점 이하는 버림하고, 비율은 소수점 둘째 자리에서 반올림하여 계산한다.)

① 22.0%   ② 48.4%

③ 55.2%   ④ 59.5%

⑤ 65.8%

27 다음은 2020~2024년 국내 택배 배송업체 A~D사의 지점 현황에 관한 자료이다. 이에 대한 설명으로 옳은 것은?

국내 택배 배송업체별 지점 수, 보유 대수, 종사자 수

(단위 : 개, 대, 명)

배송업체	구분 \ 연도	2020년	2021년	2022년	2023년	2024년
A사	지점 수	335	340	339	343	347
	트럭 보유 대수	30,509	30,704	31,237	32,137	32,567
	종사자 수	70,501	71,304	71,905	72,345	73,457
B사	지점 수	9	9	9	8	8
	트럭 보유 대수	2,043	2,002	1,957	1,934	1,921
	종사자 수	4,995	4,950	4,903	4,882	4,675
C사	지점 수	93	91	90	87	85
	트럭 보유 대수	7,887	7,860	7,870	7,853	7,890
	종사자 수	14,197	14,100	13,807	13,531	13,233
D사	지점 수	96	91	88	85	82
	트럭 보유 대수	1,834	1,760	1,657	1,543	1,490
	종사자 수	3,342	3,357	3,368	3,376	3,389

① A사와 B사의 트럭 보유 대수는 매년 감소하는 추이를 보인다.
② B사의 지점당 종사자 수는 2022년에 비해 2023년에 증가하였다.
③ D사는 2020년에 비해 2024년에 지점당 종사자 수가 감소하였다.
④ 2023년 A~D사의 종사자 중 C사 종사자의 비율은 전체 종사자 수의 15% 이상이다.
⑤ C사의 2023년 지점당 트럭 보유 대수는 2020년에 비해 감소하였다.

[28~29] 다음은 LH의 2023년 테마형 임대주택 운영기관 모집공고문이다. 이를 보고 이어지는 물음에 답하시오.

1. 공모개요

가. 사업구조: 공사가 기 매입한 주택을 활용하여 운영기관이 자유롭게 테마를 제안하고 테마에 따른 입주자 선발 및 차별화된 다양한 주거서비스 제공 등 주택 임대 운영·관리 수행

나. 운영테마: 돌봄·육아·교육, 일자리·창업지원, 장애인·자립지원 등 운영기관이 자유롭게 '운영 테마' 제안 (예시) 청년창업지원, 미혼모 또는 산모 관리, 예술인 지원, 공동육아 등

　　－ 공모대상주택의 공급유형대로 공급이 어렵다고 판단될 경우 공급유형 변경도 가능

다. 공모대상

지역	공급호수	유형	주소	특화공간	비고
서울(1동 240호)	240호	청년	서울시 강서구 마곡동 760-1	커뮤니티시설 1개소	

라. 공모절차

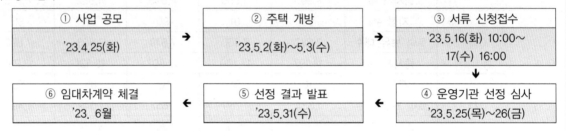

① 사업 공모	② 주택 개방	③ 서류 신청접수
'23.4.25(화)	'23.5.2(화)~5.3(수)	'23.5.16(화) 10:00~ 17(수) 16:00

⑥ 임대차계약 체결	⑤ 선정 결과 발표	④ 운영기관 선정 심사
'23. 6월	'23.5.31(수)	'23.5.25(목)~26(금)

※ 운영기관 선정 심사는 접수건수, 제출서류 및 사업계획 보완 등 사업 추진여건 등에 따라 변경 가능
※ 해당 주택은 공사 중으로, 안전 등을 위해 주택 개방 일정은 지역본부 담당자와 반드시 유선통화로 협의해야 함
※ 공급 시행 전 실시하는 주택 점검 및 보수 완료 상황에 따라 입주까지는 상당 기간 소요 가능

2. 신청자격

사업시행자는 공고일(2023.4.25) 기준 기존주택등 매입임대주택 업무처리지침 제38조 제6항에 따라 아래 각 호 중 어느 하나에 해당하는 자

○민법 제32조에 따라 허가를 얻은 비영리법인
○공익법인의 설립·운영에 관한 법률 제2조에 따른 공익법인
○협동조합 기본법 제2조 제1호에 따른 협동조합 및 제3호에 따른 사회적 협동조합
○사회적기업 육성법 제2조 제1호에 따른 사회적기업
○고등교육법 제2조 제1호~7호(제5호 제외)에 따른 대학

3. 임대조건

주택 임대조건 및 임대기간(LH ↔ 운영기관)

임대조건	• 감정평가에 의해 산정한 시중 전세가격의 30% 수준에서 임대보증금과 월임대료로 나누어 책정: 운영기관은 최소한의 운영경비, 공동체 프로그램 등에 소요되는 비용 등을 포함하여 상기 임대조건의 167%(시중 전세가격의 50%) 이하 범위 내에서 입주자에게 공급 * 주택호별 임대조건은 첨부 "공급대상 주택목록" 참조
보증금 및 임대료 전환	•(월임대료 → 임대보증금 전환) 　－ 월 임대료의 60% 한도 내에서 임대료를 보증금으로 전환 가능하나, 전환 후 월임대료가 주택도시기금 이자 부담액(호당 한도액×융자비율×주택도시기금 이율)보다 낮아질 수 없음 •(임대보증금 → 월임대료 전환) 　－ 월임대료의 24개월분을 초과하는 보증금은 임대료로 전환 가능(전환이율 2.5% 적용)하나, 전환 후 임대보증금보다 높아질 수 없음 　－ 전환가능 보증금 한도액은 임대보증금의 30%로 이보다 보증금을 낮출 수 없음 　☞(예시) 보증금 5,000만 원을 1,500만 원 수준까지 낮추고 임대료를 높일 수 있음 　－ 임대보증금 → 월임대료 전환이율: 연 2.5%(임대보증금 10만 원 단위) 　－ (계산방법) 낮아지는 임대보증금 × 2.5% ÷ 12개월＝올라가는 월임대료 　☞(예시) 임대보증금을 480만 원 낮출 경우 월임대료가 1만 원 높아짐

임대기간	• 2년, 재계약 9회 가능(최장 20년) : 운영기관의 사업계획 이행 여부 임대조건 및 관리비 부과기준 준수 등 운영실태에 대하여 연 1회 이상 점검하고, 2년마다 평가를 통하여 재계약 진행

※ 재계약 시 관계법령이 정한 범위 내에서 임대보증금 및 월임대료가 인상될 수 있으며 전환이율 등은 실제 적용 시점에 변동 가능

4. 신청방법 및 제출서류
주택 열람기간 내에 주택을 방문한 후 사업계획서를 작성하여 접수기간에 신청
○ 주택열람 : '23. 5. 2(화)~'23. 5. 3(수)
　※ 서울지역본부 주택매입부(02-3416-3628)에 유선 연락하여 일정 등 사전 협의 후 주택 방문
○ 접수기간 : '23. 5. 16(화)~'23. 5. 17(수) 10:00~16:00
○ 접수방법 : 직접 방문 또는 우편접수
　※ 우편접수는 접수기간 내 도착분에 한하며, 접수서류는 미반환
○ 접수장소 : 경남 진주시 충의로 19, LH 매입전세임대사업처 매입임대공급운영부 테마형 임대주택 운영기관 선정 공모 담당자(055-922-0000)
○ 제출서류 : 공모신청서 및 사업계획서 등 관련서류 일체
　※ 제출서류는 붙임2 공모신청서 관련 서식 및 제출서류에 따름

28 위 공고문의 내용과 일치하지 않는 것은?

① 공사가 매입한 서울시 강서구 마곡동 760-1 주택을 활용해 어떻게 운영기관이 어떠한 테마를 갖고 주택을 임대·운영하고 관리할지를 제안하는 것이 공모의 핵심이다.

② 서류 신청접수 후 1달 안에 운영기관이 선정되며, 주택 점검 및 보수 상황에 따라 6월 이후 입주하게 될 수도 있다.

③ 2023년 5월 2~3일 사이 주택을 방문한 후 사업계획서를 작성해야 하는데, 주택 방문 시에는 주택매입부에 유선 연락하여 일정 등을 사전 협의 후 방문해야 한다.

④ 운영기관은 시중 전세가격의 50% 이하 범위 내에서 입주자에게 주택을 공급해야 하며, 재계약 시에는 임대보증금 및 월임대료가 인상될 수 있다.

⑤ 임대기간은 2년으로, 재계약을 통해 최장 20년까지 임대 가능하고, 운영기관의 사업운영 실태에 대해 연 1회 이상 점검, 연 1회마다 평가를 통해 재계약을 진행한다.

29 테마형 임대주택의 임대조건 및 임대료에 대한 설명으로 옳은 것을 〈보기〉에서 모두 고르면?

> **보기**
> ㉠ 월임대료가 80만 원일 때, 보증금이 1,800만 원이라면 보증금을 임대료로 전환할 수 없다.
> ㉡ 임대보증금이 7,500만 원일 때, 보증금을 2천만 원까지 낮추고 대신 월임대료를 높이는 것이 가능하다.
> ㉢ 월 임대료의 60% 한도 내에서 임대료를 보증금으로 전환할 수 있다.

① ㉠, ㉡　　　　　　　　　　　② ㉠, ㉢
③ ㉠　　　　　　　　　　　　　④ ㉡
⑤ ㉢

[30~31] ○○공사에서는 △△사업에 대해 매년 사업자 자격 요건 재허가 심사를 실시한다. 재허가 심사가 다음 과 같이 이루어질 때, 이어지는 물음에 답하시오.

◎ 기본심사 점수에서 감점 점수를 뺀 최종심사 점수가 70점 이상이면 '재허가', 60점 이상 70점 미만이면 '허가 정지', 60점 미만이면 '허가 취소'로 판정한다.
- 기본심사 점수: 100점 만점으로, ㉮ ~ ㉰의 4가지 항목(각 25점 만점) 점수의 합으로 한다.(단, 점수는 자연수 이다.)
- 감점 점수: 과태료 부과의 경우 1회당 2점, 제재 조치의 경우 경고 1회당 3점, 주의 1회당 1.5점, 권고 1회당 0.5점으로 한다.

◎ 사업자 A ~ D의 기본심사 점수 및 감점 사항은 아래와 같다.

사업자	기본심사 항목별 점수			
	㉮	㉯	㉰	㉱
A	20	23	17	?
B	18	21	18	?
C	23	18	21	16
D	20	24	15	18

사업자	과태료 부과 횟수	제재 조치 횟수		
		경고	주의	권고
A	3	—	—	6
B	5	—	3	2
C	4	1	2	—
D	1	1	1	4

30 사업자 자격 요건 재허가 심사에 관한 설명으로 옳지 않은 것은?

① A의 ㉱ 항목 점수가 15점이라면 A는 '재허가' 판정을 받는다.
② B의 ㉱ 항목 점수가 19점 미만이라면 허가가 취소된다.
③ C가 과태료를 부과받은 적이 없다면 심사 결과가 달라진다.
④ C와 D가 받는 재허가 심사 결과는 동일하다.
⑤ D의 제재 조치 중 경고와 주의 횟수가 2회씩 누락된 것을 발견하여 수정한다면 D의 심사 결과는 달라진다.

31 감점 점수가 과태료 부과의 경우 1회당 5점, 제재 조치의 경우 경고 1회당 3점, 주의 1회당 2점, 권고 1회당 0.5점으로 변경되었다. 이때, 사업자 C와 D의 사업자 자격 요건 재허가 심사에 관한 설명으로 옳지 않은 것을 〈보기〉에서 모두 고르면?

┌─ 보기 ───┐
  ㉠ C의 심사 결과는 감점 점수가 변경되기 전과 변화가 없다.
  ㉡ D의 심사 결과는 감점 점수가 변경되기 전과 변화가 없다.
  ㉢ C와 D의 최종심사 점수는 감점 점수가 변경되기 전보다 모두 5점 이상 낮아졌다.
  ㉣ D의 ㉮와 ㉰ 항목 점수가 각각 3점씩 올라간다면, 심사 결과는 달라진다.
└──┘

① ㉠, ㉢   ② ㉠, ㉣
③ ㉢, ㉣   ④ ㉠, ㉢, ㉣
⑤ ㉡, ㉢, ㉣

[32~33] 다음 자료를 보고 이어지는 물음에 답하시오.

○○회사는 최근 3개의 프로젝트를 진행했고, 프로젝트에 참여한 직원들에게 성과급을 지급하려고 한다. 인사팀에서는 프로젝트 알파, 베타, 감마에 참여한 직원과 직원별 업무 수행등급 및 기여도를 다음과 같이 평가하였다.

프로젝트 알파

구분	직급	업무 수행등급	기여도
갑	부장	A	25%
을	차장	A	25%
병	과장	A	25%
정	대리	C	15%
무	대리	B	10%

프로젝트 베타

구분	직급	업무 수행등급	기여도
갑	부장	B	30%
정	대리	C	25%
무	대리	B	25%
기	사원	B	20%

프로젝트 감마

구분	직급	업무 수행등급	기여도
을	차장	A	40%
병	과장	B	35%
경	대리	A	25%

- 프로젝트 A, B, C의 전체 성과급은 각각 1,200만 원, 700만 원, 500만 원이다.
- 개인별 기여도에 따라 성과급을 비율대로 지급한다. 이때, 직급 가중치가 적용되는데, 차장 이상은 5%, 과장 및 대리는 2%로, 개인별 성과급에 최종 적용된다.(사원 및 주임은 직급 가중치가 적용되지 않는다.)
- 업무 수행등급이 C 이하인 경우에는 위에서 계산된 성과급에서 −20만 원을 적용하여 지급한다.(해당 프로젝트별로 적용)

32 위 자료에 따를 때, 차장 이상 직급인 직원들의 성과급 합은 얼마인가?

① 15,025,000원
② 13,520,000원
③ 12,845,000원
④ 1,0605,000원
⑤ 9,850,000원

33 직급 가중치를 부장 이상은 5%, 차장과 과장은 2%로 바꾸고, 그 이하 직급은 없애기로 성과급 방침이 바뀌었다. 바뀐 방침이 적용된 직원별 최종 성과급이 바르게 연결되지 않은 사람은?

① 을, 5,100,000원
② 병, 4,750,000원
③ 정, 3,150,000원
④ 무, 2,950,000원
⑤ 기, 1,400,000원

[34~35] 다음 자료는 어느 회사에서 진행한 신입사원 채용전형에서의 점수 산정에 관한 사항과, 서류전형부터 면접까지 지원자 A~F의 전형별 점수를 나타낸 것이다. 이를 보고, 이어지는 물음에 답하시오.

지원자별 채용전형 점수

(단위 : 점)

구분	서류전형(등급)	입사시험	토론면접	PT면접	최종면접
A	3	96	32	38	8.7
B	1	89	32	37	6.4
C	2	94	28	31	7.2
D	2	86	37	29	6.9
E	1	84	31	34	8.9
F	3	92	34	37	9.1

- 서류전형 1등급은 50점, 2등급은 45점, 3등급은 40점, 4등급은 35점, 5등급은 30점이 부여된다.
- 입사시험 100~94점은 30점, 93~87점은 25점, 86~81점은 20점, 80~75점은 15점, 75점 미만은 10점이 부여된다.
- 토론면접과 PT면접은 각각 40점 만점이며, 최종면접은 10점 만점이다.
- 채용전형 점수는 각 전형의 점수를 합한 170점이 만점이며, 각 전형 점수의 합인 총점으로 순위를 매긴다.

34 위 자료에 대한 〈보기〉의 설명 중 옳은 것을 모두 고르면?

┌ 보기 ┌
㉠ 총점이 가장 높은 사람은 A이다.
㉡ A~F 중 총점이 높은 2명만 채용한다고 할 때, B는 채용된다.
㉢ 다른 전형은 그대로 두고, 최종면접 점수를 현재 10점 만점에서 40점 만점 배점으로 하여 다시 채점하면, 총점이 두 번째로 높은 사람은 F가 된다.
㉣ 입사시험 점수와 PT면접 점수가 모두 하위 2명에 포함되는 사람을 탈락시킨다면, 탈락되는 사람은 없다.

① ㉠, ㉢　　　　　　　　　　② ㉠, ㉣
③ ㉡, ㉢　　　　　　　　　　④ ㉡, ㉣
⑤ ㉢, ㉣

35 위 점수산정에 관한 사항 중 일부를 〈보기〉와 같이 수정하고 총점이 높은 2명을 채용한다고 할 때, 채용되는 지원자는?

┌ 보기 ┌
- 입사시험은 100점 만점으로, 제시된 점수 그대로 반영한다.
- 서류전형 1등급은 10점, 2등급은 7점, 3등급은 5점을 반영한다.
- 토론면접과 PT면접, 최종면접은 원래 제시된 산정방법 그대로 반영하여 총 전형 점수는 200점 만점이 된다.

① A, C　　　　　　　　　　② A, F
③ B, D　　　　　　　　　　④ B, E
⑤ C, F

[36~37] 영업팀 정 주임은 오늘 회사에서 출발해 A, B, C, D 4곳의 거래업체를 순서대로 방문한 후 퇴근하려 한다. 이동 경로 및 지하철 – 버스 간 이동정보가 다음과 같을 때, 이어지는 물음에 답하시오.

- 업체 간 이동 시 지하철 또는 버스를 이용한다. 이 중 시간이 가장 적게 걸리는 방법으로 이동한다.
- 회사에서 가 업체까지 이동 시에는 도보로 15분이 소요된다.
- 지하철 한 정거장을 이동할 때 3분, 버스 한 정거장을 이동할 때 2분이 걸린다.
- 업체 1곳당 머문 시간은 20분이다.
- 지하철역과 버스 정류장에서의 대기시간은 없다고 가정한다.

업체 방문 순서 및 지하철 – 버스 간 이동정보

방문 순서	업체명	인근 지하철역	인근 버스 정류장	지하철 역↔업체 편도 이동거리	버스 정류장↔업체 편도 이동거리	다음 업체 이동 시 지하철 및 버스 이동구간 횟수
1	A업체	가	갑	도보 10분	도보 5분	지하철 4정거장, 버스 6정거장
2	B업체	나	을	도보 8분	도보 10분	지하철 5정거장, 버스 10정거장
3	C업체	다	병	도보 10분	도보 6분	지하철 1정거장, 버스 4정거장
4	D업체	라	정	도보 8분	도보 3분	–

36 정 주임이 회사에서 출발하여 A~D업체의 이동과 방문이 순서대로 차질 없이 이루어졌을 경우 마지막 D업체 방문을 마칠 때까지 걸리는 시간은?

① 3시간 46분
② 3시간 33분
③ 3시간 15분
④ 3시간 8분
⑤ 2시간 52분

37 정 주임은 오후 2시에 회사에서 출발하였는데, 버스와 지하철 파업으로 인해 대기시간이 버스는 5분, 지하철은 10분 걸린다고 한다. 마지막 D업체 방문을 마치고 나올 때는 몇 시가 되겠는가?

① 오후 4시 52분
② 오후 5시 7분
③ 오후 5시 10분
④ 오후 5시 12분
⑤ 오후 5시 22분

[38~39] 여행 전문 사이트인 H트래블의 호텔 평가 기준은 다음과 같다. 이 자료와 아래의 호텔 정보를 보고 이어지는 물음에 답하시오.

H트래블 호텔 평가 기준

1. 평가 항복 중 조식 메뉴, 이동 거리, 기격, 고객 평전에 대하여 각 항목별로 5, 4, 3, 2, 1점을 각각의 호텔에 하나씩 부여한다.
   - 평가 항목 중 조식 메뉴에 대하여 한식 5점, 일식과 양식 4점, 중식 3점을 부여한다.
   - 지하철 역 기준 이동 거리가 100m 미만인 경우 5점, 100m 이상 200m 미만인 경우 4점, 200m 이상 300m 미만인 경우 3점, 300m 초과인 경우 2점을 준다.
   - 1인 기준 가격이 6만 원 미만인 경우 5점, 6만 원 이상 10만 원 미만인 경우 4점, 10만 원 이상인 경우 3점을 준다.
   - 고객 평점에서 ★은 1점, ☆은 0.5점으로 계산하여 점수를 준다. (예를 들어, ★★☆은 2.5점이다.)
2. 공항 픽업 서비스 이용이 가능한 경우 가점 1점을 부여한다.
3. 총점은 조식 메뉴, 이동 거리, 가격, 고객 평점의 4가지 평가 항목에서 부여받은 점수와 가점을 합산하여 산출한다.

호텔 정보

평가 항목 호텔	조식 메뉴	이동 거리	가격 (1인 기준)	고객 평점 (★ 5개 만점)	공항 픽업 서비스 가능 여부
A호텔	중식	150m	75,000원	★★☆	○
B호텔	양식	170m	80,000원	★★★	○
C호텔	한식	80m	100,000원	★★★★	×
D호텔	일식	350m	90,000원	★★★★☆	×
E호텔	한식	300m	120,000원	★★★★★	×

38 A~E 호텔 중 H트래블에서 가장 높은 총점을 받게 되는 호텔은?

① A호텔　　　　　　　　　　② B호텔
③ C호텔　　　　　　　　　　④ D호텔
⑤ E호텔

39 갑은 H트래블에서 합산한 총점이 아닌, 자신만의 평가 기준으로 점수를 매겨 총점이 가장 높은 호텔을 선택하려고 한다. 갑의 평가 기준이 〈보기〉와 같을 때, 갑이 선택할 호텔은?

┌ 보기 ┐
1. 평가 항목 중 이동 거리, 가격, 고객 평점에 대하여 각 항목별로 5, 3, 2, 1, 0점을 각각의 호텔에 하나씩 부여한다.
   - 지하철 역 기준 이동 거리가 100m 미만인 경우 5점, 100m 이상 200m 미만인 경우 3점, 200m 이상인 경우 0점을 준다.
   - 1인 기준 가격이 10만 원 미만인 경우 5점, 10만 원 이상인 경우 2점을 준다.
   - 고객 평점이 ★ 4개 이상이면 5점, ★ 3개 이상 4개 미만이면 3점, ★ 3개 미만이면 1점을 준다.
2. 공항 픽업 서비스 이용이 가능한 경우 가점 2점을 부여한다.
3. 총점은 이동 거리, 가격, 고객 평점의 4가지 평가 항목에서 부여받은 점수와 가점을 합산하여 산출한다.

① A호텔　　　　　　　　　　② B호텔
③ C호텔　　　　　　　　　　④ D호텔
⑤ E호텔

40 김 대리는 사무실에 비치할 공기청정기를 주문하기 위해 다음과 같이 후보군을 정리하였다. 김 대리가 정리한 표를 본 최 부장이 〈보기〉와 같이 지시하였을 때, 김 대리가 고를 공기청정기로 가장 합리적인 것은?

구분	A	B	C	D
가격	120만 원	120만 원	90만 원	150만 원
필터 교체 비용 (1년 기준)	25만 원	27만 원	22만 원	29만 원
평균 소음 크기 (최소~최대)	45dB (30dB~60dB)	35dB (20dB~50dB)	40dB (30dB~50dB)	35dB (20dB~50dB)
커버 면적	35평 형	17평 형	12평 형	20평 형
필터 등급	H14등급	H15등급	H10등급	H13등급
보증기간	2년	5년	5년	3년

※ 필터는 등급의 숫자가 커질수록 성능이 우수하다.

┌ 보기 ┐

우리 사무실이 15평이니, 한 대로도 공기를 정화할 수 있을 정도의 제품을 구입하는 것이 좋겠네. 요즘 미세먼지가 매우 많으니 필터 등급은 최소 H12 등급 이상으로 하는 것이 좋겠고, 가동 시 사무실이 너무 시끄러워지면 안 되니 조용한 공기청정기를 고르도록 하게.

① A   ② B
③ C   ④ D
⑤ 알 수 없음

LH한국토지주택공사

직업기초능력평가

박문각

LH한국토지주택공사

직업기초능력평가

봉투모의고사

/

5회

제5회 직업기초능력평가

(40문항 / 50분)

01 다음 글에서 추론할 수 있는 것은?

> 예금보험제도는 금융회사가 영업정지나 파산 등으로 고객의 예금을 지급하지 못하게 될 경우를 대비하여 평소에 기금을 적립하고, 금융회사가 고객에게 예금을 지급할 수 없게 되면 금융회사를 대신하여 기금의 관리자가 예금자에게 보험금을 지급하는 제도이다. 예금보험제도는 대공황기에 처음으로 도입되어 은행 파산 사태를 막는 데 지대한 공헌을 했다.
>
> 그러나 다른 보험과 마찬가지로 예금보험에도 도덕적 해이 문제가 발생한다. 특히 예금기관은 예금보험이 없는 경우보다 더 많은 위험을 감수하게 된다. 예금자들의 입장에서도 예금보험이 존재하는 상황에서는 예금기관이 가진 자산의 위험에 관심을 가지지 않게 된다. 따라서 예금보험이 건전한 금융기관의 자기실현적 예측에 따른 파산을 막을 수는 있지만, 은행으로 하여금 고수익−고위험 자산에 투자하게 만들어 오히려 파산을 증가시킬 수 있다.
>
> 예금기관에 나타나는 도덕적 해이의 또 다른 예는 이른바 대마불사주의이다. 이는 정책당국이 대형 예금기관에서 발생하는 예금자들의 손실에 대해 보호한도 이상일지라도 보호해주는 것을 말한다. 이것은 예금자의 손실이 광범위한 금융공황을 가져올 수 있기 때문이다. 실제로 1984년 당시 미국 10대 대형 은행 중 하나였던 'Continental Illinois Bank'가 파산했을 때, 미국 연방예금보험공사는 보호한도인 100,000달러를 넘겨 예금자들에게 보상을 해주었다. 그러나 이런 대형 은행들이 예금자 손실에 대해 암묵적으로 보험에 가입되어 있다고 판단한다면, 작은 은행들에 비해 고위험−고수익 자산을 더 많이 보유하려는 유인을 가질 것이다.

① 예금보험제도의 도입은 모든 면에서 은행의 파산 가능성을 감소시킨다.
② 예금기관의 대마불사주의는 작은 은행의 위험 자산 비율에 영향을 미친다.
③ 예금보험 기금의 관리자는 은행이 파산하면 은행에 보험금을 지급한다.
④ 일반적으로 보험은 도덕적 해이를 초래한다.
⑤ 예금자들은 종국에는 예금보험의 보호한도와 상관없이 예금이 보호된다고 기대한다.

[02~03] 다음은 LH 스마트시티 적용 R&D 공모 '제5차 스마트UP! 스타트UP!' 공모 공고문의 일부이다. 이를 보고 이어지는 물음에 답하시오.

---

1. 공모명: 제5차 '스마트UP! 스타트UP! 지원사업' 공모

2. 대상기업: 중소기업기본법 제2조 해당 중소기업

3. 공모분야
   - 일반: 교통, 환경, 방범·방재, 시설물관리, 기타 스마트 서비스 전 분야
   - 특화: 데이터허브센터, 자율주행, 로봇, AIoT와 관련하여 우리 공사의 스마트도시 사업지구 내 실증테스트가 가능한 분야(별첨 '공모분야')

4. 지원내용

개발비 지원한도	사업비 부담 비율		비고
3억 원 이내 ('25년~'27년 LH 지원분)	LH: 사업비 75% (최대 3억 원, VAT 포함)		개발기간 최대 2년
	중소기업: 사업비 25% (최대 1억 원, VAT 포함)		

   ※ 과제평가 결과 실패 시에는 개발비 지원이 환수 조치됨에 유의
   ※ 지원금 사용범위: 작성요령 참조(별첨 '작성양식')
   ※ 정부지원금 등 타 지원금과 중복 집행이 불가하며 양산재료, 설비, 연구장비 등 사업화 비용 사용 시에는 사전허가 필요

5. 신청방법
   - 제출서류: 작성양식 1식(별첨 '작성양식'), 가점 및 감점항목 증빙서류(별첨 '서약서' 및 증빙서류), 공장등록증(제조업 이외는 사업자등록증), 국세·지방세 납부증명서, 최근 2년간 재무제표
   - 접수기간: 2025년 02월 10일 09:00부터 12일 18:00까지(3일간)
   - 접수처: 온라인 COTIS(공모관리-스마트도시-공모관리 란에서 신청)

6. 추진절차

사업공고 및 과제접수	⇨	검토	⇨	심의	⇨	수상작 발표
•공고: LH 홈페이지 및 LH기술혁신파트너몰 •접수: COTIS		1차: 검토위원회		2차: 심의위원회		언론홍보 등

⇩

사업비 정산 등	⇦	최종평가	⇦	기술개발	⇦	협약 체결
기타 사업비 정산		완료과제 최종평가		분기별 현장점검 등		협약(중소기업 ↔ LH)

7. 심의·선정 방법
   - 평가방식
     − LH 1차 평가(검토위원회): 적정/부적정 판정
     − LH 2차 평가(심의위원회): 종합평가(평점 + 가점) 80점 이상 기업을 대상으로 고득점자 순서로 선정(과제 책임자 프레젠테이션 있음)
       ※ 가점: 특화공모 부문 가점부여
       ※ 동점자: 평가표상 개발 필요성 > 현장 적용성 > 사업화 가능성 > 사업비 적정성 고득점자 순서로 선정(별첨 '평가 내용' 참조)
   - LH 선정 과제: 최대 4건 선정(종합평가 80점 미만 과제 제외)

02 위 공고문의 내용과 일치하는 것은?

① LH는 선정된 중소기업에 최대 3억 원의 사업비를 지원하며, 과제평가 결과 실패 시에는 개발비 지원액의 50%가 환수된다.

② 시설물관리, 환경, 교통, 자율주행은 일반 공모분야에 속한다.

③ LH의 지원금은 정부지원금과는 중복 집행될 수 없으며, 설비나 연구상비 등에 지원금을 사용하는 데에는 별도의 협의나 허가가 필요 없다.

④ 공모 신청은 온라인을 통해 가능하며, 접수기간은 일주일간이다.

⑤ LH는 공모를 통해 과제를 최대 4건까지 선정할 수 있으며, 협약 체결 후 완료과제를 최종평가한 후 사업비를 정산한다.

03 위 공고문에 따를 때, 과제 평가방식에 대한 이해가 잘못된 것은?

① 1차 평가와 2차 평가로 나누어 평가가 진행된다.

② 로봇 분야, AIoT 분야에 공모한 기업에는 가점이 부여된다.

③ 2차 평가에서 프레젠테이션이 실시되는데, 이때 프레젠테이션은 종합평가에서 일정 점수 이상을 받은 기업만 할 수 있다.

④ 프레젠테이션 순서는 종합평가에서 고득점을 받은 기업이 순서를 정하는 우선권을 가진다.

⑤ 평가에서 동점자가 나올 경우 평가표의 '개발 필요성' 점수가 가장 높은 기업을 우선한다.

04 다음 보도자료의 내용과 일치하지 않는 것은?

LH는 공공재개발사업 후보지 중 서울 송파구 거여새마을구역과 동대문구 신설1구역이 최초로 정비계획 심의를 통과했다고 밝혔다. 2022년 12월 7일, 서울시에서 개최된 도시재정비위원회와 도시계획위원회 수권소위원회에서 거여새마을구역 재정비 촉진계획(안)과 신설1구역 정비계획 변경(안)이 각가 가결됐다. 거여새마을구역은 2022년 초 서울시 사전기획 절차를 착수한 이후 약 1년 만에 정비구역 지정의 마지막 관문을 넘어선 것으로, 특히 2022년 9월 사전기획(안)이 결정된 이후 약 3개월 만에 주민공람 등 입안 및 심의절차를 최종 완료하는 등 정비구역 지정 절차를 획기적으로 단축시킨 사례로 평가받고 있다. 신설1구역은 2008년 정비구역 지정 이후 장기간 사업이 정체된 지역이었으나 2021년 1월 공공재개발 후보지선정 이후 LH가 공공사업시행자로 참여해 정비계획 변경 절차에 착수했다.

거여새마을구역은 거여역 일대 노후된 저층주거지역으로 규모는 71,922.4m²이다. 특히, 지난 2011년에 거여·마천재정비촉진지구로 편입돼 재개발사업이 추진됐으나, 제1종일반주거지역이 대다수임에 따라 사업 추진에 난항을 겪은 곳이다. 그간 주변 지역은 재정비촉진사업을 통해 대규모 공동주택단지가 들어서고 대상지 동측에 위례신도시가 조성되는 등 해당 구역에 대한 개발 필요성이 지속 제기됐고, 2021년 3월 공공재개발 후보지로 선정되면서 사업추진이 재개됐다. 이번에 심의 통과된 재개발 촉진계획(안)에 따라, 제2종일반주거지역 등으로 용도지역이 상향되고 사회복지시설을 기부채납 함에 따라 법적 상한초과용적률이 적용된다. 그 결과, 최고 35층 규모의 공동주택 1,654호가 공급되며 그중 공공주택은 468호로, '서울시 임대주택 혁신방안'에 따라 3~4인 가구의 선호도가 높은 59~84m²형은 294호, 1~2인 가구 등을 위한 39~49m²형은 174호가 공급된다.

아울러, 인근에 위치한 거여·마천재정비촉진지구와 위례신도시를 연결하는 지역적 연계 거점도 마련된다. 현재, 사업 대상지 동측 위례공원변에 조성된 5m 옹벽으로 인해 양 지역이 단절되고 접근성이 낮은 문제점을 해소하기 위해, 위례공원과 자연스럽게 연결될 수 있도록 대상지 내 공원을 신설하는 한편, 공원 내 보행산책로 등을 확충해 지역 간 단절을 해소하고 주민소통기능을 강화할 예정이다.

신설1구역은 서울 동대문구 신설동 92-5번지 일대로, 지하철 등 교통 편의성 및 성북천변의 우수한 입지 여건에도 불구하고 노후된 주변 환경으로 주목받지 못했다. 그러나, 공공재개발사업을 통해 1만 1천m² 규모의 부지에 용적률 인센티브가 적용돼 용적률 299.50% 이하, 높이 25층 규모의 주택이 들어선다. 당초 정비계획(218.8%, 169세대) 대비 130세대 늘어난 299세대가 계획됐으며 그중 109세대(토지등소유자 분양 제외)는 일반공급, 110세대는 공적임대주택으로 공급될 예정이다. '서울시 임대주택 혁신방안'에 따라 임대주택 면적을 확대 반영해 전체 임대 세대수의 37%를 전용 84m², 52%를 전용 59m²로 계획했으며, 완전한 소셜믹스를 구현했다. 또한, 대상지 주변의 기존 가로 특성을 고려한 보행·차량동선을 계획해 차량 진출입과 통학로 등이 배치되고 인접 주변 지역과 성북천의 연계를 고려한 경관 및 외부공간도 계획될 예정이다. 아울러, 신설 제1종지구단위계획 구역과 인접해 있어 향후 상업시설 및 기반시설 연계와 함께 주거·상업 복합 특화 거리 조성 등 시너지 효과도 기대된다.

거여새마을구역과 신설1구역은 2022년 말 정비구역 지정(변경) 고시를 앞두고 있으며, LH는 내년 시공자 선정, 2025년 착공을 목표로 사업 추진에 적극 노력한다는 계획이다.

① 거여새마을구역은 사전기획 절차부터 정비구역 지정 최정절차까지 1년이 채 걸리지 않은 데 비해, 신설1구역의 경우 이 과정에 10년 넘게 걸렸다.

② 신설1구역이 2008년 정비구역 지정 이후 장기간 사업이 정체된 이유는 노후된 주변환경과 교통 편의성 부재 때문이다.

③ 거여새마을구역 주변에는 대규모 공동주택단지 및 위례신도시가 조성되어 있고, 이러한 주변 상황이 구역 개발에 영향을 미쳤다.

④ 신설1구역에 공급될 주택 중 1/3 이상이 공적임대주택으로 공급될 예정이다.

⑤ 거여새마을구역에는 인근 위례신도시와 연결하기 위한 공원을 신설하는 등 지역적 연계 거점을 마련할 계획이다.

05 다음 보도자료의 내용과 일치하지 않는 것을 〈보기〉에서 모두 고르면?

LH는 2022년 6월 30일, LH 서울지역본부에서 임대주택 입주민의 정신건강 증진을 위해 한국사회복지관협회에 기부금 4억 7,500만 원을 전달했다고 밝혔다. 기부금은 '마음건강 상담 서비스'와 '정신건강 입원비 지원사업'에 활용되며, 한국사회복지관협회는 전국적인 네트워크를 활용해 전문 인력을 구축하고 LH와 협업해 사업을 추진할 계획이다.

'마음건강 상담 서비스'는 심리·정신적 도움이 필요하지만 의료복지 사각지대에 놓여 있는 영구임대주택 입주민을 대상으로 사회복지관의 정신건강 증진 프로그램, 보건소의 금주 교실, 정신건강복지센터의 심리치료 등 전문기관의 치료를 연계하는 사업이다. 2021년 영구임대주택 13개 단지 130명에게 서비스를 제공해 입주민들로부터 큰 호응을 얻고 있으며, 2022년에는 전국 27개 LH 영구임대주택 입주민 32,000여 명을 대상으로 기부금 3억 원을 활용해 정신건강 고위험 입주민 270명을 발굴, 상담서비스를 추진할 계획이다.

'정신건강 입원비 지원사업'은 정신질환 등 집중 치료가 필요하나 경제적 어려움으로 인해 치료를 받지 못하는 LH 장기임대주택(국민, 영구, 행복 등) 입주민을 대상으로 한다. 2022년 시범적으로 추진되는 이 사업은 1인당 최대 425만 원을 지원하며 기부금 1억 7천5백만 원이 소진될 때까지 LH 장기임대주택 입주민이면 소득에 관계없이 누구나 지원받을 수 있다.

한편, LH는 마음건강 위기 입주민의 건강성 회복과 임대주택단지 내 안정된 주거생활 정착을 지원하기 위해 2021년부터 'LH 마음건강 지원체계'를 운영하고 있다. 특히, 마음건강 위기를 겪는 입주민과 가까이에 위치한 임대주택단지별 관리사무소장을 대상으로 교육을 강화해 '마음건강 지킴이'를 양성 중이다. '마음건강 지킴이'는 심리·정서적인 문제로 일상생활이 어려운 입주민에게 치료, 보호 등 사회적 서비스를 제공하기 위한 매개자 역할을 담당하며, 현재 796명의 마음건강 지킴이(관리사무소장)가 있다. 또한, 입주민 대표 및 지자체, 정신건강복지센터 등 다양한 분야의 전문가로 구성된 'LH 입주민 마음건강 위원회'도 운영해 우울증, 저장강박증 등 입주민 마음건강 회복을 위해 적극 노력 중이다. 아울러, 저장강박증 세대를 대상으로 지자체 등과 협업해 세대 주거환경개선 및 입주민 심층상담 프로그램 등도 수시로 실시하고 있다.

보기

㉠ 2022년에는 전국의 LH 영구임대주택 입주민 32,000여 명을 대상으로 상담서비스를 추진할 계획이다.
㉡ '마음건강 상담 서비스'는 사회복지관의 정신건강 증진 프로그램, 보건소의 금주 교실, 정신건강복지센터의 심리치료 등 전문기관의 치료를 연계하는 사업을 의미한다.
㉢ '정신건강 입원비 지원사업'은 2022년 이후 지속적으로 시행될 예정으로, LH 장기임대주택 입주민이면 소득에 관계없이 누구나 지원받을 수 있다.
㉣ 마음건강 지킴이는 임대주택단지별 관리사무소장이 맡아, 심리·정서적 문제를 갖고 있는 입주민에게 사회적 서비스를 제공하는 중간자 역할을 한다.

① ㉠, ㉡, ㉢
② ㉠, ㉢, ㉣
③ ㉡, ㉢, ㉣
④ ㉠, ㉢
⑤ ㉠, ㉣

06   다음은 LH 홈페이지에 게재된 고객을 맞이하는 자세에 관한 자료이다. 자료의 내용과 일치하는 것은?

---

1. 직접 방문하시는 경우
- 우리는 항상 친절하고 밝은 얼굴로 고객을 맞이하겠습니다.
- 모든 직원은 단정한 복장으로 근무하며, 고객을 맞이할 때는 먼저 자신의 소속부서와 이름을 밝히겠습니다.
- 고객이 오래 기다리시는 일이 없도록 최선을 다하겠습니다.
- 담당직원이 부재중일 경우 대기예정시간을 알려드리거나 다른 직원이 업무를 처리할 수 있도록 하겠습니다.
- 고객창구는 항상 청결하고 정돈된 상태로 유지하여 고객이 이용하시는 데 불편함이 없도록 하겠습니다.

2. 전화하시는 경우
- 전화벨이 3번 이상 울리기 전에 신속히 받겠습니다.
- 인사말과 소속, 이름을 정확하게 밝히고 정중하고 친절하게 응대하겠습니다.
- 문의사항은 가급적 처음 받는 직원이 답변하겠으며 다른 직원에게 전화를 연결하여야 할 경우 양해를 구한 후 담당직원의 소속, 성명 및 전화번호를 알려드리고 연결하겠습니다.
- 고객이 찾으시는 담당자가 없을 경우 메모를 전달하여 고객께 전화를 걸도록 하겠습니다.
- 상담 후 고객께 이해 여부를 물어 본 뒤 인사말과 함께 마치도록 하겠습니다.

3. 고객을 방문하는 경우
- 방문하기 전 전화로 방문목적을 알리고 고객의 편리한 시간에 약속한 후 방문하겠습니다.
- 약속시간은 정확하게 지키며, 신분증을 제시하도록 하겠습니다.
- 사후연락 등 고객편의를 위하여 명함이나 연락처를 드리겠습니다.

4. 인터넷 상담을 하는 경우
- 공사 홈페이지를 통해 최신정보를 자세히 소개하고 고객이 쉽게 이용할 수 있도록 관리하겠습니다.
- 인터넷으로 상담 및 서비스를 신청하신 경우 상담내용이 회신될 때까지 담당자를 지정하여 처리상황 등을 알려드리겠습니다.

5. 민원 접수 처리 기준
- 민원은 우편·방문·팩스·인터넷 등 고객께서 편리한 방법을 통해 신청이 가능하도록 하겠으며, 신청한 민원은 신속히 처리하겠습니다.
- 접수된 민원은 법정처리기간을 기다리지 않고 최대한 신속히 처리하겠습니다.
- 민원 처리가 부득이한 사유로 기간 내 처리가 불가능할 경우 지연사유, 중간처리상황을 사전에 알려드리겠습니다.
- 민원처리가 완료되면 서면, 이메일, 문자 등 고객께서 원하시는 방법으로 결과를 알려드리겠습니다.

6. 정보제공 및 비밀보장
- 고객의 알권리 보장과 행정의 투명성 확보를 위하여 행정정보 공개제도를 다음과 같은 절차로 충실히 운영하겠습니다.
   * 행정정보 공개절차
     정보공개청구서 제출 → 접수 → 청구서 분류·이송 → 정보공개여부 결정(청구 받은 날부터 10일 이내) → 결정통지 → 청구인 확인 → 수수료 징수 → 공개처리
- 업무와 관련하여 알게 된 개인정보에 대하여는 비밀을 준수하여 고객의 권익이 침해되는 일이 없도록 하겠습니다.

① 접수된 민원은 법정처리기간에 맞춰 최대한 정확하게 처리한다.

② 민원 처리가 기간 내 처리가 불가능한 경우, 처리한 뒤에 지연된 사유를 민원인에게 소상히 설명한다.

③ 전화가 올 경우 전화벨이 3번 이상 울리기 전에 받고, 인사말과 소속, 이름을 밝힌 후 응대한다.

④ 전화로 문의가 올 경우, 가급적 담당 직원이 답변하도록 하기 위해 해당 직원에게 연결하여 처리한다.

⑤ 행정정보 공개 여부는 청구를 받은 날부터 14일 이내로 결정하여 통지하며, 이때 결정통지를 청구인이 확인한 후 수수료를 받는다.

07 다음 보도자료의 내용과 일치하지 않는 것은?

> LH는 임대주택 제공과 다양한 자립지원을 통해 '아동 주거권 보장' 등 정부정책을 적극 이행하고, 보호종료아동의 주거안정 및 원활한 사회정착을 위한 노력에 힘을 보태고 있다. 만 18세가 되면 소액의 자립정착금과 수당만으로 보호시설을 떠나 자립해야 하는 '보호종료아동'의 열악한 현실이 사회적 이슈로 대두됨에 따라, LH는 이들의 수거물안을 해소하고 원활한 사회정착을 돕기 위해 다방면으로 노력해왔다. 먼저, 시설을 떠난 아동들에게 무엇보다 가장 필요한 '주거안정'을 제공하기 위해 최장 20년까지 거주 가능한 매입·전세임대주택을 저렴한 임대료로 공급해 장기간 안정적인 거주를 보장하고 있다. 매입임대주택은 주변시세의 40% 수준으로 임대보증금이 100만 원이며, 전세임대주택의 경우 최대 1억 2천만 원을 지원한다. 특히, 2020년에는 보호종료아동의 희망수요를 반영해 임대주택 유형을 건설임대주택까지 확대했고, 국토부와 함께 관련법령을 개정해 우선공급 기준을 마련하는 등 신속한 주거지원이 가능토록 했다. 이러한 노력의 결실로 2020년 한 해 동안 1,258명의 보호종료 아동들이 LH가 제공하는 새로운 보금자리에 정착해 새로운 출발을 위한 기반을 다졌다.
>
> 아울러, 관련 제도를 몰라 주거지원을 받지 못하는 일이 없도록 보호종료아동 전담 콜센터인 '유스타트(Youth + Strat) 상담센터'를 개설해 적극적인 수요발굴에도 나섰다. '유스타트(Youth + Strat) 상담센터'는 △임대주택 주거지원 상담 △입주자모집 계획 △신청자격 및 준비서류 △주거급여 안내 등 다양한 서비스를 원스톱(One-Stop)으로 제공하며, 청년층이 이해하기 쉽도록 '만화로 보는 주거복지사업 안내'를 발간해 주거지원 제도에 대한 접근성과 이해를 높이고 있다.
>
> 2021년부터는 단순 주택제공을 넘어 주거환경 개선도 함께 추진한다. 이를 위해, LH는 가구업체와 협약을 맺고 LH 임대주택에 입주하는 보호종료 아동에게 식탁, 책상, 의자 등 가구 1천여 점과 함께 수납·인테리어 정보 등의 서비스를 함께 지원할 예정이다. 이처럼, LH는 주거 및 서비스 지원을 지속적으로 확대해 오는 2022년까지 보호종료아동을 위한 맞춤형 공공임대주택 6천 호를 공급할 계획이며, 지원대상 역시 '청소년쉼터 퇴소자'까지 확대할 계획이다.

① 보호시설에 있던 아동이 만 18세가 되어 사회에 나온 이후에는 별다른 사회적·제도적 보호를 받지 못한다.

② LH의 보호종료아동 주거지원으로 혜택을 본 아동은 2020년 한 해에만 1,000명 이상이다.

③ 2021년 현재 LH는 만 18세가 되어 보호시설을 떠나는 보호종료아동을 대상으로만 주택제공을 지원하고 있다.

④ 유스타트 상담센터는 보호종료아동을 대상으로 임대주택 주거지원과 관련된 절차를 안내하는 역할을 하고 있다.

⑤ LH는 2021년까지 보호종료아동에게 주거환경 개선 서비스를 지원할 예정이며, 맞춤형 공공임대주택도 공급할 예정이다.

08 다음 보도자료의 내용과 일치하는 것은?

LH는 청년 문화예술인의 창작활동과 안정적인 주거지원을 위한 부천영상 지역전략산업지원주택(행복주택) 850호에 대한 청약접수를 오는 2023년 2월 6일부터 시작한다고 밝혔다. 부천영상 지역전략산업지원주택은 LH와 부천시가 공동으로 추진하는 만화·영화·애니메이션 등 문화 콘텐츠 산업 종사자를 위한 행복주택으로, 콘텐츠기업과 창작자를 위한 웹툰융합센터가 함께 조성돼 일자리와 주서가 결합됐다는 것이 특징이다.

신청 대상은 공고일 기준 만 19세 이상 만 39세 이하 청년인 무주택세대구성원으로, 만화·영화 등 부천시 지역전략산업에 종사하는 사람이면서 행복주택의 소득·자산 기준 등을 충족하면 된다. 자세한 자격은 개별적으로 입주자모집공고문을 확인하면 된다.

부천시 지역전략산업 종사자(㉮~㉰ 중 하나에 해당하는 자)
㉮ 문화산업종사자(Ⓐ 또는 Ⓑ에 해당하는 자)
  Ⓐ 콘텐츠산업 종사자: 사업자등록증상 주 매출 업종이 [부천시 지역전략산업 분류코드]에 해당하는 사업체의 종사자
  Ⓑ 문화예술진흥법에 따른 전문예술법인·단체 종사자
㉯ 예술인복지법 제2조 제2호에 따른 등록예술인: '한국예술인복지재단'의 예술활동[문학, 미술(응용미술 포함)·사진·건축, 음악·국악, 무용, 연극, 영화, 연예, 만화 분야에 한함] 증명을 받은 자
㉰ 부천시가 추천하는 자(부천시 모집공고문 참조)

이번 공급 주택은 세대 전용면적 16m², 21m², 26m², 36m², 44m² 총 850호로 건설되며, △16A(212호) △21A(72호) △21T(29호) △26A·B(86호) △26A1·B1(85호) △26T(5호) △36A·B(207호), △36T(5호) △44A·B(149호) 총 9개 주택 타입으로 건설된다. 특히, 16A, 21A, 26A·B, 36A·B, 44A·B 평형은 발코니가 확장 시공돼 보다 넓은 실사용공간을 확보했다. 또한 청년 예술가들이 함께 창작하고 교류할 수 있는 공용창작실 등이 계획돼 문화콘텐츠 산업을 이끌어갈 청년들의 시너지 효과를 기대할 수 있다. 임대보증금은 3,800만 원부터 9,500만 원까지, 월임대료는 16만 원부터 40만 원까지로, 주변 시세의 72% 수준이며, 임대보증금과 임대료 상호전환 제도를 활용해 월임대료 부담을 낮출 수 있다. 최대 6년까지 거주할 수 있으며, 자녀가 1명 이상인 경우에는 최대 10년까지 거주할 수 있다.

공급일정은 △청약접수(2월 6일~10일) △당첨자 발표(8월 9일) △계약체결(8월 29일~31일)이며, 입주는 2023년 12월 예정이다. 현장접수는 2월 7일(화)~8일(수) 이틀간 LH 인천지역본부에서 가능하다. 부천영상 지역전략산업지원주택은 부평 삼산지구 등 기존 주거지와 인접해 정주여건이 우수하고, 단지 인근에 7호선 삼산체육관역(0.4km), 부천종합터미널(1.2km)이 위치하고 있어 대중교통여건이 매우 우수하다. 또한, 수도권제1순환고속도로(중동IC, 1.1km), 경인고속도로(부평IC, 2.5km) 등 우수한 교통여건으로 청년들의 많은 관심이 예상된다. 아울러, 편리한 생활인프라 역시 눈길을 끄는 부분이다. 단지 2km 이내 홈플러스, 뉴코아 아울렛, 백화점 등 대형 생활편의시설 및 상업시설 등을 이용할 수 있으며, 인근에 상동호수공원이 위치해 도심 속에서 여유를 느낄 수 있다.

기타 자세한 사항은 LH청약센터(https://apply.lh.or.kr)에 게시된 '부천영상 지역전략산업지원 행복주택 신규 입주자모집공고'를 통해 확인할 수 있으며, LH콜센터(☎1600-1004)로 전화상담 및 문의도 가능하다.

---

① 부천영상 행복주택 청약 신청을 하기 위해서는 만화·영화 등 부천시 지역전략산업에 종사하는 사람이거나, 행복주택의 소득·자산 기준 등을 충족해야 한다.
② 콘텐츠산업 종사자가 부천영상 행복주택 청약을 하려면 사업자등록증상 주 매출업종이 부천시 지역전략산업 분류코드에 해당하는 사업이어야 한다.
③ 부천영상 행복주택에서는 발코니가 확장 시공된 평형의 거주자에 한해 예술가들 간 교류가 가능한 공용창작실을 이용할 수 있다.
④ 임대보증금은 최대 9,500만 원, 월임대료는 최대 40만 원으로, 주변 시세의 절반 수준이다.
⑤ 부천영상 행복주택 청약에 당첨되면, 당첨자 발표 이후 2달 후에 계약을 마쳐야 한다.

09 다음 보도자료의 내용과 일치하지 않는 것은?

LH, 베트남 최초의 한국형 산업단지 19필지 공급

LH는 베트남 최초의 한국형 산업단지인 흥옌성 클린 산업단지의 산업용지 19필지, 240천m²를 공급한다고 2022년 9월 29일 밝혔다. 베트남 흥옌성 클린 산업단지는 LH, 한국해외인프라도시개발지원공사, KBI건설, 신한은행과 베트남 부동산개발기업인 TDH 에코랜드社가 공동 투자해 베트남 흥옌성 리트엉켓 지역에 조성된 한국기업 전용 산업단지이다.[투자지분: LH(35%), KIND(25%), KBI건설(10%), 신한은행(5%), TDH 에코랜드(25%)]

LH는 베트남 진출을 희망하는 국내 기업을 지원하기 위해 지난 2017년부터 양국 정부의 협력을 통해 사업 준비를 착수했다. 2021년 현지 합작법인(VTK)를 설립했으며, VTK는 2022년 9월 초에 보상을 완료하고 조성공사를 착공했다. 이 사업은 LH가 설립한 합작투자회사가 사업을 추진함으로써 시행사에 대한 신뢰도를 높이는 등 사업 추진의 불확실성을 해소했다는 평가를 받고 있다. LH는 VTK로부터 업무를 위임받아 클린 산업단지의 입주예정기모집 업무를 수행하게 됐다. LH는 2022년 3월, 입주확약서를 미리 제출한 기업을 대상으로 산업용지 12필지를 우선공급했으며 많은 국내 기업들이 베트남 최초 한국형 산업단지에 대해 관심을 기울이는 것으로 확인됐다.

이번 공급 토지는 일반제조시설용지 19필지, 240천m²으로, 공급가격은 m²당 USD 102~113 수준이다. 임대기간은 2071년 7월 5일까지이다. LH는 국내 기업의 다양한 입주 수요에 대응하기 위해 10천m²~20천m²의 다양한 규모의 토지를 공급한다. 토지사용이 가능한 시기는 필지에 따라 2023년 6월~12월부터이다. 국내에 소재지를 두고 있는 국내 기업이 신청 가능하며, 외국에 소재한 기업도 국내기업 또는 한국인이 지분을 보유한 경우 신청 가능하다. 다만, 베트남 관계 법령에 따른 유해물질 배출업종 등 인·허가 제한대상 사업장일 경우 입주가 제한될 수 있다. 신청·접수는 오는 2022년 10월 21일 금요일까지 흥옌성 클린 산업단지 전용 홈페이지(www.kviphy.com)에서 가능하다.

흥옌성 클린 산업단지는 베트남 수도 하노이에서 약 30km 떨어져 있으며, 1,431천m²(약 43만 평) 규모로 조성된다. 흥옌성은 서울의 1.5배 면적, 인구 약 120만 명의 도시로서, 하노이와 하이퐁을 연결하는 북부 경제벨트에 위치해 외국인 투자의 지속적인 증가로 안정적인 성장을 유지하는 지역이다. 또한, 하노이-하이퐁 간 고속도로에 인접해 있어 삼성, LG, 현대자동차 등 한국 기업들의 접근이 용이하고, 노이바이 국제공항, 하이퐁 항만과 1시간 이내의 우수한 지리적 장점을 갖추고 있다. 아울러, 흥옌성 클린 산업단지에 입주하는 기업은 VTK를 통해 행정·금융·세무 등에 대한 체계적인 원스톱 서비스를 제공받을 수 있다.

---

① 흥옌성 클린 산업단지는 한국기업 전용 산업단지로, 우리나라 기업과 베트남 기업이 공동 투자했으며, 이 중 LH가 가장 많은 투자지분을 갖고 있다.

② 흥옌성 클린 산업단지는 2017년 LH가 사업 준비에 착수하고, 2021년 현지 합작법인을 설립한 데 이어 2022년 9월 조성공사를 착공하는 과정으로 진행됐다.

③ 흥옌성 클린 산업단지의 토지 공급가격은 m²당 USD 102~113 수준으로, 국내에 소재지를 두고 있는 국내 기업에 한해 입주신청이 가능하다.

④ 흥옌성 클린 산업단지 입주 신청은 2022년 10월 21일까지 온라인 홈페이지를 통해 가능하다.

⑤ 흥옌성은 서울보다 큰 면적에 인구 100만 명 이상이 거주하는 도시로, 베트남 북부 경제벨트에 위치해 외국인 투자가 지속적으로 늘고 있는 지역이다.

10 다음 보도자료의 내용과 일치하지 않는 것은?

LH는 사할린 귀국동포 전용 단지인 '안산 고향마을 아파트'의 주거환경 개선사업을 마치고, '어울더울 고령자 쉼터'를 2022년 9월 16일 개관한다고 밝혔다. 이번 사업은 입주민의 거주 만족도를 높이고 공공임대주택을 주거플랫폼으로 변화시키기 위해 가천대학교와 함께 추진됐다. (* 주거플랫폼 : 단순 거주 공간에서 생활 SOC 등 공간을 추가 확보하고 주거·사회서비스를 연계 제공하는 커뮤니티 기반 수거복시 실현 사업모델)

고령자 쉼터의 새로운 이름인 '어울더울'은 과거 사할린으로 강제 이주된 후 천신만고 끝에 고국으로 영주 귀국하게 된 사할린 동포들이 삶의 기쁨·슬픔·기억을 공유하며 서로 "어깨를 기대어 함께 울고 웃고, 더 나아가 울림을 주는 공간에서 살아간다"는 의미를 가진다.

'안산 고향마을 아파트'는 사할린동포 영주귀국 시범사업으로 LH가 건립한 사할린 한인전용 아파트(50년 공공임대)이며, 경기도 안산시 고잔동에 위치한다. 2000년 2월 입주를 시작해 현재 약 480세대 770여명의 사할린 동포 및 동반 가족들이 거주 중이다.

사할린동포들은 1930~40년대 일제 강점기에 사할린 섬 내 탄광, 벌목장, 군수공장에 강제 동원돼 노동력을 착취당했으나, 독립 후 귀국하지 못하고 국적이 박탈당한 채 난민신세가 됐다. 이들의 국내 이주를 위해 한·일 양국은 1993년 한일 정상회담에서 사할린동포 이주 전용 단지 건립에 합의했고, 2000년 2월부터 사할린동포 1세('45. 8. 15. 이전 출생자)를 대상으로 영주귀국이 시작돼 고향마을 단지로의 입주가 본격화됐다. 이후, 정부 차원의 지속적인 관심과 노력으로 사할린 동포의 국내 이주가 지속됐고, 지난 2021년 사할린동포 지원에 관한 특별법이 시행됨에 따라 이주비용 및 생활·주거지원 기반이 마련됐다. LH는 이들의 국내 거주 희망지역 등을 반영해 현재까지 총 1,925세대의 임대주택(국민·영구·50년공임) 주거지원을 시행했으며, 보증금과 임대료는 주거급여 등으로 정부가 지원한다.

LH와 가천대학교는 고향마을 입주민의 절반 이상이 80세 이상의 고령자임을 감안해 시설개선을 추진했고, 이를 위해 2021년 5월 양 기관은 '사회배려계층 주거환경 개선을 위한 업무협약'을 체결했다. 우선, 입주민의 수요를 사업에 반영하기 위해 2021년 6월 LH는 가천대학교, 안산시와 함께 입주민 간담회를 개최했다. 이 자리에서 나온 △운동기구 노후화로 인한 기구 교체 △안마용품 구비 △운동재활 및 인지기능 향상 지원 △노인정 규모 및 입식 상태 유지 등 여러 의견이 이번 사업에 반영됐다. LH는 가천대학교, 안산시와 지속적인 협의를 거쳐 사업 내용을 확정하고 지난 2022년 7월부터 본격적으로 주거환경 개선을 추진했다.

사업은 구체적으로 환경 개선과 재활서비스 제공으로 나뉜다. 주거환경 개선을 위해 가천대학교 실내건축학과 학생들과 협업해, 기존 체력단련실과 노인정을 입주민 의견을 반영해 새로운 운동 및 놀이 공간으로 리모델링했다. 또한, 재활서비스 제공을 위해 안마용품, 재활·일반 운동기구 등을 교체했다. 향후 가천대학교 운동재활학과 학생들을 통해 입주민을 대상으로 운동재활서비스가 제공될 예정이다. 한편, LH 임직원 30여 명이 체력단련실 및 노인정 페인트칠 등 도색 작업 봉사활동을 실시한 바 있다.

① '어울더울 고령자 쉼터'는 가천대학교와 LH가 함께 추진한 고령자 쉼터로, 사할린동포 및 동반 가족들이 거주하는 안산 고향마을 아파트에 개관했다.

② 사할린동포들은 2000년부터 동포 1세의 영주귀국을 시작으로 귀국이 이어졌고, 2021년 관련법 시행에 따라 이주비용 및 생활·주거지원을 받을 수 있게 됐다.

③ LH가 주거지원을 한 사할린동포 중 절반 이상이 안산 고향마을 아파트에 거주하고 있다.

④ 운동기구 교체, 안마용품 구비 등은 고향마을 입주민 간담회에서 나온 의견으로, 이 의견은 주거환경 개선 사업 내용에 반영됐다.

⑤ 2021년 5월 LH와 가천대학교는 '사회배려계층 주거환경 개선을 위한 업무협약'을 체결하고, 고령자인 고향마을 입주민들의 편의를 위한 주거환경 개선 작업을 시작했다.

11 다음 보도자료에서 추론할 수 없는 것은?

> LH는 아산탕정지구 내 공동주택과 고양삼송지구 내 블록형 단독주택 건설·분양을 함께 추진할 '패키지형 주택개발리츠' 민간사업자(건설사·금융사) 공모에 나섰다. 주택개발리츠는 민간사업자가 설립한 리츠(REITs)에서 LH 공동주택용지 등을 매입 및 건설사와 공동으로 주택을 건설·분양하는 사업방식으로, 미분양주택에 대해시는 LH가 매입확약을 제공해 사업리스크를 분담한다.
>
> 이번 공모에서는 아산탕정 2-A11BL(49,781m², 787세대) 공동주택용지와 고양삼송 단독14-1, 14-2, 15BL(21,222m², 107세대) 블록형 단독주택용지를 패키지로 묶어 함께 공급한다. 공동주택용지의 경우 세대수 5% 이상에 세대구분형 특화설계를 적용해야 한다.
>
> 아산탕정 2-A11BL은 지구 내 1호선 탕정역 및 고속도로가 개통 예정이고, 지구 인근에 삼성디스플레이 산업단지 증설과 연구개발(R&D) 집적지구 개발이 계획돼 있어 수요가 풍부할 것으로 예상된다. 함께 공급되는 고양삼송 블록형 단독14-1, 14-2, 15BL는 서울에 근접해 지리 여건이 우수하며, 쾌적하고 살기 좋은 도심형 전원주택단지를 조성할 수 있는 용지다.
>
> 이번 공모 평가항목은 대금납부조건 및 주식공모계획, 실적평가 등을 평가하는 '계량평가'와 재무계획(사업성분석·판매계획 등)과 개발계획(단지·건축·특화계획 등)을 평가하는 '비계량평가'로 구성되며, 일자리 창출 등 사회적 가치 실현에 노력한 업체에는 가산점이 부여된다. 또한 비계량평가 중에서도 에너지 저감 및 사회적 약자의 안전 보장, 일조·조망권 확보 등 LH가 제시한 특화설계를 반영하는 업체에 높은 점수를 부여해 향후 입주할 주민들에게 쾌적한 주거환경을 제공할 예정이다.

① 주택개발리츠 진행 시 LH는 매입확약을 통해 미분양주택에 대한 사업리스크를 민간사업자와 분담한다.

② 아산탕정지구의 경우 지구 내 1호선 탕정역과 고속도로가 개통 예정인 점이, 고양삼송지구의 경우 서울에 근접해 지리 여건이 우수한 점이 장점이다.

③ 아산탕정·고양삼송 지구 주택은 약 900세대 규모이다.

④ 에너지 저감, 일조·조망권 확보 등 LH가 제시하는 특화설계를 반영하는 업체의 경우 이번 공모의 비계량평가에서 높은 점수를 얻을 수 있다.

⑤ 고양삼송지구의 경우 세대수 5% 이상에 세대구분형 특화설계를 적용해야 한다.

12 다음 글에서 추론할 수 없는 것은?

2023년 여름 전 세계 곳곳이 이례적인 폭염에 시달렸다. 세계기상기구(WMO)는 2023년 7월의 지구 표면 평균 기온은 16.95도로, 1940년 관측과 기록이 시작된 이후 역대 가장 높은 기온을 기록했다고 밝혔다. EU의 코페르니쿠스 기후변화서비스(C3S) 보고서를 분석한 자료에서는 1991년부터 2020년까지의 평균 기온과 비교하면 0.72도 높고, 이전 역내 최고 기록이었던 2019년 7월의 기온보나는 0.33도 높나고 설냉했다. 특히 WMO는 2023년 7월이 국제 사회가 기후변화의 마지노선으로 꼽는 '산업화 이전 대비 1.5도 상승'과 유사한 수준이라 덧붙였다. 여기다 해수면 온도도 역대 최고 기록을 경신했는데, 전 세계 평균 해수면 온도는 2023년 4월부터 계속 상승세를 이어가다 7월에는 20.95도에 달했다. 이는 1991년부터 2020년까지의 평균 해수면 온도보다 0.51도 높은 것으로, WMO는 이에 대해 해양 폭염과 엘니뇨 현상이 계속 발달한 결과라고 분석했다.

폭염은 일사병 · 열사병 등의 온열질환을 일으켜 건강상 위협으로 작용하는 것은 물론 전 지구적 식량난과 인간의 노동 능력에까지 영향을 미친다. 특히 폭염은 홍수나 태풍과 달리 그 피해가 가시화되기 어렵고 취약계층에 주로 발생해 '소리 없는 살인자'로까지 불린다. 무엇보다 문제는 이러한 폭염이 앞으로 일상이 될 가능성이 높다는 점이다.

미국 뉴욕타임스(NYT)는 2023년 7월 미국을 덮친 기록적인 폭염으로 경제 활동이 급격하게 위축되면서 막대한 규모의 생산성 손실이 발생하고 있다고 보도했다. 학술지 <란셋>의 통계에 따르면 지난 2021년 더위 노출로 인해 미국 농업 · 건설 · 제조업 · 서비스업 부문에서 25억 시간 이상의 노동력이 손실됐다고 NYT는 전했다. 또 영국 '데이터 속 세계' 연구소는 옥스퍼드대와 분석한 자료를 통해 2016~2020년 기상 재해로 전 세계가 입은 피해액의 규모가 연평균 1,629억 2,157만 달러에 달한다는 결과를 내놓기도 했다. 여기다 국제노동기구(ILO)는 2030년에는 폭염으로 3,000조 원 이상의 경제적 손실이 전 세계에 닥칠 것이라고 예측했으며, 국제 신용평가사 무디스는 폭염으로 인한 만성적 신체위험이 세계적으로 국내총생산(GDP)을 2100년까지 최대 17.6% 위축시킬 수 있다고 추정했다.

무엇보다 폭염으로 인해 가장 직접적인 영향을 받는 것은 식량 분야이다. 잦은 홍수와 가뭄은 전 지구적 식량난을 일으킬 수 있는데, 이에 극한 폭염이 식품 물가를 끌어올린다는 뜻의 '히트플레이션'이라는 용어가 등장하기도 했다. 농업의 경우 기후변화에 따라 수급구조 불안과 가격 상승이 지속될 것으로 전망된다. 폭염과 폭우 등 극한 기상이 일상으로 자리 잡을 것이라는 전망이 계속되면서 2015년 파리기후변화협약을 통해 전 세계가 목표로 했던 산업화 대비 1.5도 이하로 제한하기 위한 노력이 급박해졌다. 세계기상기구(WMO)는 향후 5년 내에 지구 평균 기온이 산업화 이전(1850~1900년) 시기보다 1.5도 이상 높아질 확률이 66%에 달할 것이라고 관측하고 있다. 이러한 상황에서 2023년 11월 개최된 제28차 유엔기후변화협약 당사국총회(COP28)는 2015년 파리협약 이후 가장 중요한 회의가 될 것이라는 전망이 나오면서 관심을 받았으나, '화석연료에서 멀어지는 전환'이라는 모호한 결론만을 남긴 채 폐막했다.

① 폭염이 경제활동에 미치는 손실은 더위 노출로 인한 노동력 상실과 더위로 인한 신체적 위험으로 인해 발생한다.

② 2019년 7월의 지구 표면 평균 기온은 당시 관측 이래 최고치를 기록했으며, 1991년부터 2020년까지의 평균 기온보다 0.72도 높았다.

③ 폭염은 그 피해가 홍수나 태풍보다 쉽게 눈에 띄지 않으며 주로 취약계층에게 발생한다는 점에서 위협적이다.

④ 세계기상기구는 향후 5년 이내에 지구 평균 기온이 산업화 이전과 비슷한 수준으로 유지되기는 어렵다고 예측하고 있다.

⑤ 2023년 열린 제28차 유엔기후변화협약 당사국총회 결과는 기후변화 정책 등에 큰 영향을 주지는 못하였다.

13 다음 글의 (가)와 (나)에 들어갈 내용이 바르게 연결된 것은?

가상자산(Virtual Asset)은 지폐·동전 등의 실물이 없고 온라인에서 거래되는 자산을 뜻하는 말로, 처음 고안한 사람이 정한 규칙에 따라 가치가 매겨지는 특징이 있다. 가상자산의 대표 격인 비트코인(Bitcoin)이 2008년 나카모토 사토시라는 익명의 개발자에 의해 탄생한 이후, 가상자산 시장은 상승 열기를 타며 투자자들이 급증했다.

가상자산은 각국 정부나 중앙은행이 발행하는 일반 화폐와 달리 처음 고안한 사람이 정한 규칙에 따라 가치가 매겨진다. 또 정부나 중앙은행에서 거래 내역을 관리하지 않고 블록체인 기술을 기반으로 유통되기 때문에, (가   ) 보통 가상자산은 블록체인 기술을 활용하는 분산형 시스템 방식으로 처리되는데, 이 분산형 시스템에 참여하는 채굴자들은 블록체인 처리의 보상으로 코인 형태의 수수료를 받게 된다. 가상자산은 이와 같은 구조로 유지되기 때문에 자산 발행에 따른 생산비용이 전혀 들지 않고 이체비용 등의 거래비용을 대폭 절감할 수 있다. 또 컴퓨터 하드디스크 등에 저장되기 때문에 보관비용이 들지 않고, 도난·분실의 우려가 없기 때문에 가치저장 수단으로서의 기능도 뛰어나다는 장점을 가지고 있다. 그러나 거래의 비밀성이 보장되기 때문에 마약 거래나 도박, 비자금 조성을 위한 돈세탁에 악용될 수 있고 과세의 어려움으로 탈세수단이 될 수 있다는 문제점이 있다.

가상자산의 핵심기술인 블록체인(Blockchain)은 비트코인 등의 거래 내역을 기록하기 위해 개발된 분산형 장부기록 데이터베이스 기술로, 누구나 열람할 수 있는 장부에 거래 내역을 투명하게 기록하고 여러 대의 컴퓨터에 이를 복제해 저장하는 것이다. 즉, 새로운 거래가 발생할 때마다 그 정보를 별도의 블록으로 만들고, 이 블록을 기존 장부에 연결하는 방식이다. 이는 중앙집권적 은행이 거래 장부를 책임지는 것이 아니라, 이 거래 시스템에 참여하는 모든 사람들이 같은 장부를 보관한다는 특징이 있다. 특히 거래가 일어날 때마다 분산된 장부들을 서로 대조하기 때문에 장부 조작이 극히 어려워 강력한 보안을 유지할 수 있다. 그러나 블록체인으로 성사된 거래는 취소하기 어렵고, 중앙기관이라는 개념이 없어 문제 발생 시 책임 소재가 모호하다는 단점이 있다.

블록체인은 크게 퍼블릭 블록체인(Public Blockchain)과 프라이빗 블록체인(Private Blockchain)으로 나뉜다. 퍼블릭 블록체인은 불특정 다수가 네트워크에 참여하는 것으로, 거래를 하는 모든 사람이 기록을 가지고 있어 신뢰도가 높다는 장점이 있지만 최초 규칙을 바꾸기 어렵고 속도가 느리다는 단점이 있다. 반면 프라이빗 블록체인은 (나   )

① (가) 정부가 그 가치나 지급을 보장하지 않는다.
　(나) 참여자가 제한돼 있기는 하지만, 퍼블릭에 비해 시간이 빠르고 효율도 높다는 장점이 있다.
② (가) 정부가 그 가치나 지급을 보장하지 않는다.
　(나) 가상자산의 거래가 확대되며 사용자가 늘어나고 있다.
③ (가) 거래 시 위험성이 일반화폐보다 크고 손실을 모두 개인이 떠맡아야 한다는 위험성이 존재한다.
　(나) 가상자산의 거래가 확대되며 사용자가 늘어나고 있다.
④ (가) 정부에게 받는 규제가 일반 화폐보다 강하다는 특징이 있다.
　(나) 가상자산의 거래가 확대되며 사용자가 늘어나고 있다.
⑤ (가) 정부에게 받는 규제가 일반 화폐보다 강하다는 특징이 있다.
　(나) 참여자가 제한돼 있기는 하지만, 퍼블릭에 비해 시간이 빠르고 효율도 높다는 장점이 있다.

14 다음 글에서 추론할 수 없는 것은?

> 유대인들은 역사 속에서 엄청난 대가를 치르면서도, 그들의 동질성을 유지하고 정체성을 지켜온 것으로 유명하다. 따라서 자연스럽게 유대인이 자신들의 언어를 소중하게 지켜 왔으리라고 생각하게 된다. 그러나 사실은 이와 크게 다르다. 유대인들은 별다른 고민이나 갈등 없이 자신들의 언어를 수차례 바꾸었다. 팔레스타인에 살던 유대인들은 기원전 6세기경 바빌로니아에 송속되었고 이어 페르시아의 지배를 빛았다. 이후 유대인들은 전통적 언어인 히브리어 대신 바빌로니아 상인들의 국제어이면서 페르시아 제국의 공용어였던 아람어를 더 많이 사용하게 되었다. 기원전 2세기경 유대인들은 마침내 아람어를 일상어로 쓰기 시작했고 일부 지식인 계층만이 히브리어를 사용하였다. 기원전 3세기 전반에 편집된 성서의 '느헤미야'는 히브리어가 살아 있는 언어였을 때 만들어진 마지막 책이다. 대부분의 유대인들이 히브리어를 잊었으므로 그들을 위한 아람어 성서가 나오기 시작했다. 이 성서는 번역을 뜻하는 아람어 '탈굼'으로 불렸는데, 구전으로는 기원전 6세기 말엽부터, 기록된 것은 기원후 1세기부터 나오기 시작하였다.
>
> 알렉산더 대왕의 정복 후에는 팔레스타인이 프톨레마이오스 왕조가 집권한 이집트에 종속되었다. 알렉산드리아를 중심으로 하는 이집트의 유대인들은 이제 아람어를 버리고 그리스어를 쓰게 되었다. 자연히 히브리어도 아람어도 모르는 유대인들을 위해 그리스어로 번역된 성서가 필요해졌고, 이에 따라 기원전 3세기에서 2세기에 걸쳐 알렉산드리아의 학술원에서 번역판을 펴냈다. 이 성서가 이후 기독교도들의 경전이 된 '칠십인역'이다.
>
> 로마 제국이 득세하자 유대인들은 로마에 대항했다가 참담한 피해를 입었고 뿔뿔이 흩어졌다. 이렇게 되자 유대인들은 아람어나 그리스어를 버리고 그들이 이민 가서 정착한 곳의 언어를 쓰거나 이디시어, 라디노어와 같은 혼성어를 공용어로 썼다. 히브리어는 유대교 학자들에 의해 명맥이 이어지는 언어가 되었다.
>
> 그동안 히브리어를 되살리려는 노력은 꾸준히 이어졌다. 이 같은 노력은 근세에 특히 활발하여 히브리어를 글로 쓰일 뿐 아니라 말해지기도 하는 언어로 만들려는 움직임도 나왔다. 1948년에 이스라엘이 세워지면서 그런 노력은 성공을 이루었다. 세계 곳곳에서 모여든 여러 언어를 쓰는 사람들은, 일부 지식층의 주도 아래에 그리고 순전히 정치적인 이유만으로, 2천 년 이상 오직 학자들의 언어에 불과했던 언어를 공용어로 채택했던 것이다. 히브리어의 부활은 언어의 끈질긴 생명력을 드러내는 사건인 것처럼 보이지만, 한편으로는 사람들이 쉽게 언어를 버리고 채택한다는 것을 보여준다.

① 유대인들은 세계 각지로 흩어져도 자신들의 종교를 유지했으나, 언어는 현지화하는 경향을 보였다.
② '느헤미야'는 히브리어가 살아있을 때 나온 책으로, 처음 나올 당시 '탈굼'은 존재하지 않았다.
③ 이스라엘이 히브리어를 공용어로 선택한 데에는 정치적 이유가 자리 잡고 있다.
④ 유대인들의 아람어 선택은 히브리어를 특정 계층의 언어로 만든 계기가 되었다.
⑤ 그리스어로 된 '칠십인역'은 유대인들의 일상어가 바뀌었음을 보여 주는 증거이다.

15   다음 글의 내용을 통해 추론할 수 없는 것은?

> 목장의 소가 인근 옥수수밭의 농작물을 훼손하여 목장 주인과 농부 사이에 분쟁이 생길 때, 울타리를 목장 주변에 쳐야 할까 아니면 옥수수밭 주변에 쳐야 할까? 그리고 누가 그 비용을 부담해야 할까? 또 식당과 같은 공공장소에서의 흡연 문제를 해결하고자 할 때, 흡연자와 비흡연자 사이의 갈등을 어떻게 해결할 수 있을까? 당사자들 간의 적절한 타협으로 가능할까 아니면 정부 당국의 강제적 개입이 필요할까? 이러한 법률이나 정책의 문제와 관련하여 경제학의 이론들은 이들 법과 정책을 평가하는 데 유용한 규범적 기준을 제시하고 있는데, 그 한 예로 교섭 이론을 들 수 있다.
>
> 경제학적 관점에서 볼 때, 거래 당사자끼리의 자발적 합의에 의한 교섭은 모두에게 이익이 되는 '협력적 잉여'를 창출할 수 있다. 또한 교섭은 부정적 외부성으로 인한 비효율성을 제거하는 데에도 유용하다. 경제학에서 '외부성'이란 의도성이 없음에도 타인에게 부정적 혹은 긍정적 영향을 미치는 것을 의미하는데, 흡연자가 주변 사람들에게 손해를 끼치는 것, 과수원이 주변 양봉업자에게 이익을 주는 것 등이 이에 해당한다.
>
> 코즈 교수는 교섭을 위해 드는 비용을 총칭하는 의미로 '거래 비용'이라는 용어를 사용하였다. 교섭을 위해 거래 상대방의 정보를 탐색하는 데 드는 비용, 상대방과의 의사소통 공간을 마련하기 위한 비용 등이 이에 해당한다.
>
> 코즈 교수는 거래 비용이 0인 경우, 법에 의지하여 강제를 하지 않더라도 사적 교섭을 통하여 문제를 효율적으로 해결할 수 있다고 보았다. 그에 의하면, 거래 비용은 0에서 무한대의 범위를 가지며, 거래 비용의 수준에 따라 교섭이 가능한지 혹은 교섭이 어려워 다른 대체적 수단이 필요한지가 결정된다. 거래 비용의 범위는 교섭 영역과 비교섭 영역으로 구분할 수 있는데, 그 기준이 되는 거래 비용의 역치가 존재한다. 여기서 '거래 비용의 역치'란 교섭이 가능한 거래 비용의 최대치로, 이 역치보다 거래 비용이 적으면 교섭이 이루어질 수 있지만, 그 반대의 경우에는 법과 같은 강제적 개입이 필요하다.
>
> 그리고 이 역치는 사람들에 따라 다를 수 있다. 상대적으로 높은 거래 비용 수준에서 역치를 갖는 사람의 경우는 상대적으로 높은 거래 비용 수준에서도 교섭이 성공할 것으로 믿을 것이다. 반면 낮은 거래 비용 수준에서 역치를 갖는 사람은 보다 낮은 거래 비용 수준에서만 교섭이 이루어질 수 있다고 판단하게 되고 따라서 그는 보다 많은 상황에서 법의 개입을 선호하게 된다.
>
> 이처럼 경제학의 원리는 법이나 정책의 방향을 설정하고 법적 분쟁의 효율적 해결을 위한 법률가들의 부담을 줄여 줄 수 있다. '사적 교섭을 저해하는 장애 요인들을 제거할 수 있는 법을 구성한다.'라는 '규범적 코즈의 정리'나 '사적 합의의 실패에 의한 손해를 극소화할 수 있도록 하는 법을 구성한다.'라는 '규범적 홉스의 정리'는 법률가들에게 하나의 길잡이가 될 수 있는 것이다.

① 경제학의 이론들은 법률이나 정책 문제를 평가하는 데 기준을 제시할 수 있다.

② 상대방과 합의를 하기 위해 함께 한 저녁식사 비용도 거래 비용에 포함된다.

③ 거래 당사자가 높은 거래 비용 수준의 역치를 가질수록 법의 개입을 선호하게 된다.

④ 거래 비용의 역치보다 거래 비용이 클 경우 법률 등 강제적 개입이 필요하다.

⑤ 거래 비용의 역치가 비슷한 사람들끼리 교섭을 할 경우 성공 가능성이 높아진다.

16 다음 글에서 추론한 것으로 적절하지 않은 내용은?

> 1932년 4월 29일 윤봉길의 의거는 전 세계를 놀라게 한 역사적인 사건이었다. 그날 상하이 홍커우 공원에서는 일왕의 생일인 천장절 겸 전승 축하 기념식이 개최됐다. 현재 일왕의 할아버지인 히로히토 일왕의 생일가 함께 상하이 점령을 자축했던 행사장은 윤봉길 의사의 폭탄으로 아수라장이 되었다.
>
> 윤봉길 의거의 역사적 의의를 이해하기 위해서는 먼저 이전 상황을 살펴볼 필요가 있다. 윤봉길 의거 발생 7개월 전인 1931년 9월, 일본은 만주사변을 일으켜 중국 본토인 만주 침략을 감행하였다. 당연히 이에 대한 중국인들의 거센 저항과 비판적인 세계 여론이 뒤따를 수밖에 없었다. 일본은 이러한 상황을 타파하고자 1932년 1월 상하이 사변을 일으키게 된다. 당시 상하이에는 이미 외국인 구역인 조계를 경비하는 일본군이 주둔하고 있었다. 상하이에 주둔하던 일본군과 중국군 간에 무력 충돌이 발생하게 되자, 이때를 기다렸다는 듯 일본은 추가로 육군 3개 사단을 파견하여 기존 중국군들을 몰아내고 상하이를 점령했다. 이러한 방식으로 일본이 상하이를 점령한 뒤 벌인 행사가 바로 1932년 4월 29일의 천장절(일왕 생일) 겸 전승 축하 기념식이었다. 국내 항일운동 상황을 살펴보면, 윤봉길 의사의 의거가 일어나기 3개월 전인 1932년 1월 이봉창 의사가 히로히토 일왕 암살에 착수한 바 있으나 이는 미수에 그쳤다. 이는 더욱 철저한 일왕 암살 계획으로 이어졌다.
>
> 윤봉길 의사의 결연한 행동만큼이나 상하이라는 장소가 주는 상징성도 크다. 일본은 조선을 거쳐 궁극적으로는 중국 본토를 장악할 야심을 가지고 있었다. 이러한 야심을 충족시키기 위해 일본이 일으킨 만주사변에 대한 비판적 분위기를 돌파할 목적으로 새롭게 중국 본토에 대한 침략을 개시한 곳이 바로 상하이였다. 한국뿐만 아니라 중국에게도 상하이에서의 윤봉길 의거는 특별하게 받아들여질 수밖에 없다. 당시 중국은 세계 제국주의의 경쟁이 가장 활발하게 진행되던 장소였기 때문이다. 윤봉길 의사의 의거는 단순히 한국의 독립운동을 뛰어넘어, 일본 제국주의의 중국 침략에 대한 항거를 보여주는 세계사적 의의를 가지는 큰 사건이었다.
>
> 윤봉길 의거는 1919년 3·1 운동 및 임시정부 수립 이후 침체기를 거쳤던 독립운동이 다시 활기를 찾는 계기가 되었다. 더불어 한국의 독립운동의 영역을 중국으로 확대하는 데 지대한 공헌을 했다. 중국의 군대도 해내지 못한 일을 작은 나라의 한 청년이 해냈다는 데 대한 중국인들의 충격이 상당했다. 윤봉길 의사의 의거에 대한 중국인들의 충격과 감동은 한국과 중국이 일본이라는 하나의 적을 둔 동지라는 인식으로 이어졌다. 중국인들의 시선에서 상하이에서 벌어진 일왕에 대한 암살 시도는 한국 독립운동을 중국 항일투쟁과 동일시하게 만들었다.
>
> 후에 일본의 횡포가 더욱 극심해지며 한국 국내에서 독립운동을 전개하기 어려운 상황이 되었을 때 중국에서 김원봉이 조선의용대를, 김구가 한국광복군을 창설할 수 있었던 배경에도 이러한 중국인들의 의식이 긍정적으로 작용하였다. 1945년 일제가 패망하고 한국이 독립할 때까지 한국과 중국이 긴밀한 연대를 유지하는 데 윤봉길 의사의 의거가 결정적인 기반이 되어 준 것이다.

① 중국인들의 입장에서 윤봉길 의사의 홍커우 공원 거사는 이웃 국가의 테러가 아닌 제국주의에 대한 항의의 의미로 받아들여졌다.

② 당시 일본은 만주 침략을 중국 본토에 대한 침략을 본격적으로 실현할 수 있는 계기로 삼았다.

③ 윤봉길 의거에 대한 중국인들의 긍정적인 반응은 후에 중국인들이 한국 독립군의 중국을 거점으로 한 항일운동을 시혜적 관점으로 용인하는 계기가 되었다.

④ 1932년 4월 29일 상하이 홍커우 공원에서 열린 천장절 겸 전승 축하 기념식은 중국인들에게 일본의 위상을 상징적으로 표출하기 위한 수단으로 기획되었다.

⑤ 윤봉길 의사의 의거는 의거가 일어난 상하이라는 특수한 상징성을 가진 공간과 결합되어 더욱 세계적 주목을 끄는 역사적 사건으로 인식되었다.

17 다음은 2017~2021년 국가공무원 및 지방자치단체공무원 현황에 관한 자료이다. 이에 대한 설명으로 옳지 않은 것은?

국가공무원 및 지방자치단체공무원 현황

(단위 : 명)

구분	2017년	2018년	2019년	2020년	2021년
국가공무원	621,313	622,424	621,823	634,051	637,654
지방자치단체공무원	280,958	284,273	287,220	289,837	296,193

국가공무원 및 지방자치단체공무원 중 여성 비율

(단위 : %)

구분	2017년	2018년	2019년	2020년	2021년
국가공무원	47	48.1	48.1	49	49.4
지방자치단체공무원	30	30.7	31.3	32.6	32.6

① 국가공무원 중 여성 수는 2017년부터 2021년에 이르기까지 매년 증가하고 있지는 않다.
② 국가공무원 중 여성 비율과 지방자치단체공무원 중 여성 비율의 차이가 가장 작은 해는 2020년이다.
③ 2017년 대비 2021년 국가공무원의 증가율보다 지방자치단체공무원의 증가율이 더 작다.
④ 국가공무원 중 남성의 수는 2021년에 전년 대비 700명 이상 줄어들었다.
⑤ 2021년 지방자치단체공무원 중 여성 수는 전년도와 비교하여 증가하였다.

18 다음은 권역별 건축 및 주거용 건물 건축공사 비용에 관한 자료이다. 이에 대한 설명으로 옳지 않은 것은?

권역별 건축 및 주거용 건물 건축공사 비용

(단위: 건, 억 원)

구분		수도권	중부권	호남권	영남권	제주권
건축 건수		120	170	150	200	140
건축공사비		134,270	114,720	115,300	200,370	100,370
주거용 건물 건축공사비	합	6,050	5,300	4,720	10,850	5,150
	단독주택	250	100	120	350	300
	오피스텔	2,500	2,700	2,050	5,000	1,600
	아파트	3,300	2,500	2,550	5,500	3,250

※ 건축공사비에 주거용 건물 건축공사비가 포함됨

① 단독주택 건축공사비가 가장 적은 권역의 주거용 건물 건축공사비는 모든 권역 중에서 가장 적지는 않다.
② 건축공사비에서 주거용 건물 건축공사비가 차지하는 비율은 모든 권역에서 7% 이하이다.
③ 주거용 건물 건축공사비가 가장 많은 권역은 건축공사비도 가장 많다.
④ 건축 건수 대비 건축공사비가 가장 적은 권역은 호남권이다.
⑤ 건축공사비가 가장 많은 권역에서는 주거용 건물 건축공사비 중 아파트 건축공사비가 가장 많은 비율을 차지한다.

[19~20] 다음은 불연성 폐기물 발생량 관련 자료이다. 이를 보고 이어지는 물음에 답하시오.

2019~2024년 불연성 폐기물 발생량

(단위 : 만 톤)

연도 불연성 폐기물	2019	2020	2021	2022	2023	2024
폐토사류	30.9	25.8	28.1	38.6	77.1	92.2
연탄재	7.2	6.8	5.6	8.3	12.8	( )
폐유리류	50.4	54.3	50.4	54.0	58.2	56.3
폐타일 및 도자기류	22.7	23.8	37.3	38.7	50.5	63.1
폐금속류	41.4	47.7	52.5	69.4	76.0	87.4
기타	9.0	11.8	21.7	42.7	97.9	85.3
전체	161.6	170.2	195.6	( )	372.5	( )

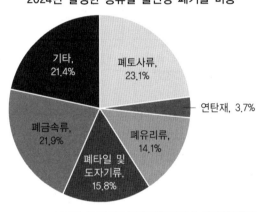

2024년 발생한 종류별 불연성 폐기물 비중

- 기타, 21.4%
- 폐토사류, 23.1%
- 연탄재, 3.7%
- 폐유리류, 14.1%
- 폐타일 및 도자기류, 15.8%
- 폐금속류, 21.9%

19 위 자료에 대한 설명으로 옳은 것을 〈보기〉에서 모두 고르면?

┌ 보기 ┌
ㄱ '기타'를 제외하고 2019년 대비 2024년 발생량이 가장 큰 비율로 증가한 불연성 폐기물은 폐토사류이다.
ㄴ '기타'를 제외하고 2019~2024년 동안 발생량이 매년 증가한 불연성 폐기물 종류는 3개이다.
ㄷ 2023년 폐금속류 발생량은 같은 해 연탄재 발생량의 6배 이상이다.
ㄹ 전체 불연성 폐기물 발생량 중 폐토사류 발생량의 비중은 2024년이 2022년보다 크다.

① ㄱ, ㄴ 　　　　② ㄱ, ㄷ 　　　　③ ㄱ, ㄹ
④ ㄴ, ㄷ 　　　　⑤ ㄷ, ㄹ

20 2025년 연탄재 발생량이 전년 대비 20% 증가하고, 폐금속류 발생량이 2023년 대비 25% 증가한다고 할 때, 2025년 연탄재와 폐금속류 발생량 합은 얼마가 되겠는가? (단, 백 톤 이하는 반올림하여 계산한다.)

① 112.8만 톤 　　　　② 116.8만 톤
③ 119.1만 톤 　　　　④ 125.6만 톤
⑤ 127.1만 톤

21 다음은 A국가의 학교급별 여성 교장 수 및 비율을 1999년부터 3년마다 조사한 자료이다. 이에 대한 설명으로 옳지 않은 것은?

학교급별 여성 교장 수 및 비율

(단위 : 명, %)

조사연도 \ 학교급 구분	초등학교		중학교		고등학교	
	여성 교장 수	비율	여성 교장 수	비율	여성 교장 수	비율
1999	1,518	11.8	366	13.6	177	7.4
2002	1,612	15.9	398	14.9	180	8.0
2005	1,830	22.5	416	14.3	184	9.1
2008	1,928	23.8	581	19.6	206	8.8
2011	2,084	28.7	555	20.9	212	7.5
2014	2,132	31.0	630	22.0	239	10.4
2017	2,271	38.7	680	23.2	282	12.5
2020	2,358	42.5	713	24.3	311	13.9
2023	2,488	40.2	897	28.4	322	12.4

※ 학교급별 여성 교장 비율은 학교급별 전체 교장 수에 대한 여성 교장 수 비율을 나타낸 것임
※ 교장이 없는 학교는 없으며, 각 학교의 교장은 1명임

① 2005년 이후 중학교 여성 교장 비율은 매년 증가하고 있다.
② 초등학교 수는 2011년이 2014년보다 많다.
③ 2023년의 중학교 여성 교장 수는 2002년보다 2.5배 이상 많지는 않다.
④ 고등학교 남성 교장 수는 2002년이 2008년보다 많다.
⑤ 2023년 초등학교 수는 같은 해 중학교 수와 고등학교 수의 합보다 많다.

22 다음은 OECD 주요 국가별 특허 출원·등록 현황에 관한 자료이다. 이때, 아래의 〈조건〉에 근거하여 A~D에 해당하는 국가를 바르게 나열한 것은?

OECD 주요 국가별 특허 출원·등록 현황

(단위 : 건)

구분 국가	특허출원접수		특허등록	
	2023년	2024년	2023년	2024년
한국	208,830	204,775	108,875	120,662
A	318,381	318,479	203,087	199,577
미국	605,571	606,956	303,049	318,829
캐나다	34,745	35,022	26,424	24,099
B	16,218	16,247	12,374	11,865
독일	67,899	67,712	15,652	15,653
C	22,059	22,072	5,602	6,311
D	28,394	28,906	23,744	22,742

┌ 조건 ┐
1. OECD 주요 국가들 중 2024년 특허출원접수 건수 대비 특허등록 건수 비율이 높은 상위 두 국가는 오스트레일리아와 프랑스이다.
2. OECD 주요 국가들 중 2023년 대비 2024년 특허등록 건수의 증가율이 높은 상위 두 국가는 한국과 영국이다.
3. OECD 주요 국가들 중 2023년 대비 2024년 특허출원접수 건수의 변동폭이 세 번째로 작은 국가는 일본이다.

	A	B	C	D
①	일본	프랑스	오스트레일리아	영국
②	일본	프랑스	영국	오스트레일리아
③	프랑스	오스트레일리아	일본	영국
④	프랑스	일본	영국	오스트레일리아
⑤	일본	오스트레일리아	프랑스	영국

[23~24] 다음은 20~40대 성인 600명을 대상으로 실시한 여행 관련 설문조사 결과이다. 이를 보고 이어지는 물음에 답하시오.

여행의 목적

(단위 : 명)

구분	휴식	관광지 방문	새로운 경험	식도락	합계
20대	84	52	38	26	200
30대	102	20	44	34	200
40대	10	94	38	58	200
합계	196	(A)	120	118	600

인기 여행지

(단위 : 명)

구분	동남아	유럽	일본	국내	합계
20대	20	28	98	54	200
30대	60	18	100	22	200
40대	(B)	30	70	26	200
합계	154	76	268	102	600

여행지 관련 정보 검색 방법

(단위 : 명)

구분		인터넷 검색	여행사 홈페이지	SNS	지인	합계
성별	남자	116	26	90	68	300
	여자	106	46	48	100	300
나이	20대	88	30	36	(C)	200
	30대	62	18	46	74	200
	40대	72	24	56	48	200
합계		222	72	138	168	600

23 위 자료에서 (A)+(B)+(C)의 값은?

① 265
② 286
③ 291
④ 299
⑤ 302

24 위 자료에 대한 설명으로 옳은 것은?

① 20대는 지인을 통해서, 40대는 인터넷 검색을 통해 여행지 관련 정보를 얻는다고 응답한 사람이 가장 많다.

② 20~40대 모두 일본을 가장 인기 있는 여행지로 생각한다.

③ 여행의 목적을 휴식이라고 생각하는 응답자의 비율은 전체의 30% 이상이다.

④ 전체 응답자 중 여행지 관련 정보를 여행사 홈페이지를 통해 얻는다고 응답한 사람의 비율과 SNS 를 통해 얻는다고 응답한 사람의 비율의 차는 약 15%p이다.

⑤ 20, 30, 40대가 각각 고른 두 번째로 인기 있는 여행지의 응답자 수 합은 전체 응답자 수의 35% 이상이다.

25 다음은 A국의 프랜차이즈 업종별 가맹점 현황이다. 이에 대한 설명으로 옳지 않은 것은?

A국의 프랜차이즈 업종별 가맹점 현황

(단위 : 개, %)

구분		2023년	2024년	구성비	전년 대비 증감	증감률
전체 업종		206,515	208,618	100.0	2,103	1.0
12대 주요업종	편의점	39,549	41,359	19.8	1,810	4.6
	의약품	3,893	3,632	1.7	−261	( )
	안경·렌즈	2,925	3,184	1.5	259	8.9
	한식	28,240	29,209	( )	969	3.4
	외국식	6,482	7,561	3.6	1,079	16.6
	제과점	7,815	7,354	3.5	−461	( )
	피자·햄버거	11,755	11,576	5.5	−179	−1.5
	치킨	24,654	25,110	12.0	456	1.8
	김밥·간이음식	11,856	13,077	6.3	1,221	10.3
	생맥주·기타주점	12,026	11,676	5.6	−350	−2.9
	커피·비알코올 음료	16,795	17,615	8.4	820	4.9
	두발미용	3,459	3,897	1.9	438	12.7

① 2024년 12대 주요업종 중 구성비가 가장 높은 3곳의 비율은 전체의 50% 이하이다.
② 2024년 전체 업종에서 12대 주요업종을 제외한 업종들의 비중은 15% 이상이다.
③ 2023년 대비 2024년의 의약품 가맹점 수 감소율은 같은 기간 제과점 가맹점 수 감소율보다 크다.
④ 2024년 12대 주요업종 중 전년 대비 증감률이 세 번째로 큰 업종은 김밥·간이음식이다.
⑤ 2024년과 2023년의 12대 주요업종 가맹점 수 순위는 일치한다.

26 다음은 '갑'국의 2020~2024년 고용통계 자료이다. 이에 대한 설명으로 옳지 않은 것은? (단, 소수점 첫째 자리에서 반올림하여 계산한다.)

2020~2024년 경제활동인구 및 비경제활동인구

(단위: 천 명)

연도 구분	15세 이상 인구	경제활동인구			비경제활동인구
			취업자 수	실업자 수	
2020	43,239	27,153	26,178	975	16,086
2021	43,606	27,418	26,409	1,009	16,188
2022	43,931	27,748	( )	1,023	16,183
2023	44,182	27,895	26,822	1,073	16,287
2024	44,504	28,186	27,123	1,063	16,318

※ 1) 15세 이상 인구 = 경제활동인구 + 비경제활동인구

2) 경제활동참가율(%) = $\dfrac{\text{경제활동인구}}{\text{15세 이상 인구}} \times 100$

2020~2024년 산업별 취업자 수

(단위: 천 명)

연도 구분	산업별 취업자 수				
	제조업	건설업	서비스업	농림어업	기타
2020	4,604	1,854	18,290	1,337	93
2021	4,584	1,869	18,589	1,273	94
2022	4,566	1,988	18,798	1,279	94
2023	4,510	2,034	18,849	1,340	89
2024	4,429	2,020	19,197	1,395	82

① 취업자 수는 매년 증가하고 있다.
② 제시된 기간의 경제활동참가율은 매년 60% 이상이다.
③ 취업자 중 건설업과 농림어업 취업자 수의 합이 차지하는 비중은 2021년에 가장 작다.
④ 2021년~2024년 경제활동인구의 전년 대비 증감 추이와 15세 이상 인구의 전년 대비 증감 추이는 매년 동일하다.
⑤ 2021년~2024년 서비스업 취업자 수의 전년 대비 증가율이 가장 높은 연도는 2021년이다.

27 다음은 우리나라의 출생률 및 출생아 수 추이를 나타낸 자료이다. 이에 대한 설명으로 옳지 않은 것은?

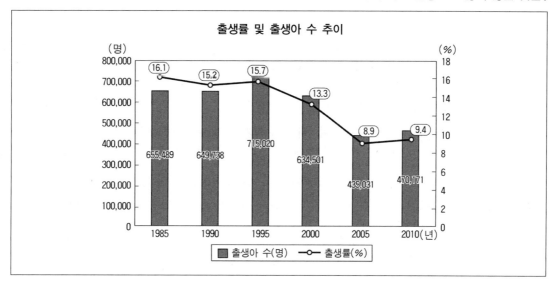

① 조사기간 중 출생아 수가 가장 많은 해의 출생률은 최고치보다 0.4%p 낮다.

② 1985년에 비해 2010년 출생아 수는 30% 이상 감소하였다.

③ 조사기간 중 출생률은 1985년에 최고치를 기록했다.

④ 1995년 대비 2000년의 출생률은 2%p 이상 감소하였는데, 이는 1990년 대비 2000년 출생률의 감소 폭보다 큰 것이다.

⑤ 2005년에 비해 2010년에는 출생아 수가 약 8% 증가하였다.

28 다음은 행복주택 입주 관련 안내문이다. 이를 보고 추론할 수 있는 것은?

◎ 입주자격
입주자격별 세부 자격요건은 입주자모집 공고문을 반드시 확인하시기 바랍니다. 신청자격에 따라 임대조건이 달리 적용되오니 입주자모집 공고문의 해당 입주자격별 세부기준(소득, 자산 등)을 확인하신 후 신청하시기 바랍니다.

① 대학생 계층
  • 대학생: 대학에 재학 중이거나 다음 학기에 입·복학 예정인 혼인 중이 아닌 무주택자
  • 취업준비생: 대학 또는 고등학교를 졸업(또는 중퇴)한 지 2년 이내인 혼인 중이 아닌 무주택자
② 청년 계층
  • 청년: 만 19세 이상 만 39세 이하인 혼인 중이 아닌 무주택자
  • 사회초년생: 소득이 있는 업무에 종사한 기간이 총 5년 이내이며, 아래의 하나에 해당하는 혼인 중이 아닌 무주택자
    1) 소득이 있는 업무에 종사하는 자
    2) 퇴직한 후 1년이 지나지 않은 사람으로서 구직급여 수급자격을 인정받은 자
    3) 예술인
③ 신혼부부·한부모가족 계층
  • 신혼부부: 혼인 중이며 혼인기간이 7년 이내 또는 만 6세 이하의 자녀를 둔 무주택세대구성원
  • 예비신혼부부: 혼인을 계획 중이며, 입주 전까지 혼인사실을 증명할 수 있는 자(혼인으로 구성될 세대원 모두 무주택자)
  • 한부모가족: 만 6세 이하 자녀를 둔 무주택세대구성원인 한부모가족
④ 고령자: 만 65세 이상 무주택세대구성원
⑤ 주거급여수급자: 무주택세대 구성원인 주거급여법 제2조 제2호 및 제3호에 따른 수급권자 또는 수급자

◎ 소득 및 자산 기준

신청계층	소득	자산
대학생	• 본인 및 부모 월평균소득 합계가 전년도 도시근로자 가구원수별 가구당 월평균소득의 100% 이하	본인 자산요건 이하 (총자산 10,000만 원, 자동차 미보유)
청년	• 해당세대(세대원은 본인 기준) 월평균소득 합계가 전년도 도시근로자 가구원수별 가구당 월평균소득의 100% 이하	해당세대 자산요건 이하 (총자산 27,300만 원, 자동차 3,708만 원)
신혼부부·한부모가족	• 해당세대 월평균소득 합계가 전년도 도시근로자 가구원수별 가구당 월평균소득의 100% 이하(맞벌이 120% 이하)	해당세대 자산요건 이하 (총자산 34,500만 원, 자동차 3,708만 원)
고령자	• 해당세대 월평균소득 합계가 전년도 도시근로자 가구원수별 가구당 월평균소득의 100% 이하	해당세대 자산요건 이하 (총자산 34,500만 원, 자동차 3,708만 원)
주거급여수급자	－	－

※ 계층별 소득기준에 1인가구는 20%p, 2인가구는 10%p 각각 가산한 소득기준 적용

◎ 가구원수별 가구당 월평균 소득 기준액

가구원수	월평균 소득 100%	월평균 소득 110%	월평균 소득 120%
1인	3,482,964원 이하	3,831,260원 이하	4,179,557원 이하
2인	5,415,712원 이하	5,957,283원 이하	6,498,854원 이하
3인	7,198,649원 이하	7,918,514원 이하	8,638,379원 이하
4인	8,248,467원 이하	9,073,314원 이하	9,898,160원 이하
5인	8,775,071원 이하	9,652,578원 이하	10,530,085원 이하
6인	9,563,282원 이하	10,519,610원 이하	11,475,938원 이하
7인	10,351,493원 이하	11,386,642원 이하	12,421,792원 이하
8인	11,139,704원 이하	12,253,674원 이하	13,367,645원 이하

① 혼자 살고 있는 청년의 월평균소득이 3,800,000원인 경우 행복주택 입주자격을 얻을 수 없다.

② 만 1세의 자녀를 둔 맞벌이 신혼부부의 월평균소득 합계가 880만 원인 경우 행복주택 입주자격을 얻을 수 없다.

③ 갑은 총 자산이 3억 2천만 원이고, 자동차를 소유하지 않은 만 69세인 무주택세대구성원이다. 월평균소득이 450만 원이라면 1인가구나 2인가구에 속한 경우 행복주택 입주자격을 얻을 수 없다.

④ 대학을 졸업한 지 1년 만인 작년에 취업했으며, 미혼이고 무주택자인 만 28세의 을은 대학생 계층에 속한다.

⑤ 병은 만 6세인 딸, 만 2세인 아들과 살고 있는 무주택세대구성원인 싱글맘이다. 병의 월평균소득이 560만 원이고 총 자산이 3억 원, 소유한 자동차가 2,900만 원이라면, 행복주택 입주신청을 할 수 없다.

[29~30] 다음은 기존주택 등 매입임대주택 입주자 모집 공고문의 일부이다. 이를 보고 이어지는 물음에 답하시오.

1. 입주대상 주택
- 전국 소재 다가구 등 주택 195호(주택소재지, 면적 등은 첨부 "공급가능주택 목록" 참조)
  - 주택 개보수 완료여부 등에 따라 변동될 수 있으며, 세부사항은 담당지사로 문의하시기 바랍니다.
- 주택유형 : 1형(2인 이하 가구용), 2형(2~4인 가구용), 3형(5인 이상 가구용)
  - 입주대상자가 희망할 경우 작은 규모의 주택에 한하여 신청 가능
    (예시 : 5인 가구의 경우 3형 대상이나, 신청자 희망 시 1형이나 2형으로 신청 가능)
  - 가구원 수는 입주자 모집공고일(2023. 5. 10.) 현재 무주택세대구성원 전원을 포함

2. 임대기간 및 임대조건

임대기간	• 2년, 재계약 9회 가능(입주자격 유지 시 최장 20년까지 거주 가능) * 만 65세 이상 고령자의 경우 재계약 횟수제한 없음
임대조건	• 공급대상 주택별 임대조건 : 첨부 "공급가능주택 목록" 참조 　- 관리업무(공용부분청소, 공과금 배분 등)는 외부위탁기관(관리사무소)에서 담당하고 있으며, 별도의 청소용역비 및 관리비를 부담하셔야 합니다. • 일정 범위 내에서 임대보증금-월임대료 간 상호전환 가능 　① 월임대료를 임대보증금으로 전환 시 　　- 월임대료의 60% 범위 이내에서 전환 가능. 단, 월임대료는 주택별 하한기준액 이하로 낮아질 수 없음 　　- 전환이율 : 연 6.0% (※ 전환단위 : 10만 원, 100만 원 단위로 상호전환) 　　- 계산방법 : 임대보증금 증액분×6%÷12개월＝월임대료 감소분 　　☞ (예시) 임대보증금을 200만 원 추가 납부할 경우 월임대료 1만 원 감소 　② 임대보증금을 월임대료로 전환 시 　　- 임대보증금을 낮춰 월임대료를 올릴 수 있으며, 이 경우 낮아진 보증금 금액은 올라간 임대료의 24개월분보다 높아야 함 　　- 전환이율 : 연 2.5% (※ 전환단위 : 10만 원, 100만 원 단위로 상호전환) 　　- 계산방법 : 임대보증금 감액분×2.5%÷12개월＝월 임대료 증가분 　　☞ (예시) 임대보증금을 480만 원 낮출 경우 월임대료 1만 원 증가 • 무보증금 월세제도 : 보증금 전액을 임대료로 전환하고, 전환된 임대료는 주거급여를 통해 지원 　- 적용대상자 : 생계·주거급여 동시 수급자 　- 공급가능주택 : 지역별 주거급여 기준임대료 이하(주거급여 실시에 관한 고시 제4조 제1항에 따른 1인 가구 기준 급지별 기준임대료 이내) 주택 　- 단, 공사 위탁관리가 아닌 자체 관리소가 있는 경우 공급대상에서 제외(적용 대상 주택은 반드시 "공급가능주택 목록" 참조) • 보증금 완화제도 　① 적용대상자 : 기존주택등 매입임대주택 업무처리지침 제9조 제1항 제1호에 해당하는 생계·의료급여 수급자, 한부모가족지원법에 따른 한부모가족, 수급자·차상위계층인 65세 이상 고령자, 장애인(소득 70% 이하 등) 등 　② 임대보증금, 월임대료 　　- 임대보증금 : 해당 주택 월임대료의 12개월분 　　- 월임대료 : 임대보증금 차액을 월임대료로 전환하고 해당 주택 월임대료에 합산 　③ 보증금 완화제도 적용 시 임대보증금, 임대료 전환 　　ⓐ 월임대료를 임대보증금으로 전환 시 　　　- 월임대료의 60% 범위 이내에서 전환 가능. 단, 월임대료는 주택별 하한기준액 이하로 낮아질 수 없음 　　　- 전환이율 : 연 6.0% (※ 전환단위 : 10만 원, 100만 원 단위로 상호전환) 　　ⓑ 임대보증금을 월임대료로 전환 : 적용되지 않음

※ 재계약 시 주거비 물가지수 상승률 등을 고려하여 임대조건이 인상될 수 있습니다.

3. 입주자격

• 입주자격 : 입주자모집공고일(2023. 5. 10.) 현재 무주택세대구성원으로서, 아래의 세부자격요건 및 소득기준을 충족하는 자

※ 민법상 미성년자(만 19세 미만)는 공급 신청할 수 없습니다. 단, 아래의 어느 하나에 해당하는 경우에는 미성년자도 공급 신청이 가능합니다.
- 자녀가 있는 미성년 세대주(동일한 세대별 주민등록표등본에 자녀가 등재되어야 함)
- 직계존속의 사망, 실종선고, 행방불명(신고접수증으로 증빙) 등으로 형제자매를 부양하여야 하는 미성년 세대주(동일한 세대별 주민등록표등본에 형제, 자매가 등재되어야 함)
- 부 또는 모가 외국인인 한부모가족으로서 미성년 자녀(내국인)가 세대주인 경우(단, 이 경우 외국인 부모가 대리하여 신청)

• 세부 자격요건

유형		대상	세부 자격요건
1순위	우선	수급자	국민기초생활보장법 제7조 제1항 제1호~제7조 제1항 제4호에 따른 생계 · 의료 · 주거 · 교육급여 수급자
		차상위계층	국민기초생활보장법 제2조 제10호에 해당하는 차상위계층
		보호대상 한부모가족	한부모가족 지원법 시행규칙 제3조의 규정에 따라 여성가족부장관이 정하는 기준에 해당하는 한부모가족
	일반	월평균소득 70% 이하 장애인	장애인복지법 제32조 제1항에 따라 장애인등록증이 교부된 자(지적장애인 · 정신장애인 및 장애의 정도가 심한 뇌병변장애인의 경우 배우자 포함) 중 해당 세대의 월평균소득이 전년도 도시근로자 가구원수별 가구당 월평균소득의 70% 이하인 자
2순위		월평균소득 100% 이하	해당 세대의 월평균소득이 전년도 도시근로자 가구원수별 가구당 월평균소득의 100% 이하인 자

• 소득보유기준(2023년 기준 전년도 소득)

가구원수	월평균소득 100%	월평균소득 70%
1인	4,024,661원 이하	3,018,496원 이하
2인	5,505,914원 이하	4,004,301원 이하
3인	6,718,198원 이하	4,702,739원 이하
4인	7,622,056원 이하	5,335,439원 이하
5인	8,040,492원 이하	5,628,344원 이하
6인	8,701,639원 이하	6,091,147원 이하
7인	9,362,786원 이하	6,553,950원 이하

29 위 공고문의 내용과 일치하지 않는 것은?

① 4인 가구가 1형 주택을 신청하는 것은 가능하나, 2인 가구가 3형 주택을 신청하는 것은 불가능하다.

② 임대보증금을 낮추는 대신 월임대료를 올릴 수 있는데, 예를 들어 임대보증금을 2,400만 원 낮출 경우 월임대료는 4만 원 증가한다.

③ 보증금 전액을 임대료로 전환하고, 전환된 임대료를 주거급여를 통해 지원받기 위해서는 생계 · 주거급여 동시 수급자여야 한다.

④ 입주자격 유지 시 최장 20년 거주 가능하며, 만 65세 이상의 경우 이보다 긴 기간 거주가 가능하다.

⑤ 차상위계층인 만 70세 갑은 임대보증금을 해당 주택 월 임대료의 12개월분으로 하고, 임대보증금 차액을 월 임대료에 합산하는 방식으로 전환할 수 있다.

30 매입임대주택 입주자격에 대한 설명으로 옳은 것을 〈보기〉에서 모두 고르면?

┌ 보기 ┌
　⊙ 생계·의료·주거·교육급여 수급자의 경우 차상위계층보다 순위가 우선한다.
　ⓛ 장애인복지법 제32조 제1항에 따라 장애인등록증이 교부된 갑은 남편과 단 둘이 살고 있다. 갑의 가
　　구 월평균소득이 420만 원인 경우 입주지격 1순위이다.
　ⓒ 월평균소득이 756만 원인 4인 무주택세대구성원 가구의 경우 입주자격이 있다.
　ⓔ 외국인인 어머니와 살고 있는 한부모가족 자녀인 만 17세인 을이 세대주가 아닌 경우에는 입주 신청
　　을 할 수 없다.

① ㉠, ㉡　　　　　　　　　　　　　② ㉠, ㉣
③ ㉡, ㉢　　　　　　　　　　　　　④ ㉢, ㉣
⑤ ㉡, ㉢, ㉣

31 ○○공사는 10월 중 청소년 문화예술 프로그램 지원사업을 공고하여 조건에 맞는 지원대상을 선정하고 자 한다. 이때 가장 빠르게 결과발표를 하려 한다면 며칠이 되는가?

- 지원대상 선정은 공고 및 접수, 서면평가, 발표평가, 결과발표 순으로 진행된다.
- 공고 및 접수는 토요일, 일요일, 기타 휴무일을 제외하고 10일간 진행한다.
- 서면평가는 접수종료 후 근무일 기준 5일 안에, 2일간 진행한다.
- 발표평가는 접수종료 후 근무일 기준 7일 안에, 1일간 진행한다. 단, 서면평가 후 1일간 검토 기간을 거친다.
- 결과발표는 접수종료 후 근무일 기준 10일 이내에 한다. 단, 발표평가 후 1일간 검토 기간을 거친다.
- 평가의 공정성 제고를 위해 행사 당일, 행사 전날은 서면평가, 발표평가, 검토를 진행하지 않는다.
- 서면평가 및 발표평가는 A팀장이 한다.

10월 달력

일	월	화	수	목	금	토
			1	2	3 공고	4
5	6	7	8	9	10	11
12	13	14	15	16 공고마감 (접수종료)	17	18
19	20	21	22	23 창립기념일 행사	24 창립기념일 휴무	25
26	27	28 A팀장 출장	29	30	31	

① 27일 ② 28일
③ 29일 ④ 30일
⑤ 31일

[32~33] 다음은 L공사 도시계획처 직원들의 어느 날의 업무 일정과, L공사 회의실의 예약 현황이다. 이를 보고 이어지는 물음에 답하시오.

직원별 업무 일정

	부장	과장	계장	대리	주임	사원
09:00~10:00	부서장 회의 참석		신규 사업 기획안 작성	인허가 관련 회의 참석(시청)		인허가 관련 회의 참석(시청)
10:00~11:00		부사장 보고 자료 검토			신도시 관리 방안 부장 보고	
11:00~12:00						
12:00~13:00	점심시간					
13:00~14:00	부사장 보고	군부대 방문 (이전 관련)			군부대 방문 (이전 관련)	인허가 회의 결과 보고서 작성
14:00~15:00						
15:00~16:00	개발지구 공사 관계자 회의 (사내)	신규 후보지 답사	기획안 중간 보고	신규 후보지 답사		
16:00~17:00			제도 개선 회의 참석 (사장 주관)			간담회 참석 (사내)
17:00~18:00						

※ 현장감독 등 회사 밖으로 나가는 업무의 경우 이동에 1시간이 소요된다.

회의실 예약 현황

	제1회의실	제2회의실	제3회의실	제4회의실	제5회의실
09:00~10:00			보수 공사		
10:00~11:00				주택시설처	
11:00~12:00	총무고객처				산업단지처
12:00~13:00		보수 공사			
13:00~14:00			주택기술처		
14:00~15:00	디자인센터				
15:00~16:00				도시기반처	노사협력처
16:00~17:00			해외사업처	도시사업처	
17:00~18:00					기획처

※ 보수 공사 시 회의실을 사용할 수 없다.

32 도시계획처 직원들이 회의실을 예약해 1시간 동안 회의를 하려고 한다. 회의가 가능한 회의실과 시간은?

① 제1회의실, 11시   ② 제3회의실, 11시

③ 제3회의실, 14시   ④ 제4회의실, 17시

⑤ 제5회의실, 17시

33 같은 날 부장은 대리급 이하 사원을 대상으로 면담을 진행하고자 한다. 3명을 면담하는 데 1시간이 소요된다고 할 때, 다음 면담과 관련한 내용 중 옳은 것은? (단, 이전 문제에 주어진 상황들이 그대로 적용된다고 가정한다.)

① 주임의 부장 보고를 1시간 앞당기고 10시에 면담을 한다.

② 11시에 모두의 일정이 비어 있으므로 11시에 면담을 한다.

③ 14시에 모두의 일정이 비어 있으므로 14시에 면담을 한다.

④ 대리의 신규 후보지 답사 업무를 계장에게 맡기고 15시에 면담을 한다.

⑤ 17시에 모두의 일정이 비어 있으므로 17시에 면담을 한다.

[34~35] △△회사에서는 미국 지사에 파견할 직원 2명을 선정하려고 한다. 파견 직원은 다음 평가표에 따라 평가점수를 매겨 정하고, 파견 지원자는 아래 6명이다. 이를 보고 이어지는 물음에 답하시오.

평가표		
평가항목	등급	점수
파견시험 성적	A	30
	B	26
	C	22
	D	16
업무성과	A	30
	B	25
	C	20
경력	2년 이상 4년 미만	18
	4년 이상 8년 미만	20
	8년 이상 10년 미만	18
	10년 이상 15년 미만	14
어학성적	A	20
	B	17
	C	14
	D	11

- 4가지 평가항목의 점수 합이 가장 높은 2명을 파견 직원으로 선정한다.
- 경력이 2년 미만이거나 15년 이상인 직원은 파견 대상에서 제외된다.
- 파견시험 성적 항목과 어학성적 항목 점수 합이 40점 미만인 경우 파견 대상에서 제외된다.
- 영어권 국가에서 중학교, 고등학교 재학 경험이 3년 이상 있는 경우 가산점 1점이 부여된다. 또한, 영어권 국가에서 학위를 취득한 경우 가산점 2점이 부여된다. (가산점은 중복 적용 불가)

미국지사 파견 지원자

	갑	을	병	정	무	기
파견시험 성적	B	C	C	B	B	C
업무성과	A	A	B	A	B	B
경력	3년	9년	12년	10년	6년	5년
어학 성적	A	B	A	A	A	B

※ 갑 : 영국 대학에서 석사학위 취득
※ 병 : 미국에서 중, 고등학교 졸업(5년 재학) 및 미국에서 학사학위 취득

34 △△회사 미국 지사로 파견되는 직원은?

① 갑, 무　　　　　　　　　　② 을, 정
③ 을, 무　　　　　　　　　　④ 병, 정
⑤ 정, 무

35 파견 조건을 〈보기〉와 같이 일부 수정할 때, 미국 지사로 파견되는 직원은?

┌─ 보기 ───
• 경력이 5년 미만인 직원은 파견 대상에서 제외한다.
• 파견시험 성적인 C 미만인 경우 파견 대상에서 제외된다.
• 영어권 국가에서의 재학 경험이나 학위취득과 관련된 가점을 적용하지 않는다.
└──

① 갑, 을
② 을, 정
③ 을, 기
④ 병, 기
⑤ 정, 무

[36~37] ○○공사의 정 대리는 신입사원 교육에 쓰일 교육 책자의 출간 업무를 맡게 되었다. 책자를 인쇄하기 위해 인쇄 비용에 대한 견적을 낸 후 상사에게 보고하려고 한다. 정 대리가 조사한 다음 자료를 보고 이어지는 물음에 답하시오.

페이지당 인쇄 비용

(단위 : 원)

구분	A사	B사	C사	D사
흑백(단면)	42	41	44	43
컬러(단면)	230	235	210	220
흑백(양면)	40	39	39	41
컬러(양면)	200	210	180	205

제본 가공료(1부 기준)

(단위 : 원)

구분	A사	B사	C사	D사
표지코팅	2,600	3,200	3,500	2,800
무선제본	1,400	1,300	1,600	1,400
스프링제본	5,500	4,500	4,300	4,800

추가사항

구분	내용
A사	• 흑백 300페이지 이상 인쇄 시 인쇄비용 500원 할인 • 컬러 200페이지 이상 인쇄 시 인쇄비용 1,500원 할인 • 흑백 컬러 혼합페이지 250페이지 이상 인쇄 시 인쇄비용 1,000원 할인
B사	100부 이상 제작 시 추가 가공비용 10% 할인
C사	1부 가격 50,000원 초과 시 2,000원 할인
D사	300페이지 이상 인쇄 시 스프링제본 무료

※ 할인은 제작부수 1부당 적용됨

36 컬러 양면 300페이지를 스프링제본하여 150부를 제작하려 할 때, 가장 저렴하게 제작할 수 있는 제조사와 가격을 고르면?

	제조사	가격
①	A사	9,600,000원
②	B사	10,057,500원
③	C사	8,445,000원
④	D사	9,225,000원
⑤	A사	8,460,000원

37 정 대리는 상사의 지시에 따라 교육 책자를 제작하기로 하였다. 상사의 지시가 〈보기〉와 같을 때 상사에게 보고할 업체 비용은?

┌─ 보기 ┌───
이번에 신입사원이 200명이 조금 안 된다고 하니, 책자는 넉넉하게 220부를 제작하도록 하세요. 그림자료가 없으니 흑백 양면으로 인쇄하고, 표시 코팅과 무선제본도 해주세요. 책자기 240페이지 분량이니, 가장 저렴한 곳을 선택해 비용을 산출해 보세요.
└──

① 3,156,000원   ② 3,002,000원

③ 2,992,000원   ④ 2,950,200원

⑤ 2,802,000원

38 A사는 매년 초 7개 부서(가 ~ 사)의 전용 회의실을 정한다고 한다. 각 회의실의 구조 및 번호, 각 부서의 조건이 다음과 같을 때, '라' 부서의 회의실을 고르면?

남향								
1	2	계단	3	4	5	6	계단	7
복도								
14	13	12	11	화장실	10	9	8	
북향								

부서별 조건

가: 계단 옆방, 가장자리에 위치한 방, 화장실에 인접한 방은 선호하지 않는다. 남향을 선호한다.
나: 가장자리에 위치한 방, 화장실과 가까운 방, 북향을 선호한다.
다: 계단 옆방, 화장실에 인접한 방은 선호하지 않는다. 남향을 선호한다.
라: 계단과 인접한 방을 선호한다. 마 부서와의 잦은 교류로 마 부서 회의실과 인접한 방을 선호한다.
마: 계단 옆방은 선호하지 않는다. 인원이 많아 큰 방을 선호한다.
바: 짝수 번호의 방을 선호한다. 가장자리 방과 화장실 옆방을 선호하지 않는다.
사: 북향을 선호한다. 계단이 인접한 방, 화장실과 인접한 방은 기피한다.

회의실 선택 규칙

• '가~사'의 순서대로 회의실을 정하며, 타 부서가 먼저 정한 회의실을 제외한 회의실 중 조건에 맞는 회의실을 고른다.
• 타 부서와의 인접성 등이 조건인 경우, 해당 부서의 회의실 선택권은 자신의 부서 선택권과 동시에 적용된다. 동일한 회의실을 원하는 경우, 기존 순서상 우선선택권을 가진 부서가 해당 회의실을 사용하게 된다.
• 인접한 방이란 해당 방의 양옆의 방과 맞은편의 방을 의미한다. (예를 들면 12번 방은 계단, 3·11·13번 방과 인접함)
• 1~7번 방은 남향, 8~14번 방은 북향이다.
• 7·12번 방 외의 나머지 방들의 크기는 모두 같으며, 7·12번 방은 나머지 방들의 1.5배 크기이다.
• 조건에 부합하는 회의실이 복수로 존재할 경우, 방 번호가 가장 큰 방을 선택한다.
• 조건에 맞는 회의실이 없는 경우, 남은 방 중 방 번호가 가장 작은 방을 선택한다.

① 2번 방 ② 3번 방
③ 9번 방 ④ 12번 방
⑤ 13번 방

39 다음은 K회사의 출장여비 지급 규정이다. 이 규정을 참고했을 때, 출장을 다녀온 최 대리가 받을 수 있는 출장여비는 얼마인가?

---

1. 일비 지급 기준
- 일비는 숙박비, 식비, 교통비 외 출장 중에 발생하는 잡비 보상적 성격으로 지급한다.
- 1박 2일 이상의 국내 출장 및 해외 출장 시(해외 당일 출장 포함) 지급한다.
- 출장에 소요되는 일수를 산정하여 지급한다.
- 출장 당일 및 출장 종료일도 출장일수에 포함한다.
- 출장 당일 오후 2시 이전에 출발할 경우에는 1일 일비를 지급하며 오후 2시 이후에 출발하는 경우에는 1/2일 일비(1일 일비의 절반)를 지급한다.
- 출장 종료일 오후 2시 이전에 도착하는 경우에는 1/2일 일비를 지급하며 오후 2시 이후에 도착하는 경우에는 1일 일비를 지급한다.

2. 교통비
직원이 본인 자가용을 이용할 경우에는 차량 연료 구분 없이 이동거리를 산정하여 다음 각 호에 따라 지급한다.
- 100km 이하 : km당 300원 지급
- 100km 초과 : km당 200원 지급(단, 100km까지는 km당 300원 적용)

3. 직급별 국내 숙박비, 식비 일비

구분	숙박비(1일/1인)	식비(1식)	일비(1일)
	직급별 정액 지급	직급별 정액 지급	직급별 정액 지급
대표이사~전무	실비	15,000원	50,000원
상무~이사	실비	10,000원	40,000원
부장	60,000원	7,000원	30,000원
차장, 과장	50,000원	6,000원	20,000원
대리, 사원	40,000원	5,000원	16,000원

최 대리는 9월 4일 오후 1시에 서울 본사에서 출발하여 자가용을 타고 대전에 출장을 갔다 왔다. 본사 사무실로 복귀한 것은 9월 6일 오전 10시였다. 서울에서 대전까지의 거리는 237km로 계산한다. (단, 아침은 오전 9시, 점심은 오후 12시, 저녁은 오후 6시에 먹는다.)

① 18만 9,400원   ② 19만 7,400원
③ 23만 6,800원   ④ 24만 9,800원
⑤ 26만 원

40 야구 광팬인 갑은 A구단의 실적과 관련된 4년 만기 적금 상품에 가입하였다. 다음은 각 적금 상품의 이자율에 관한 안내문과 A구단 실적에 관한 자료이다. 이때 갑이 최종적으로 받는 이자율은?

---

1. 승률에 따른 이자율

A구단 정규시즌 최종 승률에 따라 제공

단, 승률은 소수점 셋째 자리에서 반올림하여 둘째 자리까지 적용

(예를 들어 정규시즌 최종 승률이 0.659일 경우 0.66%를 우대이자율로 적용)

2. 가을야구 진출 시 우대 이자율 적용

A구단 포스트시즌 진출 시 연 0.1%p 추가

A구단 한국시리즈 진출 시 연 0.2%p 추가

A구단 한국시리즈 우승 시 연 0.3%p 추가

3. 최종 이자율 산정 방식

4년 이자율의 평균 값을 소수점 셋째 자리에서 반올림한 값에 1%p를 더한 것을 최종 이자율로 정한다.

A구단 성적 현황

구분	승률	가을야구 현황
2021년	0.463	포스트시즌 진출
2022년	0.667	한국시리즈 우승
2023년	0.523	한국시리즈 진출
2024년	0.483	포스트시즌 진출

① 1.51% 　　　　　　② 1.71%

③ 1.91% 　　　　　　④ 2.01%

⑤ 2.21%

LH한국토지주택공사

직업기초능력평가

박문각

LH한국토지주택공사

직업기초능력평가

봉투모의고사

/

정답 및 해설

박문각

제1회 직업기초능력평가

01 ▶ ①

ⓒ 주택별 침수 위험 수준, 재해 취약 가구 여부(아동·고령자·장애인) 등을 토대로 오는 단계별 이주 지원을 한다고 하였다. 다만, 이에 따라 지원 수준이 달라진다는 언급은 없다.
ⓔ 개보수 비용은 LH와 민간사업자가 공동 분담한다.

02 ▶ ④

㉠ 특별법 개정안 시행에 앞서 수도권 지역에 '전세피해지원팀'을 신설하는 등 신속한 사업추진을 위한 기반을 마련했다고 하였으므로, 특별법이 시행된 2024년 11월 11일 이후에 신설된 것이 아니다.
ⓛ 피해지원 전담 인력 확대(18명 → 51명)을 추진하고 있다고 하였다. 특별법 시행에 맞춰 인력이 확대된 것은 아니다.
ⓔ 피해주택 소재지 관할 LH 지역본부 전세피해지원팀(주택매입팀)을 방문해서 신청하거나, 우편 접수를 하면 된다. 온라인 접수에 관해서는 제시되어 있지 않고 다만 자세한 사항은 LH 청약플러스(apply.lh.or.kr)를 통해 확인할 수 있다고 하였다.
ⓒ 개정법은 시행일 이전에 LH가 매입을 완료한 주택의 피해 임차인에게도 소급 적용이 가능하다고 하였다.

03 ▶ ②

② 임차인은 최장 10년 동안 임대료 부담 없이 거주 가능하며, 시세보다 저렴한 임대조건으로 최장 10년간 더 거주할 수 있다. 따라서 최대 10년간은 임대료 부담 없이, 그 뒤 10년간은 저렴한 임대료로 거주할 수 있는 것이다.

04 ▶ ①

ⓛ 중소벤처기업부, 산업자원통상부 등이 주최하고 KINTEX, KOTRA 등이 주관하는 전시회다. LH가 주관하지는 않는다.
ⓔ LH K-TECH에 참여한 우수 중소기업은 LH가 인증하는 신기술, 혁신제품을 보유한 곳으로, 인도 현지 진출을 위한 시장 수요평가와 바이어 매칭 가능성 등의 검증을 거쳐 선정되었다.

05 ▶ ③

ⓒ 면(面)형 공원보다는 선(線)형 공원이 자연친화성이 높다는 내용은 제시되어 있지 않다.
ⓔ 3기 신도시는 대형 면적의 공원을 조성하기보다는 공원 접근성을 높이는 방향으로 조성한다고 하였다. 하지만 그렇다고 전체 면적이 줄어든다고 말할 수는 없다.
㉠ 3기 신도시의 1인당 공원면적은 평균 $18.8m^2$이다. 뉴욕 등 주요 글로벌 도시의 1인당 공원면적은 평균 $13.3m^2$이므로 $13.3 \times 1.3 = 17.29(m^2)$보다 높다.
ⓛ 3기 신도시에 접근성을 높인 공원을 도입한다는 것이 이 글의 핵심이다.

06 ▶ ④

㉠ 7대 중점 추진과제 중 국민과 밀접하게 연관된 도시·주택 건설, 국민 주거안정, 지역 활력, 국민편익 증진 네 가지 분야에 해당하는 것 중 자유롭게 공모 주제를 선정할 수 있다.
ⓒ 실현 가능성이 심사 항목인 것은 맞으나, 이 항목의 심사 비중이 가장 높은지는 알 수 없다.

07 ▶ ④

④ 응모는 공모전 전용 홈페이지를 통해 신청 가능하다고 하였다. 오프라인 응모 방법에 대해서는 언급하고 있지 않다.

08 ▶ ③

③ 희망 고객에게 정보를 제공한다.

09 ▶ ①

① '바로처리 품질관리시스템'을 통해 24시간 비대면으로 하자 접수가 가능하다고 하였으나, 24시간 내에 처리결과를 통보 받는다는 언급은 없다.

10 ▶ ④

④ 입주자모집 공고일인 2024년 5월 30일 현재 강릉시에 거주하는 무주택세대구성원이어야 신청 가능하다.
① 순위별로 청약일자가 지정된 경우 반드시 해당순위 날짜에 신청하여야 하며 다른 순위 날짜에 접수 시에는 모두 부적격 처리된다고 하였다.
② 접수가 되지 않는다는 언급은 없고, 다만 도로명 주소로 신청해 계약안내문 수령에 불이익을 받지 않도록 유의하라는 언급만 있다.
③ 민법상 만 19세 미만인 미성년자는 공급 신청을 할 수 없다. 다만, 자녀가 있는 세대주인 미성년자는 가능하다. 따라서, 혼인을 했으나 자녀가 없는 을의 경우 신청을 할 수 없다.
⑤ 예비입주자 모집공고일인 2024년 5월 30일 현재 주택청약종합저축에 가입하여 6개월이 지나고 월 납입금을 6회 이상 납입한 자는 1순위에 해당하나, 모집공고일 현재 주택청약종합저축에 가입되어 있으면 2순위로 신청이 가능하다.

11 ▶ ⑤

㉠, ㉣은 선정 기준 다음에 자연스럽게 나올 수 있는 정보이고, 공고문 앞부분에서 ㉢ 인터넷·모바일 신청을 권장했으므로 이 내용도 나올 수 있는 항목이다.
㉡ 강릉시 외 거주자의 입주 신청에 관해서는, 현재 공고문은 강릉시 거주자만을 대상으로 하고 있으므로 이어지는 내용으로 나오기에 적절하지 않다.

12 ▶ ④

제2윤창호법은 부상 정도에 따라 1~15년 이하 징역이나 1,000~3,000만 원 이하의 벌금형에 처하며, 사망 사고의 경우 무기 또는 3년 이상의 징역에 처하므로 상황에 따라 징역형이 아닌 벌금형에 처할 수도 있다.

13 ▶ ③

③ 자신의 업무에 만족, 매우 만족한다고 응답한 비율은 전체의 30%, 3.3%로 총 33.3%이고, 자신의 업무에 불만족, 매우 불만족이라고 응답한 비율은 전체의 16.9%, 5.5%인 총 22.4%로 만족 비율이 불만족 비율보다 높게 나타났다.
① 형평성 문제에 대한 언급은 찾아볼 수 없다.
② 단기간에 증원의 폭이 컸다는 언급은 없다. 악성 민원과 신변위험, 업무 과다 등이 사회복지직 공무원들의 우울감 문제로 이어졌음을 알 수 있다.
④ 사회복지직 공무원들이 공통적으로 받을 수 있는 정신건강과 자살 예방 상담 지원 대책이 필요하다고 하였다.
⑤ 민원인의 폭언이나 폭행으로부터 사회복지직 공무원을 지킬 수 있는 실질적인 대책이 필요하다고 하였다.

14 ▶ ⑤

⑤ 빅데이터가 가지고 있는 문제점에 대해서는 제시되지 않았다.
① 20년 전과 비교해 데이터 크기와 속도 면에서 현재는 비교할 수 없을 만큼 발전했다고 설명하고 있다.
② 빅데이터는 미시적이고, 동적이며, 유연한 특성을 가지고 있다고 특싱에 대해 서술하고 있다.
③ 출근길에 길이 자주 막히는 곳에 우회 도로를 마련한다거나 평소 응급환자가 자주 발생하는 곳에 병원을 짓는 등의 사례를 들어 빅데이터 활용 방안을 서술하고 있다.
④ 신용카드 청구서에 내가 관심을 보일 만한 공연 쿠폰이 어떻게 들어있는지를 사례로 들어 빅데이터에 대해 쉽게 이해시키고 있다.

15 ▶ ①

① 개인의 거래 내역, 개인의 소비 품목, 개인의 쇼핑 지역이 모두 데이터 분석을 통해 나온다. 내가 쇼핑한 정보 하나하나가 데이터가 되고, 그 데이터를 분석하면 나에게 꼭 맞는 정보를 도출할 수 있다고 하였다.
② 빅데이터는 미시적이고, 동적이며, 유연한 특징을 가지고 있다고만 설명하였다.
③ 사회적 차원의 의사결정뿐 아니라 집을 구할 때 교통이 편리한 곳은 어디인지 등 개인의 의사결정에도 도움을 줄 수 있다고 하였다.
④ 빅데이터는 단순히 크기가 큰 데이터가 아닌 개별 행위 주체들의 행위에 관한 각종 기록들이 계속적으로 축적되는 방대한 집합이라고 하였다.
⑤ 데이터는 문서형태로만 존재하지 않았다. 문서, 사진, 동영상 등 기본적인 데이터가 저장체계 및 통신체계의 발달로 상황정보, 지형정보, 결재정보, 이동정보 등으로 다양하게 활용되고 있는 것이다.

16 ▶ ①

주어진 글은 수학의 성과에 대해 이야기하고 있는데, 그다음으로는 이 성과에 대해 부연 설명하고 있는 (나)가 와야 적절하다. 다음으로 이러한 성과가 치른 대가, 즉 수학의 한계에 대해 설명하고 있는 (다), (라)가 차례대로 와야 하고, 한계의 구체적 예를 든 (마)가 이어지는 것이 적절하다. 마지막으로 이러한 한계에도 불구하고 수학은 성공적 지식 체계라는 결론을 내린 (가)가 와야 한다.

17 ▶ ①

① 2021년 전년 대비 GDP 증가액은 甲국이 19,415 − 18,620 = 795억 달러, 乙국이 22,972 − 22,341 = 631억 달러, 丙국이 32,450 − 31,341 = 1,109억 달러로 丙국이 가장 높지만 조세부담률은 3개의 국가 중 가장 낮으므로 옳지 않은 설명이다.

② 乙국의 조세부담률은 2020년 16.1%, 2021년 15.4%, 2022년 14.9%, 2023년 14.1%, 2024년 13.4%로, 매년 감소하는 추이를 보인다.

③ 2021년 지방세 납부액은 乙국이 $\frac{3.6 \times 22,972}{100} ≒ 826$억 9,920만 달러이고, 甲국이 $\frac{5.5 \times 19,415}{100} ≒ 1,067$억 8,250만 달러이다. 따라서 甲국이 乙국의 $\frac{1,067억 8,250만 달러}{826억 9,920만 달러} ≒ 1.3$(배)이다.

④ 2023년 甲국의 국세 납부액은 $\frac{19.2 \times 18,394}{100} = 3,531$억 6,480만 달러이고, 丙국의 지방세 납부액은 $\frac{2.1 \times 30,301}{100} = 636$억 3,210만 달러로 甲국이 丙국보다 많다.

⑤ 2020~2024년 甲국과 丙국의 조세부담률은 다음과 같다.

	甲국	丙국
2020년	20%	14.7%
2021년	22.1%	13.7%
2022년	23.9%	13.5%
2023년	24.8%	12.4%
2024년	26.1%	11.7%

甲국의 조세부담률은 증가 추이를, 丙국의 조세부담률은 감소 추이를 보이므로 서로 상반됨을 알 수 있다.

18 ▸ ④

2025년 지방세 납부액은
甲국이 $\frac{5.6 \times 21,443 \times 1.05}{100} = 1,260$억 8,484만 달러,
乙국이 $\frac{3.3 \times 23,607 \times 1.1}{100} = 856$억 9,341만 달러,
丙국이 $\frac{1.9 \times 33,444 \times 1.07}{100} ≒ 679$억 9,165만 달러이다.
따라서 甲~丙국의 지방세 납부액 합은 1,260억 8,484만 달러 + 856억 9,341만 달러 + 679억 9,165만 달러 = 2,797억 6,990만 달러이다.

19 ▸ ④

㉠ 행정부 전체 여성 공무원 수는 다음과 같다.
2019년 : 53,327 + 261,841 + 113 = 315,281(명)
2020년 : 55,366 + 268,114 + 89 = 323,569(명)
2021년 : 57,582 + 272,081 + 128 = 329,791(명)
따라서 2019년부터 여성 공무원 비율은
2019년 : $\frac{315,281}{637,528} \times 100 = 49.5$(%),
2020년 : $\frac{323,569}{650,032} \times 100 = 49.8$(%),
2021년 : $\frac{329,791}{656,545} \times 100 = 50.2$(%)로 계속 증가하고 있다.

㉢ 조사 기간 동안 일반직과 별정직에 비해 특정직의 공무원 수가 항상 많다.
㉣ 2020년과 2021년 직종별 남성 공무원의 비율은 아래와 같다.

구분	직종	남성 공무원 비율
2021년	일반직	64.6%
	특정직	44.9%
	별정직	66.2%
2020년	일반직	65.4%
	특정직	45.2%
	별정직	68.1%

2021년 일반직, 특정직, 별정직 모두 전년 대비 비율이 감소하였다.
㉡ 비율을 구하지 않아도 50% 이상인지, 이하인지로 비교할 수 있다. 일반직은 전체 162,530명이고 여성 공무원은 57,582명이므로 50%를 넘지 않고, 특정직은 전체 493,636명이고 여성 공무원은 272,081명으로 50%를 넘는다. 그러므로 모든 직종에서 여성 비율이 남성보다 낮은 것은 아니므로 옳지 않다.
㉤ 행정부 전체 남자 공무원 중 만 45~49세가 58,699명으로 가장 많고, 남자 평균연령은 43.9세이므로 옳지 않다.

20 ▸ ④

먼저 이 두 사람은 1992년 8월생 동갑이고 2021년 5월을 기준으로 92년 8월생은 만 29세이다. A씨의 남편은 일반직 남자이므로 ㉠에 속하고, A씨는 특정직 여성이므로 ㉣에 속한다. 일반직 전체 인원은 162,530명이고, 특정직 전체 인원은 493,636명이므로 A씨가 속하는 성별·연령대의 인원 비중은 $\frac{33,479}{493,636} \times 100 = 6.8$(%)이고, A씨 남편이 속하는 성별·연령대의 인원 비중은 $\frac{4,125}{162,530} \times 100 = 2.5$(%)이다.

21 ▸ ⑤

㉡ 전라북도의 밭 면적은 226,112 − 162,445 = 63,667(ha)이고, 경상남도의 밭 면적은 150,529 − 94,384 = 56,145(ha)로 전라북도가 경상남도보다 밭 면적이 크다.
㉢ 충청남도의 밭 면적은 경지 면적의 $\frac{69,008}{211,167} \times 100 ≒ 32.7$(%)이다.
㉠ 전라남도의 논 면적은 전라남도 밭 면적의 $\frac{215,506}{109,321} ≒ 1.97$(배)이다.
㉣ 강원도의 논 면적은 자료에 제시되어 있지 않고, 다만 경상남도 논 면적보다 작음을 알 수 있다. 전라남도의 논 면적의 60%는 215,506 × 0.6 ≒ 129,303(ha)이고, 이는 경상남도 논 면적보다도 크다. 따라서, 강원도의 논 면적은 전라남도 논 면적의 60% 이하이다.

www.pmg.co.kr

22 ▶ ①

① 충청남도의 서류 경지 면적은 $69,008 \times 0.068 ≒ 4,692$(ha)이다.

② 경기도의 두류 경지 면적은 $66,126 \times 0.086 ≒ 5,686$(ha)이고, 강원도의 두류 경지 면적은 $69,932 \times 0.071 ≒ 4,965$(ha)로 경기도가 강원도보다 크다.

③ 경상북도의 채소 경지 면적은 $128,181 \times 0.217 ≒ 27,815$(ha)이고, 과수 경지 면적은 $128,181 \times 0.39 ≒ 49,990$(ha)으로 두 면적의 차는 $49,990 - 27,815 = 22,175$(ha)이다.

④ 경상남도의 과수 경지 면적은 $56,145 \times 0.266 ≒ 14,934$(ha)이고, 전라북도의 과수 경지 면적은 $63,667 \times 0.126 ≒ 8,022$(ha)이다. 따라서 경상남도의 과수 경지 면적은 전라북도 과수 경지 면적의 $\frac{14,934}{8,022} ≒ 1.86$(배)이다.

⑤ 밭 면적 상위 5개 지역의 잡곡 경지 면적은 다음과 같다.
경상북도 : $128,181 \times 0.011 ≒ 1,409$(ha)
전라남도 : $109,321 \times 0.031 ≒ 3,388$(ha)
강원도 : $69,932 \times 0.099 ≒ 6,923$(ha)
충청남도 : $69,008 \times 0.008 ≒ 552$(ha)
경기도 : $66,126 \times 0.027 ≒ 1,785$(ha)
따라서 잡곡 경지 면적이 두 번째로 큰 지역은 전라남도이다.

23 ▶ ③

첫 번째 조건을 보면 음식물 쓰레기 총배출량이 50만 톤 이상인 곳은 A와 B이다. 이 중 1인당 음식물 쓰레기 총배출량이 적은 곳은 $\frac{538,000}{1,020,000} ≒ 0.53$(톤/명)인 A이다. 따라서 A가 '중구'이다.

두 번째 조건을 보면 '남구'와 '해운대구'의 1인당 음식물 쓰레기 총배출량의 합이 약 1.3톤/명이라고 했다. B, C, D 지역의 1인당 음식물 쓰레기 총배출량은

B는 $\frac{580,000}{360,000} ≒ 1.61$(톤/명), C는 $\frac{203,000}{300,000} ≒ 0.67$(톤/명), D는 $\frac{136,000}{220,000} ≒ 0.62$(톤/명)이다. 이때 총배출량의 합이 약 1.3톤/명인 곳은 C와 D이다. 따라서 B는 '동래구'이다.

세 번째 조건을 보면 주거용 빌딩과 상업용 빌딩의 음식물 쓰레기 배출량의 합은 A가 32만 톤, B가 11.7만 톤, C가 9.3만 톤, D가 7.2만 톤으로 D가 가장 적다. 따라서 D가 '남구'이고, C가 '해운대구'이다.

24 ▶ ②

1인당 음식물 쓰레기 총배출량이 가장 많은 지역은 B, 가장 적은 지역은 A이다.

A지역 : $\frac{538,000}{1,020,000} ≒ 0.53$, B지역 : $\frac{580,000}{360,000} ≒ 1.61$

따라서 $1.61 - 0.53 = 1.08$(톤)이다.

25 ▶ ⑤

총 장학금 지원율은 $\frac{장학금\ 총액}{등록금\ 수입}$이므로 이를 구하기 위해서는 표 빈칸의 수치를 알아야 한다.

학생규모가 1만 명 이상인 서울 사립대학의 장학금 총액은 $1,708,698 - 50,059 - 202,830 = 1,449,809$(백만 원)이며, 학생규모가 1만 명 이상인 경기 사립대학의 등록금 수입은 $1,318,100 - 225,271 - 393,477 = 699,352$(백만 원)이다.

이를 바탕으로 학생규모가 1만 명 이상인 수도권 사립대학의 총 장학금 지원율을 구하면,

서울의 경우 $\frac{1,449,809}{3,769,840} \times 100 ≒ 38$(%)

경기의 경우 $\frac{296,736}{699,352} \times 100 ≒ 42$(%)

인천의 경우 $\frac{71,385}{165,109} \times 100 ≒ 43$(%)이다.

따라서 이를 높은 순서대로 나열하면 인천, 경기, 서울이다.

26 ▶ ①

① 모든 지역의 학교에서 개설한 과목 수가 매년 증가하고 있다고 했지만 중소도시의 경우 2022년 1,141개에서 2023년 1,085개로 줄었으므로 자료 내용과 부합하지 않는다.

② 대규모와 중규모, 소규모 모두 개설 과목 수가 매년 증가하고 있고, 대규모 학교의 개설 과목 수도 매년 전체 개설 과목 수의 절반 이상을 차지하므로 자료 내용과 부합하는 표이다.

③ 2021~2023년 경기도 지역 고등학교 간 과학융합과정의 오프라인 및 온라인 개설 과목 수의 전년 대비 증가율은 다음과 같다.

2022년 온라인 : $\frac{315 - 66}{66} \times 100 ≒ 377.3$(%)

2022년 오프라인 : $\frac{2,747 - 2,132}{2,132} \times 100 ≒ 28.8$(%)

2023년 온라인 : $\frac{854 - 315}{315} \times 100 ≒ 171.1$(%)

2023년 오프라인 : $\frac{3,102 - 2,747}{2,747} \times 100 ≒ 12.9$(%)

따라서 오프라인 및 온라인 개설 과목 수가 각각 매년 증가하고 있고, 전년 대비 증가율은 온라인 개설 과목이 매년 더 높으므로 자료 내용과 부합하는 그래프이다.

④ 전체 온라인 개설 과목 수에서 차지하는 비율은 2022년 이후 중소도시가 매년 가장 높으므로 부합하는 그래프이다.

⑤ 대규모와 중규모, 소규모 모두 개설 과목 수가 매년 증가하고 있고, 대규모 학교의 개설 과목 수도 매년 전체 개설 과목 수의 절반 이상을 차지하므로 자료 내용과 부합하는 그래프이다.

27 ▸ ④

26번 문항의 선택지 ②의 표와 ⑤의 그래프를 보자.
전년 대비 2024년 대규모 학교의 온라인 개설 과목 수는
$541 \times 1.5 ≒ 811$(개)이다.
중규모 학교의 오프라인 개설 과목 수는
$864 \times 2.2 ≒ 1,900$(개)이다.
따라서 차이는 $1,900 - 811 = 1,089$(개)이다.

28 ▸ ②

② 월평균소득이 전년도 도시근로자 가구원수별 가구당 월
평균 소득의 100%(맞벌이)이고 신생아 가구이므로 신혼·
신생아Ⅱ 유형 1순위에 해당한다.
① 전세임대사업은 입주대상자로 선정된 자가 거주를 원하
는 주택을 직접 물색하고, LH가 직접 보증보험 가입을 진행
해 보증금 보호와 보험비용 절감이 가능하다.
③ 자녀가 없는 신혼부부는 신혼·신생아Ⅰ·Ⅱ 유형의 3순
위에 해당하므로 전세임대주택을 신청할 수 있다.
④ 자녀가 2명 이상이면 다자녀에 속하므로 2명과 3명인 자
녀 수는 우선순위와 상관이 없다. 차상위계층인 A가족은 2순
위, 지원대상 한부모가족인 B가족은 1순위이다.
⑤ 신혼·신생아Ⅰ과 신혼·신생아Ⅱ 유형에 공급하는 물
량은 각각 5,000호와 2,000호로, 이를 합하면 다자녀 유형
2,250호의 3배 이상이다.

29 ▸ ③

㉠ 신혼·신생아Ⅱ 유형의 전세임대주택 최장 임대기간은
14년으로, 신혼·신생아Ⅰ의 20년보다 짧다.
㉣ 전세임대주택 월 임대료는 보증금 지원 금액의 연 1~2%
이다. 360만 원이 지원 금액의 1%라면 지원금액은 3억 6천
만 원이고, 지원 금액의 2%라면 1억 8천만 원이다. 즉, 지원
금액은 1억 8천만 원~3억 6천만 원 사이이고, 이에 해당하는
유형은 수도권 지원한도액이 2억 4천만 원인 신혼·신생아
Ⅱ 유형이다.
㉡ 맞벌이 가구로 월평균소득이 맞벌이로 100%라면 신혼·
신생아Ⅱ 유형에 해당하며 광역시 기준 최대 16,000만 원의
지원금액을 받을 수 있다.
㉢ 신혼·신생아Ⅰ·Ⅱ 유형의 소득요건인 맞벌이 기준 전
년도 도시근로자 가구원수별 가구당 월평균 소득의 90% 이
하에 해당하므로 두 유형 모두 신청 가능하다.

30 ▸ ③

③ 공공주택 특별법에 따라 신혼희망타운 전용 주택담보 장
기대출상품에 의무 가입하여야 한다. 입주 시까지 가입 사
실을 증명하지 못할 경우 입주가 불가하고 공급계약은 취소
된다고 하였다.

31 ▸ ④

㉠ 당첨자는 공공주택 특별법 시행령에 따라 최초 입주가능
일인 2023년 6월 27일 기준 5년 이상 반드시 거주해야 한다.
㉡ 최초 입주자선정일인 2019년 12월 30일 기준 10년간 전
매가 제한되므로 2029년 12월 30일까지 전매가 제한된다.
㉢ 입주자신청일로부터 10년간 재당첨이 제한된다는 내용
은 있으나, 다른 청약접수 제한 내용은 공고문에서 찾아볼
수 없다.
㉣ 향후 관계법령 개정 시 변경될 수 있다고 하였다.

32 ▸ ⑤

⑤ 3개월 단위로 0.1%p씩 감면받으므로, 4년 분할상환조건
은 최대 1.6%p 감면 가능하다.
① 새희망 대출은 6개월 이상인 반면, 직장인 우대 대출은 1년
이상의 재직기간이 필요하므로 더 까다롭다고 할 수 있다.
② 연간소득 4천만 원 이상인 자만 신청 가능하다.
③ 새희망 대출은 7년간, 직장인 우대 대출은 10년간 분할상
환이 가능하다.
④ 새희망 대출은 중도상환해약금이 없으므로, 원금을 대출
기간 중에 상환하고자 하는 고객에게 유리하다.

33 ▸ ⑤

재직기간과 소득으로 보아 직장인 우대 대출과 새희망 대출
신청이 모두 가능하다.
ⅰ) 직장인 우대 대출
대출한도를 구하면
연소득 × 신용 등급별 가중치 $= 5,000$만 $\times 1.35 = 6,750$만
원이고,
신용 등급별 최고한도는 9,000만 원이므로
둘 중 적은 금액인 6,750만 원이다.
6,750만 원에서 신용대출금액을 차감하면
6,750만 원 $-$ 2,000만 원 $-$ 200만 원 $= 4,550$만 원이다.
ⅱ) 새희망 대출
대출한도를 구하면
연소득 × 한도 등급별 가중치 $=5,000$만 $\times 1.1 = 5,500$만 원
이고,
한도 등급별 최고한도는 8,000만 원이므로
둘 중 적은 금액인 5,500만 원이다.
5,500만 원에서 담보대출을 제외한 신용대출만을 차감하면
5,500만 원 $-$ 200만 원 $= 5,300$만 원이다.
따라서, 적합한 상품은 새희망 대출이고, 이때 대출 가능한
최대 금액은 5,300만 원이다.

34 ▸ ③

③ 각층 바닥면적이 3천㎡인 3층 건축물의 연면적은 9천㎡
이므로, 책임자 1명 이상, 점검자 3명 이상이어야 한다. 따라
서, 책임자 1명, 점검자 4명으로 구성된 점검기관은 이 건축
물을 점검할 수 있다.

① 점검의 대상이 되는 접합건축물은 연면적 3천m² 이상인 것이다. 연면적 3천m² 이상이라면 책임자는 1명 이상, 점검자는 3명 이상 또는 4명 이상이어야 한다. 4명 이상이 아닌 3명 이상일 수도 있다.

② 각층 바닥면적이 2천m²인 5층 건축물의 연면적은 1만m² 이므로, 책임자 1명 이상, 점검자 4명 이상이어야 한다. 따라서, 책임자 1명, 점검자 3명으로 구성된 점검기관은 이 건축물을 점검할 수 없다.

④ 연면적 2만m²인 건축물을 점검하는 점검기관의 경우 책임자는 1명 이상, 점검자는 4명 이상이어야 한다. 최소 책임자 1명, 점검자 4명이다. 최초교육은 매년, 보수교육은 3년에 한 번이므로, 모두 보수교육을 받지 않는다고 가정하고 최초교육을 받는 시간만 계산하면 된다. 최초교육은 책임자 35시간, 점검자 7시간씩이므로 35 + (7 × 4) = 63시간이다.

⑤ 다중이용업 용도로 쓰는 건축물 중 지자체가 조례로 정하는 건축물이 점검 대상이다.

35 ▶ ②

(A) 연면적 2천m²인 건축물을 점검하는 점검기관의 경우 책임자 1명 이상, 점검자 2명 이상이다. 책임자 1명, 점검자 2명으로 최초교육 시간만 계산하면 점검자 2명 14시간, 책임자 35시간이므로 총 49시간이다. 따라서, 책임자와 점검자가 이수해야 할 연간 교육시간 총합은 49시간 이상이 된다.

(B) 각층 바닥면적이 5천m²인 3층 건축물의 연면적은 15,000m²이고, 연면적 1만m² 이상인 건축물을 점검하는 점검기관의 경우 책임자는 1명 이상, 점검자는 4명 이상이어야 한다. 책임자와 점검자를 합해서 최소 5명이고 보수교육은 3년마다 매년 7시간 이수해야 하므로, 보수교육 시간 합은 5명×7시간 = 35시간이다.

(A) + (B) = 49 + 35 = 84이다.

36 ▶ ③

	성과 기여도	효율성	성장성	최종점수 합
기획팀	$\frac{38+35}{2}$ $= 36.5$	$\frac{18+20}{2}$ $= 19$	$\frac{30+27}{2}$ $= 28.5$	84
마케팅팀	$\frac{30+28}{2}$ $= 29$	$\frac{20+18}{2}$ $= 19$	$\frac{21+22}{2}$ $= 21.5$	69.5
제작팀	$\frac{27+29}{2}$ $= 28$	$\frac{26+25}{2}$ $= 25.5$	$\frac{22+20}{2}$ $= 21$	74.5
홍보팀	$\frac{32+34}{2}$ $= 33$	$\frac{30+30}{2}$ $= 30$	$\frac{22+21}{2}$ $= 21.5$	84.5

최종점수 합이 높은 홍보팀과 기획팀이 성과급을 받게 된다.

37 ▶ ②

가와 라 업체는 신뢰도 점수 최소 기준인 9.4점을 넘지 못해 대상에서 제외된다. 다 업체는 공장 규모 최소 기준인 1,200평을 충족하지 못해 대상에서 제외된다. 따라서 신뢰도 점수 기준과 공장 규모 기준을 충족한 나와 마 업체 두 곳만 비교하면 된다.

나 업체의 단가는 2억 8천만 원으로 9점, 공장 규모는 1,350평으로 10점, 신뢰도 점수는 9.4점에 해당한다. 이를 비율에 맞게 계산하면 9 × 0.3 + 10 × 0.3 + 9.4 × 0.4 = 9.46(점)이다.

마 업체의 단가는 2억 5천만 원으로 9점, 공장 규모는 1,280평으로 9점, 신뢰도 점수는 9.5점에 해당한다. 이를 비율에 맞게 계산하면 9 × 0.3 + 9 × 0.3 + 9.5 × 0.4 = 9.2(점)이다.

따라서 점수가 더 높은 나 업체가 협력업체로 선정된다.

38 ▶ ②

가 업체는 신뢰도 점수 최소 기준인 9.0점을 넘지 못해 대상에서 제외된다. 다 업체는 공장 규모 최소 기준인 1,200평을 충족하지 못해 대상에서 제외된다. 따라서 신뢰도 점수 기준과 공장 규모 기준을 충족한 나, 라, 마, 바, 사 업체를 비교하면 된다. 업체별 단가, 공장규모, 신뢰도 항목 점수를 계산하면 아래와 같다.

나 : 9 × 0.5 + 10 × 0.2 + 9.4 × 0.3 = 9.32(점)
라 : 10 × 0.5 + 10 × 0.2 + 9.2 × 0.3 = 9.76(점)
마 : 9 × 0.5 + 9 × 0.2 + 9.5 × 0.3 = 9.15(점)
바 : 9 × 0.5 + 9 × 0.2 + 9.6 × 0.3 = 9.18(점)
사 : 10 × 0.5 + 10 × 0.2 + 9.0 × 0.3 = 9.7(점)

따라서 점수가 가장 높은 라 업체가 협력업체로 선정된다.

39 ▶ ①

우선 강당이 필수라고 하였으므로, B리조트는 처음부터 제외시킨다. 이후 나머지 네 장소 중 비용적인 측면을 고려하면 다음과 같이 계산할 수 있다.

A호텔: 강당 10만 원 + 노트북 2대 2만 원 + 식비 14명 14만 원 + 숙박비 70만 원(2인실×7) = 96만 원

C호텔: 강당 5만 원 + 노트북 2대 2만 원 + 식비 14명 14만 원 + 숙박비 91만 원 = 112만 원

D호텔: 강당 10만 원 + 외부 노트북 1대 3만 원 + 식비 14명 14만 원 + 숙박비 77만 원 = 104만 원

E리조트: 강당 5만 원 + 외부 노트북 2대 6만 원 + 식비 14명 21만 원 + 숙박비 77만 원 = 109만 원

따라서 이를 토대로 볼 때 가장 저렴하게 사용할 수 있는 A호텔이 가장 적합하다.

40 ▸ ③

참가 인원이 3명 늘어난 17명이 되고, 강당 대여료가 빠지게 되므로 B리조트를 포함해 비용을 계산하면 다음과 같다.(16명이므로 2인실 9개를 사용한다.)

A호텔: 노트북 2대 2만 원 + 식비 17명 17만 원 + 숙박비 90만 원(2인실×9) = 109만 원

B리조트: 식비 17명 255,000원 + 숙박비 90만 원 = 1,155,000원

C호텔: 노트북 2대 2만 원 + 식비 17명 17만 원 + 숙박비 117만 원 = 136만 원

D호텔: 외부 노트북 1대 3만 원 + 식비 17명 17만 원 + 숙박비 99만 원 = 119만 원

E리조트: 외부 노트북 2대 6만 원 + 식비 17명 255,000원 + 숙박비 99만 원 = 1,305,000원

따라서 가장 저렴하게 사용할 수 있는 A호텔이고, 이때의 비용은 109만 원이다.

제2회 직업기초능력평가

01 ▸ ④

㉠ 1순위에서 낙찰자가 정해지면 2순위 접수는 받지 않는다고 하였다.

㉢ 올림픽대로, 여의대방로, 원효대교 등에서 진입이 편리해 우수한 교통여건을 갖추고 있고, 대중교통 접근성도 높다고 하였다.

㉡ 1, 2회차 공급 때보다 이번 공급의 대금 납부조건이 대폭 완화되었다는 언급에서, 1, 2회차 공급 때 대금 납부조건이 까다로웠다는 사실을 알 수 있다. 하지만 이로 인해 실수요자들의 입찰 참여가 전혀 없었는지는 제시된 자료만으로는 알 수 없다.

㉣ '여의도 금융중심 지구단위계획(안)'이 서울시 도시건축공동심의회에서 가결된 뒤 최종 확정을 앞두었다고 하였다. 아직 확정된 것은 아니다.

02 ▸ ③

㉡ 공고는 2024년 12월 19일, 우선협상자 선정 발표는 2025년 4월 예정이므로 틀린 설명이다.

㉣ 질의접수기간이 2024년 12월 30일 오후 3시까지이다. 3시까지 질의가 가능한 것이다.

03 ▸ ④

④ 종좌철 제본하여 제출해야 하는 서류는 사업신청서 및 붙임서류, 사업계획서, 부록으로 각각 2부, 20부, 20부로 모두 42부이다.

① 신청서류 접수 일시는 2025년 3월 25일 13시~15시이며, 사업신청자의 대표자가 인감 및 증빙서류를 지참하여 방문 접수하여야 한다.

② 사업계획서의 재무계획서, 임대계획서, 개발계획서가 각 15쪽 이상이어야 하고 총 60쪽 이내여야 한다고 하였다. 각의 계획서가 모두 15쪽 이상이고 총 57쪽으로 구성되었으므로 사업계획서의 구성과 분량으로 적절하다.

⑤ 외국어로 작성된 서류 제출 시에는 별도로 국문 번역본을 제출하여야 한다.

04 ▸ ④

④ 준공 후 15년 이상 경과한 영구임대주택을 대상으로 하므로 20년 된 영구임대주택도 사업 대상에 포함된다.

05 ▸ ④

④ 2024년 10월 28일부터 행복주택, 매입임대, 영구임대, 국민임대 유형 청약 신청 시 'MyMy서비스'를 활용할 수 있다. 다만 전세임대와 통합공공임대 유형은 시스템 구축 후 시범사업을 거쳐 2025년 적용될 예정이라고 하였으므로, 2024년 12월에 전세임대 청약을 신청할 때는 'MyMy서비스'를 이용할 수 없다.

06 ▸ ⑤

⑤ 과거 OSC 방식은 프로젝트 위주의 단발성 시범사업으로 시행돼 경제성이 떨어지고 공사기간 단축 효과도 미흡했다고 하였다. 장기 프로젝트로 진행되었다는 설명은 자료의 내용과 일치하지 않는다.

① 450세대의 모듈러주택을 통합공공임대로 건설한다고 하였고, 통합공공임대가 1,327호라고 하였으므로 통합공공임대 주택은 모듈러주택을 포함해 1,327호이다.

③ 세종 5-1생활권 L5블록에 국내 최초 공동주택 스마트 턴키 방식 사업을 적용하여 주택을 건설할 예정이라고 하였으므로, 아직 국내에는 스마트 턴키 방식을 적용하여 건설한 공동주택이 없음을 알 수 있다.

07 ▸ ①

① 공사기간 단축과 친환경 건설 등 모듈러주택의 장점에 대해서만 제시되어 있다. 단점에 관한 언급은 없다.

08 ▸ ④

④ '6. 응모작품 제출파일'에 따르면, 타 지역본부 공모지구에 동일 작품을 중복 응모 시 중복응모신고서를 제출해야 한다. 서로 다른 작품을 한 사람이 응모할 때는 제출할 필요가 없다.

① '2. 공모개요'를 보면 163,000,000원 + 162,500,000원 = 325,500,000원으로 3억 원 이상이며, 수량도 2개임을 확인할 수 있다.
② '3. 응모자격'을 보면, 당해연도 즉 2023년에 LH가 시행한 공모에 3회 이상 당선된 경우는 응모가 제한된다. 2회이므로 응모 가능하다.
③ '5. 공모절차'를 보면, 본인이름 폴더 생성 후 제출하되, 이름은 중간글자 ○ 표기를 한다.
⑤ '7. 기타사항'에 따르면, 당해 공모와 관련한 전시, 홍보, 자료집 발간 등은 별도 협의 없이 할 수 있다.

09 ▸ ③

ⓔ 신분증 사본을 첨부하되 앞면만 스캔하라는 말은 없다. 다만, 주민번호 뒷자리는 삭제하여 첨부한다.

10 ▸ ③

③ OCA의 글로벌 표준 프로토콜 기반 규격을 전기차 충전기에 도입하면 스마트 충전을 통해 탄력적인 전력제어가 가능해지고, 이로 인해 사용자들의 충전요금 부담이 경감될 수 있다고 하였다. 즉, OCPP 적용이 충전요금 부담 감소의 가장 큰 요인이다.

11 ▸ ③

③ 두 번째 문단에서 '유럽의 역사에서 비례대표제의 도입은 자연적 진화 과정이라기보다는 노동조합과 같은 취약계층의 집회, 시위 등의 압력에 의해 불가피하게 도입된 경우가 많았다.'고 하였다. 따라서 비례대표제는 자연적으로 생겼다기보다는 사회의 압력에 의해 불가피하게 도입된 것에 가깝다.
① 첫 번째 문단에서 '~미국과 영국의 국회의원은 토지를 기반으로 한 선거구에서 선출되었고, 이 경우 최다득표를 한 후보가 대표로 선출되었다. 이러한 소선거구 다수대표제는~'이라고 한 데에서 알 수 있다.
② 마지막 문단에서 '또한 이러한 다수제 민주주의는 주로 양당제를 가지고 있으며 선거에서 승리한 정당이 정부를 장악하고 권력을 독점하게 됨으로써 정치의 양극화가 발생한다.'고 하였으므로 옳은 추론이다.
④ 산업사회에서 노동 분업이 발생하여 직업별 조직이 결성되면서 선거제도의 변화가 발생해 비례대표제가 도입되었다고 하였다.
⑤ 정당이 지역구만 대표하는 경우 소득, 재산, 성별, 연령을 둘러싼 계층의 균열을 제대로 대표할 수 없다고 하였고, 비례대표는 유럽에서 산업사회의 다양한 요소, 그중에서도 소수집단을 포용하기 위해서 도입되었다고 하였으므로 다양한 계층이 공존하는 사회에서는 다수대표제보다 비례대표제를 도입하는 것이 바람직하다는 것을 추론할 수 있다.

12 ▸ ⑤

⑤ 유연근무제를 실시한다면 인력을 유동적으로 활용해 비용 절감 및 생산성 향상을 이룰 수 있지만 비정규직의 확대로 고용 불안정성도 증가할 수 있다.
① 유연근무제를 시행한다면 개인의 근무시간은 감소할 수 있지만 부족한 시간만큼 새로운 인력 충원 등을 통해 채워나갈 수 있으며, 오히려 업무의 효율성이 증가하여 생산성을 증대시킬 수 있다.
② 주당 15시간을 근무하는 시간 선택제 근무를 선택한다고 하더라도 매일 3시간씩 근무해야 하는 것은 아니다. 지문에서도 언급하고 있듯이 주당 15시간의 근무만 하면 될 뿐 매일 같은 시간을 근무해야 하는 것은 아니기 때문이다.
③ 시차 출퇴근형은 출퇴근 시간만 자율적으로 결정하고 하루에 근무하는 시간은 8시간으로 동일하다. 예를 들어 10시에 출근한다면 19시에 퇴근하는 것을 의미한다.
④ 유연근무제는 개인의 사정에 맞게 업무를 실시할 수 있도록 함으로써 오히려 업무의 효율성을 증대시킬 수 있다.

13 ▸ ③

ⓔ 근무시간 조정으로 인해 함께 일하는 동료의 업무 부담이 증가할 수 있다.

14 ▸ ⑤

⑤ 옳고 그름에 관한 교회의 규범은 존재하는 모든 것에 똑같이 적용되었다는 점, 국왕 역시 교회의 규범 아래에 놓였다는 점에서 이를 추론할 수 있다.
① 중세 초기에는 이자가 금지되었다는 점에서 '이자'라는 개념이 있었음을 알 수 있다. 그 이전에 '이자' 개념이 없었는지는 알 수 없다.
② '선량한 기독교인은 이익을 생각하지 않고 이웃을 도와야 한다'라는 것을 알 수 있다. 즉 이익을 생각하지 않고 이웃을 돕는 행위는 선량한 기독교인이 되기 위한 필요조건이며, 그 역도 성립한다는 문장은 지문 어디에서도 찾을 수 없다. 따라서 해당 선지는 후건긍정의 오류를 범하고 있어 옳지 않다.
③ 이자의 높고 낮음과 관계없이 이자를 받고 돈을 빌려주는 것이 곧 고리대금이며, 고리대금은 곧 죄로써 금지되었다는 점에서 옳지 않다.
④ 도시정부와 국가정부가 고리대금을 금지하는 법을 제정한 것은 맞다. 하지만 이것이 교회의 요구 때문인지는 제시되어 있지 않아 알 수 없다.

15 ▸ ②

제시문에서는 '사회문제는 윤리적인 문제일 뿐만 아니라 코의 문제, 후각의 문제이기도 한 것이다.'라고 언급하고 있다. 현대 사회의 문제가 코의 문제, 즉 후각의 문제이기도 하다고 주장하고 있지만, 윤리적인 문제가 전혀 없다고 말하는 것은 아니다.

16 ▸ ④

허블상수로 우주의 나이를 구하는 방법을 설명하는 (마)가 맨 앞에 온 뒤, 다음에는 우주의 나이를 측정할 수 있는 다른 방법을 제시하고 있는 (다)가 와야 한다. (다)의 후반부에서 '우주의 나이 문제'를 언급하고 있으므로, 그 다음으로는 이 문제의 해결 방법에 대한 내용을 담고 있는 (라)가 와야 한다. 이후 현대 우주론의 화두인 은하의 생성 과정과 이에 대한 실험 결과인 (가)와 (나)가 차례대로 오는 것이 자연스럽다.

17 ▸ ②

② 2020년 전체 지원자 수 대비 2023년 전체 지원자 수 비율은 다음과 같다.

국어국문학과: $\dfrac{2,638}{3,075} \times 100 ≒ 85.8(\%)$

화학공학과: $\dfrac{8,183}{11,383} \times 100 ≒ 71.9(\%)$

신소재공학과: $\dfrac{3,796}{6,907} \times 100 ≒ 55.0(\%)$

건축학과: $\dfrac{5,325}{10,977} \times 100 ≒ 48.5(\%)$

실용예술학과: $\dfrac{2,499}{4,403} \times 100 ≒ 56.8(\%)$

따라서 2020년 전체 지원자 수 대비 2023년 전체 지원자 수 비율이 가장 낮은 과는 건축학과이다.
① Y대학교 전체 지원자 수의 합이 가장 많은 연도는 3,503 + 14,766 + 3,511 + 12,516 + 4,095 = 38,391(명)이 지원한 2021년이다.
③ 실용예술학과는 매년 남성보다 여성 지원자가 많다.
④ 국어국문학과의 남성 지원자 수와 여성 지원자 수의 전년 대비 증감률은 다음과 같다.

2021년: $\dfrac{2,215-2,117}{2,117} \times 100 ≒ 4.6(\%)$ ← 남성

$\dfrac{1,288-958}{958} \times 100 ≒ 34.4(\%)$ ← 여성

2022년: $\dfrac{1,725-2,215}{2,215} \times 100 ≒ -22.1(\%)$ ← 남성

$\dfrac{1,042-1,288}{1,288} \times 100 ≒ -19.1(\%)$ ← 여성

2023년: $\dfrac{1,578-1,725}{1,725} \times 100 ≒ -8.5(\%)$ ← 남성

$\dfrac{1,060-1,042}{1,042} \times 100 ≒ 1.7(\%)$ ← 여성

따라서 국어국문학과 남성 지원자 수의 전년 대비 증감률이 가장 큰 연도는 2022년이고, 여성 지원자 수의 전년 대비 증감률이 가장 큰 연도는 2021년이다.
⑤ 화학공학과와 신소재공학과의 여성 지원자 수 대비 여성 입학정원 비율을 차례대로 나타내면 다음과 같다.

2020년: $\dfrac{45}{3,224} \times 100 ≒ 1.4(\%)$,

$\dfrac{31}{2,073} \times 100 ≒ 1.5(\%)$

2021년: $\dfrac{45}{4,548} \times 100 ≒ 1.0(\%)$,

$\dfrac{31}{1,067} \times 100 ≒ 2.9(\%)$

2022년: $\dfrac{45}{2,716} \times 100 ≒ 1.7(\%)$,

$\dfrac{31}{1,306} \times 100 ≒ 2.4(\%)$

2023년: $\dfrac{45}{2,460} \times 100 ≒ 1.8(\%)$,

$\dfrac{31}{1,280} \times 100 ≒ 2.4(\%)$

화학공학과에서 여성 지원자 수 대비 여성 입학정원비율이 가장 높은 연도는 2023년이고, 신소재공학과에서 이 비율이 가장 높은 연도는 2021년으로 동일하지 않다.

18 ▸ ①

2023년 국어국문학과의 여성 지원자 수 대비 여성 모집정원 비율은 $\dfrac{65}{1,060} \times 100 ≒ 6.1(\%)$이고, 건축학과의 남성 지원자 수 대비 남성 모집정원 비율은 $\dfrac{209}{3,493} \times 100 ≒ 6.0(\%)$이다. 따라서 국어국문학과의 여성 모집정원 대비 여성 지원자 수 비율과 건축학과의 남성 모집정원 대비 남성 지원자 수 비율의 차는 6.1 − 6.0 = 0.1(%p)이다.

19 ▸ ⑤

⑤ 2020년 B지역 무역 규모는 9,869 + 21,294 = 31,163(천 원), A지역 무역 규모는 2,244 + 19,065 = 21,309(천 원)이다. 따라서, B지역의 무역 규모는 A지역의 무역 규모보다 31,163 − 21,309 = 9,854(천 원), 약 985만 원 많다.
① 첫 번째 표를 보면, '수출 및 이출'이 매년 증가하고 있고, '수입 및 이입'도 2018년을 제외하고 매년 증가하고 있으므로, 이들의 합인 무역 규모도 매년 증가하고 있음을 확인할 수 있다.(2018년 '수입 및 이입' 감소분은 전년대비 약 400만 원이고, '수출 및 이출' 증가분은 전년대비 약 1,500만 원이므로 규모는 매년 증가한다고 할 수 있다.)
② 2022년 수출은 22,099천 원, 이출은 199,849천 원이므로 이출이 차지하는 비중이 더 크다.

③ 2018년 전국 수입 및 이입은 59,694천 원이고, A와 B지역의 수입 및 이익은 11,445 + 12,833 = 24,278천 원이다. $\frac{59,694}{24,278}$ ≒2.46이므로 2배 이상 많다.

④ 갑 국가 내에서 일어난 수출과 수입은 이출, 이입액을 보면 된다. 둘 다 가장 많은 해는 2022년이고, 이때 이출액과 이입액의 차이는 199,849 − 184,918 = 14,931(천 원)으로 1,500만 원을 넘지 않는다.

20 ▸ ②

㉠ 2018년 대비 2019년 티켓 판매실적 증가율은

아프리카가 $\frac{46,525-33,756}{33,756} \times 100$ ≒ 37.8(%),

대양주가 $\frac{168,064-146,089}{146,089} \times 100$ ≒ 15.0(%)로 아프리카

가 대양주의 $\frac{37.8}{15.0} = 2.52$(배)이다.

㉢ 2019년 대비 2020년 티켓 판매실적 감소폭은 북미가 974,153 − 271,487 = 702,666(명)이고, 유럽이 806,438 − 214,911 = 591,527(명)으로 북미가 유럽보다 감소폭이 크다.

㉡ 2019년 일본과 중국 티켓 판매실적의 합은 1,837,782 + 5,984,170 = 7,821,952(명)으로 아시아 티켓 판매실적의 $\frac{7,821,952}{10,799,355} \times 100$ ≒ 72.4(%)를 차지한다.

㉣ 2020년 전체 티켓 판매실적 중 미국 티켓 판매실적이 차지하는 비중은 $\frac{220,417}{2,519,118} \times 100$ ≒ 8.7(%)이다.

21 ▸ ⑤

⑤ 전년 대비 2020년 노선별 티켓 판매실적 감소폭을 구하면 다음과 같다.

아시아 : 10,799,355 − 1,918,037 = 8,881,318(명)
북미 : 974,153 − 271,487 = 702,666(명)
유럽 : 806,438 − 214,911 = 591,527(명)
대양주 : 168,064 − 30,454 = 137,610(명)
아프리카 : 46,525 − 14,374 = 32,151(명)

대양주 노선의 티켓 판매실적 감소폭이 잘못되었으므로, 옳지 않다.

① 아시아 노선 판매실적 중 일본 노선이 차지하는 비중은 다음과 같다.

2018년 : $\frac{3,023,009}{6,749,222} \times 100$ ≒ 44.8(%)

2019년 : $\frac{1,837,782}{10,799,355} \times 100$ ≒ 17.0(%)

2020년 : $\frac{430,742}{1,918,037} \times 100$ ≒ 22.5(%)

수치와 제시된 그래프가 일치하므로 옳다.

② 아시아 노선이 전체 티켓 판매실적에서 차지하는 비중을 우선 구하면 다음과 같다.

2018년 : $\frac{6,749,222}{8,797,658} \times 100$ ≒ 76.7(%)

2019년 : $\frac{10,799,355}{13,233,651} \times 100$ ≒ 81.6(%)

2020년 : $\frac{1,918,037}{2,519,118} \times 100$ ≒ 76.1(%)

이 수치를 전체 100에서 빼면
2018년 23.3%, 2019년 18.4%, 2020년 23.9%가 된다. 수치와 제시된 그래프가 일치하므로 옳다.

③ 2018년 노선별 티켓 판매실적 구성비를 구하면 다음과 같다.

아시아 : 76.7(%)

북미 : $\frac{813,860}{8,797,658} \times 100$ ≒ 9.3(%)

유럽 : $\frac{645,753}{8,797,658} \times 100$ ≒ 7.3(%)

대양주 : $\frac{146,089}{8,797,658} \times 100$ ≒ 1.7(%)

아프리카 : $\frac{33,756}{8,797,658} \times 100$ ≒ 0.4(%)

기타 : $\frac{408,978}{8,797,658} \times 100$ ≒ 4.6(%)

수치와 제시된 그래프가 일치하므로 옳다.

④ 전년 대비 2019년 노선별 티켓 판매실적 증가율을 구하면 다음과 같다.

아시아 : $\frac{10,799,355-6,749,222}{6,749,222} \times 100$ ≒ 60.0(%)

북미 : $\frac{974,153-813,860}{813,860} \times 100$ ≒ 19.7(%)

유럽 : $\frac{806,438-645,753}{645,753} \times 100$ ≒ 24.9(%)

대양주 : $\frac{168,064-146,089}{146,089} \times 100$ ≒ 15.0(%)

아프리카 : $\frac{46,525-33,756}{33,756} \times 100$ ≒ 37.8(%)

수치와 제시된 그래프가 일치하므로 옳다.

22 ▸ ②

㉢ 일본의 1인당 부동산 중개소 방문 횟수가 가장 많은 해는 13.1회인 2012년이고, 그 해 한국의 자가 주택 보유 비중은 100 − 30 − 15 = 55(%)로 50% 이상이다.

㉣ 조사 기간 동안 월세의 비중은 꾸준하게 증가한 반면, 전세의 비중은 2018년을 제외하고 모두 감소 추이를 보이고 있다.

㉠ 한국의 전세 비중이 가장 낮은 해는 26.7%인 2019년이고, 그해 월세 비중의 전년 대비 증가 폭은 18.3 − 18 = 0.3(%p)이다.

㉢ 2015~2019년 스웨덴과 프랑스의 1인당 부동산 중개소 방문 횟수 합은 2015년 9.3회, 2016년 9.2회, 2017년 9.1회, 2018년 8.9회, 2019년 8.9회로, 독일의 방문 횟수가 항상 더 많다.

23 ▸ ③

한국의 전·월세 비중의 차이가 가장 큰 해는 30 − 15 = 15(%p)인 2012년이고, 가장 작은 해는 26.7 − 18.3 = 8.4(%p)인 2019년이다.

따라서, 두 해의 부동산 중개소 방문 횟수의 합은 13.5 + 16.6 = 30.1(회)이다.

24 ▸ ⑤

⑤ 개별난방 비중이 가장 높은 지역은 서울(64.3%)이 아닌 인천(78.7%)이다.

25 ▸ ④

구분	2016년	2017년	2018년	2019년
총 고정투자액	440	464	470	513
총 고정투자율	22	20	25	27
실질 GDP	$\frac{440}{22} \times 100$ $= 2,000$	$\frac{464}{20} \times 100$ $= 2,320$	$\frac{470}{25} \times 100$ $= 1,880$	$\frac{513}{27} \times 100$ $= 1,900$

④ $\frac{27}{22} ≒ 1.22$ 로 1.2배 이상이며, 2019년의 실질 GDP는 2016년의 실질 GDP보다 낮다.

① 2017년과 2018년을 보면 건설투자액과 설비투자액이 모두 2018년보다 적은 2017년이 실질 GDP는 더 높은 것을 알 수 있으므로, 무조건 감소한다고 볼 수 없다.

② 2017년의 총 고정투자율은 가장 낮지만 실질 GDP는 2,320조 원으로 가장 높다.

③ 2018년의 실질 GDP는 1,880조 원이다.

⑤ 총 고정투자액은 매년 증가하나 실질 GDP는 증감을 반복한다.

26 ▸ ②

② 스마트워크를 한 번도 이용해 보지 않은 고졸 이하의 설문자는 102 × 0.922 ≒ 94(명)이다. 따라서 스마트워크를 한 번도 이용해 보지 않은 전문대학 졸업자인 225 × 0.902 ≒ 203(명)의 절반인 약 101명보다 적다.

① 5.9 + 78.8 = 84.7(%)로 고졸 이하가 가장 높다.

③ 재직기간이 6~10년인 사람들 중 스마트워크를 4번 이상 이용한 사람은 498 × 0.027 ≒ 13(명)이므로 10명 이상이다.

④ 재직기간이 5년 이하인 사람들 중 스마트워크를 2~3번 이용한 사람과 재직 기간이 6~10년인 사람들 중 2~3번 이용한 사람들의 비율은 모두 1.3%이지만 조사 인원이 각각 437명과 498명이므로 재직기간이 5년 이하인 사람들이 더 적다.

⑤ 26년 이상 재직한 사람들 중 스마트워크에 대해 만족하지도 않고 불만족하지도 않은, 이용 만족도가 보통인 사람은 47.5%로 절반 이하이다.

27 ▸ ④

대학원 석사 졸업 학력인 설문자들의 만족 비율은 39.7%이므로 10.3 + 39.7 = 50(%)이다.

따라서 만족하는 사람의 수는 112 × 0.5 = 56(명)이다.

28 ▸ ④

① 사회적협동조합은 1순위, 지역형 예비사회적기업은 2순위이다.

② 사용개시일(또는 열쇠교부일)로부터 2년간 사용할 수 있다.

③ 신청은 우편접수 및 방문접수가 가능하다.

⑤ 사업의 목적이나 실현가능성은 '사업계획의 적합성'으로 10점 배점, 단지 내 사회공헌 활동은 '사회공헌'으로 10점 배점이다. 비중이 동일하다.

29 ▸ ④

④ '심사 및 선정'을 보면, 경쟁이 없는 경우라도 75점 이상을 득점하여야 입주가 가능하다고 하였으므로, 최소 기준점수가 75점임을 알 수 있다.

30 ▸ ③

A~E 법인의 심사점수를 계산하면 다음과 같다.(3개 심사항목별 점수의 평균을 더하여 구함)

A : 19.25 + 40.75 + 16.75 = 76.75

B : 17.25 + 38.5 + 29.75 = 85.5

C : 20 + 42.25 + 23.75 = 86

D : 16.25 + 37.75 + 20.75 = 74.75

E : 17.75 + 36.5 + 24 = 78.25

최고득점 법인은 C법인이다.

31 ▸ ①

월임대료를 최소로 하는 경우를 계산하면 아래와 같다.

갑 : 1억 3천만 원까지 지원 가능하므로, 1억 원 모두를 지원받을 수 있다. 따라서 전세지원액 1억 원의 5%인 500만 원을 제외한 9,500만 원에 연 1% 금리를 적용하면 연 95만 원이고, 950,000원 ÷ 12 ≒ 79,000원이다.

을 : 광역시 지원한도인 9천 만 원을 지원받을 수 있다. 전세지원액 9천만 원의 5%인 450만 원을 제외한 8,550만 원에 연 1%의 금리를 적용하면 연 855,000원이고, 855,000원 ÷ 12 ≒ 71,000원이다.

병 : 기타 지역 주택이므로 최대 7천만 원이 지원한도이고, 전세금액 6천만 원을 지원받을 수 있다. 전세지원액 6천만 원의 5%인 300만 원을 제외한 5,700만 원에 연 1%의 금리를 적용하면 연 570,000원이고, 570,000원 ÷ 12 ≒ 47,000원이다.

따라서, 최소로 산정한 세 가구의 월임대료의 합은 79,000원 + 71,000원 + 47,000원 = 197,000원이다.

32 ▶ ②

김 과장과 이사의 교통비, 식비, 숙박비, 일비를 계산해보면 다음과 같다.

ⅰ) 교통비

예외 없이 실비로 지급하고, 2명이 함께 이동하므로

$(23,000 + 19,000 + 43,000) \times 2 = 170,000$(원)이 나온다.

ⅱ) 식비

1일 차에 75,000원이 발생하였는데, 임원의 경우 실비처리되므로 모두 지급받고, 과장의 식비는 1일 36,000원으로 $36,000원 \times 2 = 72,000$(원)을 받게 되므로 모두 합하면 147,000원이다.

ⅲ) 숙박비

1인당 90,000원을 사용하였는데, 과장의 경우 70,000원이 한도이므로 총 160,000원이 지급된다.

ⅲ) 일비

이사는 $20,000원 \times 2 = 40,000$(원), 과장은 $15,000원 \times 2 = 30,000$(원)을 지급받는다.

교통비, 식비, 숙박비, 일비를 모두 합하면

$170,000 + 147,000 + 160,000 + 70,000 = 547,000$(원)이다.

33 ▶ ④

전년도 대비 온실가스 감축률을 항목별로 구하면 아래와 같다.

전기 : $\frac{460 - 400}{460} \times 100 ≒ 13.0(\%)$

상수도 : 전년 대비 사용량이 증가했으므로 감축률을 구할 수 없다.

도시가스 : $\frac{85 - 67}{85} \times 100 ≒ 21.2(\%)$

전기 감축률은 10% 이상~15% 미만이므로 10,000포인트, 도시가스 감축률은 15% 이상이므로 8,000포인트로 모두 18,000포인트를 받게 된다.

34 ▶ ①

2021~2024년 법인 A와 B가 받을 수 있는 탄소포인트를 계산해 보자.

ⅰ) 법인 A

• 전기 : 2022년에만 $\frac{12,000 - 10,000}{12,000} \times 100 ≒ 16.6(\%)$ 감축하였다.

 따라서, 2022년에 60,000P를 받을 수 있다.

• 상수도 : 2022년에는 전년 대비 20%, 2023년에는 20%, 2024년에는 6.25%를 감축하였다.

 2022년 8,000P, 2023년 8,000P, 2024년 3,000P를 받을 수 있다.

• 도시가스 : 2023년에 전년 대비 9.1%, 2024년에 10% 감축하였다.

 2023년에 12,000P, 2024년에 24,000P를 받을 수 있다.

받게 되는 탄소포인트의 총합은 $60,000 + 19,000 + 36,000 = 115,000$P이다.

ⅱ) 법인 B

• 전기 : 2023년에는 전년 대비 6.7%, 2024년에는 14.3%를 감축하였다.

 2023년에는 20,000P, 2024년에는 40,000P를 받을 수 있다.

• 상수도 : 제시된 기간 동안 감축한 바가 없으므로 탄소포인트를 받을 수 없다.

• 도시가스 : 2022년에는 전년 대비 13.2%, 2023년에는 9.1%를 감축하였다.

 2022년에는 24,000P, 2023년에는 12,000P를 받을 수 있다.

받게 되는 탄소포인트의 총합은 $60,000 + 36,000 = 96,000$P이다.

㉠ 법인 A는 총 100,000P 이상의 탄소포인트를 받을 수 있다.

㉡ 법인 B는 탄소포인트 96,000P를 받게 된다.

㉢ 유지 인센티브는 4회 이상 연속으로 5% 이상 감축하여야 받을 수 있다. 법인 A는 전기 사용량을 2022년에만 전년 대비 감축하였으므로 이를 받을 수 없다.

35 ▶ ②

제시된 정보로 평가기준을 반영해 총점을 구하면 다음과 같다.

구분	계량평가(점)				총점
	신용등급	가격평가		사업실적	
		납부 비율	기간		
갑	70	42	30	30	172
을	70	47	44	30	191
병	65	50	26	20	161
정	60	35	32	25	152
무	65	42	50	25	182

따라서, 우선협상 대상자가 될 수 있는 업체는 총점이 가장 높은 을 업체이다.

36 ▶ ②

35번 문제에서 신용등급 점수는 그대로이고, 가격평가와 사업실적 점수를 다시 매겨야 한다. 수정된 기준을 반영해 총점을 구하면 다음과 같다.

구분	계량평가(점)			총점
	신용등급	가격평가	사업실적	
갑	70	65	50	185
을	70	70	45	185
병	65	65	35	165
정	60	65	40	165
무	65	80	35	180

갑과 을의 총점이 185점으로 가장 높은데, 이 중 평가항목의 배점이 가장 높은 가격평가 항목의 점수가 높은 업체는 을이다. 따라서, 우선협상 대상자가 되는 업체는 을이다.

37 ▸ ④

300명 이상 수용이 가능해야 하므로 수용인원이 250명인 A호텔은 제외한다.

B호텔, C호텔, D리조트를 이용했을 때의 비용을 계산해 보면, 다음과 같다.

B호텔: 평일 대관료 70만 원 + 장비 대여료(노트북 30대 × 1,500원 + 빔 3대 × 3,000원 + 통역기 300대 × 500원) = 90만 4천 원

C호텔: 평일 대관료 65만 원 + 장비 대여료(노트북 30대 × 3,000원 + 빔 3대 × 0원 + 통역기 300대 × 0원) = 74만 원

D리조트: 평일 대관료 60만 원 + 장비 대여료(노트북 30대 × 2,000원 + 빔 3대 × 0원 + 통역기 300대 × 600원) = 84만 원

필요한 조건을 충족시키며 비용을 가장 많이 줄일 수 있는 선택은 C호텔의 세미나실을 예약하는 것이다.

C호텔 연간회원 가입의 경우, 대관료 할인혜택이 13만 원으로 회원 가입비보다 작아 가입하는 것이 비용을 줄이는 데 도움이 되지 못한다.

38 ▸ ④

ⅰ) 서울에서 부산까지 비행기 이용

회사(자가용 : 103분) → 김포공항(비행기 : 40분) → 김해공항(공항 리무진 버스 : 45분) → 센텀시티 = 총 3시간 8분

ⅱ) 서울에서 부산까지 KTX 이용

회사(자가용 : 60분) → 서울역(KTX : 2시간 30분) → 부산역(9인승 콜밴 : 30분) → 센텀시티 = 총 4시간

ⅰ)의 경우가 소요 시간이 짧으므로, 비행기 - 공항 리무진 버스를 이용한다.

39 ▸ ③

일단 비행기표를 사전에 예매하지 못했으므로 ①과 ⑤는 선택에서 제외한다.

서울역에서 8시 30분에 출발하고 부산 센텀시티에는 적어도 11시 30분에 도착해야 하므로 사용 가능한 시간은 3시간이다. 이때 KTX 시간 2시간 30분을 제외하면 나머지 30분으로 이용할 수 있는 교통수단은 9인승 콜밴밖에 없다.

40 ▸ ①

예술성 : 기술성의 가중치는 3 : 1이므로

각 심사위원의 점수 = 예술성 × 3 + 기술성으로 세 팀의 총점을 계산하면

23번 팀 : (5 + 6 + 7) × 3 + (6 + 5 + 6) = 71(점)

44번 팀 : (5 + 4 + 3) × 3 + (7 + 7 + 6) = 56(점)

68번 팀 : (4 + 5 + 8) × 3 + (6 + 7 + 9) = 73(점)

이므로 우승팀은 68번 팀(4명)이다.

각 광고의 수익을 계산하면

광고 A : 1,000 + 200 × 12 = 3,400(만 원)

광고 B : 2,000 + 170 × 6 = 3,020(만 원)

광고 C : 2,500 + 150 × 8 = 3,700(만 원)

광고 D : 1,800 + 120 × 10 = 3,000(만 원)

이므로 최다수익을 낼 수 있는 광고는 C, 3,700(만 원)이다.

따라서 68번 팀의 개인당 광고수익은 $\dfrac{3,700}{4} = 925$(만 원)이다.

제3회 직업기초능력평가

01. ②	02. ④	03. ⑤	04. ④	05. ②
06. ②	07. ④	08. ④	09. ③	10. ⑤
11. ③	12. ⑤	13. ⑤	14. ④	15. ④
16. ②	17. ④	18. ②	19. ③	20. ⑤
21. ⑤	22. ②	23. ③	24. ③	25. ⑤
26. ③	27. ④	28. ②	29. ①	30. ①
31. ③	32. ⑤	33. ①	34. ②	35. ②
36. ③	37. ⑤	38. ④	39. ②	40. ⑤

01 ▸ ②

② 공공임대주택은 다세대·연립·오피스텔 등 신축주택과 아파트를 LH가 매입해 시세보다 저렴한 조건으로 임대한다.
① 935호 중 수도권에서 610호를 모집하므로, 수도권 지역에서 절반 이상을 모집한다.
③ 정확한 일정은 LH청약센터에 게시된 공고문을 확인해야 한다.
④ 내부 VR, 평면 등 주택에 대한 정보를 확인할 수 있다.
⑤ 가구원 수가 2인 이하인 경우 2순위로 신청하면 된다.

02 ▸ ④

① 욕실에서 나는 소음은 양변기와 샤워기에서 배출되는 용수가 아래층 천장 내부에 설치된 배관으로 내려가면서 발생한다.
② 당해층배관 공법을 사용할 경우 화장실 배수소음이 기존 46dB에서 38dB로 8데시벨 저감된다.
③ LH는 당해층 배기방식을 2023년에는 분양지구 욕실과 주방, 임대지구 욕실에 적용을 완료했다고 하였다. 2023년부터 적용한 것은 아니다.
⑤ 욕실배관에 당해층배관 공법을 적용할 경우, 욕실면적이 증가한다.

03 ▸ ⑤

⑤ 품질 확보를 위한 설계 개선사항 등을 검토 중이라고 하였으므로 개선사항이 견본 세대에 모두 반영된 것은 아니다.
② LH가 2024년 10월 3일 바이오필릭 디자인을 적용한 고령자 친화형 주택 리모델링 계획을 발표했고, 이는 영구임대 최초로 바이오필릭 디자인을 적용하는 것이라 하였으므로 이전에는 적용된 적이 없다고 볼 수 있다.

04 ▸ ④

④ 콜센터 전화상담 후 담당자 연결 요청 시 지자체 등 담당자를 연결하고 추가 면담요청 시 예약이 진행된다. 별도의 요청 없이 콜센터 상담사가 담당자를 연결해주는 것은 아니다.

05 ▸ ②

ⓒ 분당, 일산, 평촌, 산본, 중동 등 모든 1기 신도시에는 2024년 1월 30일 센터가 개소되었고, 2024년 상반기까지 지자체별로 사무실 확장 등을 할 예정이다.

06 ▸ ②

① 시설물 안전점검 및 진단분야도 다른 분야와 같은 00명 모집이므로, 가장 많은 인원을 모집하는지는 알 수 없다.
③ 시설물 안전사고 발생 시 사고조사를 위한 긴급점검을 맡게 된다. 언론 대응업무를 맡게 되는 것은 아니다.
④ 건설현장 및 공동주택 시설물 안전점검 관련 유경력자를 우선 선발한다고 하였다. 유경력자를 가장 많이 선발한다는 것은 아니다.
⑤ 문자 또는 이메일로 개별통지한다고 하였다. 홈페이지에 공개한다고 하지는 않았다.

07 ▸ ④

③ 증빙자료 미제출 시 자격미달로 자문단 선정에서 제외될 수 있다.

08 ▸ ④

㉠ LH 최초의 필리핀 사업이라고 하였다. 최초의 해외사업인지는 알 수 없다.
ⓒ 클락프리포트존은 제조업, 항공기 유지보수, 서비스 관련 업종 기업 유치가 진행될 예정이다.
㉣ 필리핀 마발라캇시에 조성된 클락프리포트존의 개발권 및 투자유치권은 필리핀 국영 공기업인 CDC가 보유하고 있다.
ⓒ 현재 진행 중인 타당성 조사가 완료되면 본격적으로 클락 스마트시티 개발사업을 추진할 예정이라고 하였으므로, 현재 타당성 조사가 진행 중인 것이 맞다.

09 ▸ ③

③ 공모전 수상작을 (사)한글문화연대 누리집과 쉬운 우리
말을 쓰자 누리집에서 확인할 수 있다고 하였다. 수상작 외
에 다른 용어들도 누리집에 싣는지는 알 수 없다.

10 ▸ ⑤

⑤ 제도개선을 검토한다고는 했으나, 2023년 말까지 제도
개선책을 추진한다는 언급은 없다.

11 ▸ ③

㉠ 중심부에 녹지공간, 6개 주요 기능은 거점별로 분산 배치
한다.
㉣ 중앙행정기관 47개, 공공기관 9개, 국책연구기관 16개
등 총 72개 기관이 세종시로 이전하였다.

12 ▸ ⑤

공유농업 이전 단계에서 소비자는 생산자인 농촌 측에서 일
방적으로 제공하는 프로그램을 골라 농촌 활동에 참여하는
식으로 소극적인 참여를 했으나, 공유농업 개념의 도입으로
중재자인 활동가가 생산자와 소비자의 니즈를 모두 효율적
으로 반영하여 조율하고 프로젝트를 개발하는 등 소비자의
요구가 더욱 적극적으로 반영되는 구조이기 때문에 소비자
의 역할이 축소된다고 보는 것은 적절치 않다.

13 ▸ ⑤

이 글은 폐쇄적인 계급사회인 영국의 학벌주의에 관한 내용
을 담고 있다. 빈칸의 바로 뒤에 이어지는 문장에서 영국의
학벌주의가 미국으로 건너간 뒤 전 세계로 전파되었다는 이
야기를 하고 있으므로 그 앞 문장인 (가)에는 영국이 학벌주
의의 시발점이라는 내용이 들어가는 것이 문맥상 적절하다.
따라서 (가)에는 '영국 사람들이야말로 학벌주의를 탄생시
킨 장본인일 것이다.'라는 문장이 오는 것이 적절하다.

14 ▸ ④

④ '다이나모 이론'은 지구 내부의 '철의 바다'로 이루어진
외핵이 지구 자전으로 전류를 만들면서 지구 자기장을 생성
한다고 설명하고 있다.

15 ▸ ④

제시된 글에서는 최하부 단위에서의 설계나 수리가 어렵다
는 점을 말하고 있다. 그 다음으로는 변속기, 시동장치, 냉각
기 등으로 구분해야 진단 및 유지·보수가 쉬워진다는 내용
의 (라)가 와야 한다. 이어서 특정 목적을 수행하는 의미 있

는 구성단위를 설명하는 (가)가 연결되어야 한다. 다음으로
이러한 원리를 소프트웨어에도 도입했다는 내용의 (다)와
이것이 소프트웨어 발전의 중요한 열쇠가 될 수 있다는 내
용의 (나)가 차례대로 오면 된다.

16 ▸ ②

② 정부의 과다한 세금 징수가 시민 혁명이나 민중 봉기의
원인 중 하나인 것은 맞지만 가장 큰 원인이라고 하지는 않
았다.

17 ▸ ④

㉠ 55~64세 인구 비율은 계속해서 증가하는 추세를 보이
고, 2030년에는 2005년 대비 $\frac{16.4}{8.9}$ ≒ 1.8(배) 증가할 것으
로 전망된다.
㉡ 2030년 25~54세 인구비율은 15~24세 인구비율보다
$\frac{39.6}{8.6}$ ≒ 4.6(배) 많을 것으로 전망된다.
㉢ 2020년 전체 인구수는 $\frac{4,680}{0.9}$ = 5,200(만 명)이다.
2020년 75세 이상 인구수는 5,200 × 0.066 = 343.2(만 명)
이고, 2030년 75세 이상 인구수는 4,680 × 0.098 ≒ 458.6
(만 명)이므로 차이는 458.6 − 343.2 = 115.4(만 명)으로 옳
은 설명이다.
㉣ 65세 이상 인구비율과 15~24세 인구비율 차이는 2005년
에 14.4 − 9.3 = 5.1(%p)이고, 2030년에는 24.1 − 8.6 =
15.5(%p)로 전망되므로 옳지 않은 설명이다.

18 ▸ ②

② GDP 대비 공교육비 민간부담률 = $\frac{\text{총 공교육비 민간지출금}}{\text{당해 연도 GDP}}$
×100이므로 총 공교육비 민간지출금=당해 연도 GDP ×
GDP 대비 공교육비 민간부담률 ÷ 100이다.
2015년 이탈리아의 GDP를 x 라 하면 일본의 GDP는 $1.8x$ 이
므로, 이탈리아의 총 공교육비 민간지출금은 $x × 0.5 ÷ 100$
$= 0.005x$, 일본의 총 공교육비 민간지출금은 $1.8x × 1.2$
$÷ 100 = 0.0216x$ 이다.
따라서 2015년에 일본은 이탈리아보다 $\frac{0.0216x}{0.005x}$ = 4.32(배)
많은 민간지출금을 공교육에 투자했다.

19 ▸ ③

2020년 우리나라의 GDP 대비 공교육비 민간부담률은 1.7%
이므로, 총 공교육비 민간지출금은 $13,500 × 10^8 × 1.7 ÷ 100$
$= 2,295,000$(만 달러)이다.

20 ▶ ⑤

① A사 17.5점, B사 17.5점으로 총점이 같다.

② B사와 C사의 안전성 점수 합은 8.5점이고, D사와 E사의 정시성 점수 합은 8.0점으로 전자가 더 높다.

③ 업체별 총점을 구하면, A사 17.5점, B사 17.5점, C사 14.5점, D사 18점, E사 15.5점이다. 따라서 C사가 가장 낮고 D사가 가장 높다.

④ '소비자 보호 조치 충실성' 점수는 D사가 4.5점으로 가장 높다.

⑤ 업체별로 가중치를 적용한 점수는 다음과 같다.

A사 : 0.9 + 1.2 + 1.5 + 0.8 = 4.4(점)

B사 : 0.8 + 1.2 + 1.35 + 1 = 4.35(점)

C사 : 0.6 + 1.2 + 1.2 + 0.7 = 3.7(점)

D사 : 0.8 + 1.35 + 1.35 + 1 = 4.5(점)

E사 : 0.9 + 1.2 + 1.2 + 0.6 = 3.9(점)

가중치를 부여해도 총점이 가장 높은 업체는 D가 되므로 달라지지 않는다.

21 ▶ ⑤

⑤ 국내외 노선 수 대비 총 운항 횟수는 다음과 같다.

D항공 : $\frac{771}{134}$ ≒ 5.75, A항공 : $\frac{594}{93}$ ≒ 6.39,

K항공 : $\frac{14}{11}$ ≒ 1.27, B항공 : $\frac{33}{12}$ = 2.75,

P항공 : $\frac{7}{4}$ = 1.75, N항공 : $\frac{8}{3}$ ≒ 2.67, S항공 : $\frac{22}{3}$ ≒ 7.33,

L항공 : $\frac{8}{10}$ = 0.8, R항공 : $\frac{5}{8}$ ≒ 0.63, E항공 : $\frac{41}{6}$ ≒ 6.83,

T항공 : $\frac{63}{16}$ ≒ 3.94, U항공 : $\frac{24}{4}$ = 6

따라서 국내외에서 노선 수 대비 총 운항 횟수가 가장 많은 항공사는 S항공이다.

① 국외 항공사 여객지수는 다음과 같다.

K항공 : $\frac{11}{14}$ ≒ 0.79, B항공 : $\frac{22}{33}$ ≒ 0.67,

P항공 : $\frac{1}{7}$ ≒ 0.14, N항공 : $\frac{2}{8}$ = 0.25, S항공 : $\frac{13}{22}$ ≒ 0.59,

L항공 : $\frac{5}{8}$ ≒ 0.63, R항공 : $\frac{2}{5}$ = 0.4, E항공 : $\frac{19}{41}$ ≒ 0.46,

T항공 : $\frac{23}{63}$ ≒ 0.37, U항공 : $\frac{9}{24}$ ≒ 0.38

따라서 국외 항공사중 여객지수가 세 번째로 높은 곳은 L항공이다.

② 국내 D항공의 여객지수는 $\frac{635}{771}$ ≒ 0.82로 D항공보다 여객지수가 높은 국외 항공은 없다.

③ 국외 항공사 중 여객지수가 낮은 순서대로 나열하면 P항공, N항공, T항공이다.

④ 화물지수와 여객 운항 횟수는 반비례한다.

22 ▶ ②

2024년 2분기 D항공의 총 운항 횟수는 771×3 = 2,313이고, A항공의 여객 운항 횟수는 512×0.5 = 256이다.

따라서 2024년 2분기 D항공의 총 운항 횟수와 A항공의 여객 운항 횟수의 차는 2,313 − 256 = 2,057이다.

23 ▶ ③

③ 2월의 사고건수당 부상자수를 구하면 주간이 $\frac{11,440}{7,241}$ ≒ 1.58(명)이고, 야간이 $\frac{10,215}{6,946}$ ≒ 1.47(명)으로, 주간이 더 많다.

① 월별 사고건수와 부상자수는 모두 주간이 야간보다 많다.

② 사망자수는 1월 389명, 2월 335명, 3월 409명, 4월 380명, 5월 420명, 6월 436명으로, 사망자수가 가장 많은 달과 가장 적은 달의 사망자수 차이는 436 − 335 = 101(명)이다.

④ 야간의 사고건수당 부상자수는 1월 약 1.57명, 2월 약 1.47명, 3월 약 1.53명, 4월 약 1.55명, 5월 약 1.52명, 6월 약 1.50명으로 두 번째로 많은 달은 4월이다.

⑤ 전월 대비 주간 교통사고 사망자수의 변화율을 구하면 2월 약 −28.4%, 3월 약 45.6%, 4월 약 −17.2%, 5월 약 31.1%, 6월 약 −9.3%로 3월 증감률이 가장 크다.

24 ▶ ③

ⓒ 자료에 제시되지 않은 업종별 기술인력 비중을 구하면 다음과 같다.

음반녹음시설 운영업 : $\frac{50,100}{61,855}$ × 100 ≒ 81.0(%)

음반 복제업 : $\frac{92,873}{178,734}$ × 100 ≒ 52.0(%)

음반도매업 : $\frac{36,197}{131,485}$ × 100 ≒ 27.5(%)

음반소매업 : $\frac{118,524}{325,461}$ × 100 ≒ 36.4(%)

인터넷/모바일 음악서비스업 : $\frac{203,988}{416,111}$ × 100 ≒ 49.0(%)

음악공연 기획 : $\frac{65,289}{122,066}$ × 100 ≒ 53.5(%)

음악 오디오물 출판업 : $\frac{139,454}{234,940}$ × 100 ≒ 59.4(%)

따라서 기술인력 비중이 50% 이상인 업종은 음악 기획업, 음반녹음시설 운영업, 음반 복제업, 음원대리중개업, 음악공연 기획, 음악 오디오물 출판업으로 총 6개이다.

ⓒ 음악 오디오물 출판업의 기술인력 부족률은 $\frac{6,205}{145,659}$ × 100 ≒ 4.3%로 5% 미만이다.

㉠ 음악녹음시설 운영업의 기술인력 비중은 81%로 80% 이상이다.

www.pmg.co.kr

ⓔ 자료에 제시되지 않은 업종별 기술인력 부족률을 구하면 다음과 같다.

음악 기획업 : $\frac{4,097}{157,778} \times 100 ≒ 2.6(\%)$

음반녹음시설 운영업 : $\frac{256}{50,356} \times 100 ≒ 0.5(\%)$

음반 배급업 : $\frac{1,061}{32,633} \times 100 ≒ 3.3(\%)$

음원대리중개업 : $\frac{651}{60,952} \times 100 ≒ 1.1(\%)$

음악 오디오물 출판업 : 4.3(%)

음악 오디오물 제작업 : $\frac{405}{23,525} \times 100 ≒ 1.7(\%)$

따라서 기술인력 부족률이 두 번째로 낮은 업종은 1.1%인 음원대리중개업이다.

25 ▸ ⑤

총산업인력이 두 번째로 많은 업종은 기타음악공연서비스업이고, 세 번째로 적은 업종은 음원대리중개업이다. 이때 기술인력 비중의 차이는 56.2 − 36.9 = 19.3(%p)이고, 기술인력 부족률의 차이는 3.3 − 1.1 = 2.2(%p)이다.

26 ▸ ③

③ 2021년 모든 구단의 평균 관중수용률은 2019년과 비교했을 때 양키 스타디움은 4.5%p, 론디포 파크는 4.8%p, 체이스 필드 0.6%p, 부시 스타디움 2.4%p, 시티 필드 2.4%p, 코메리카 파크 2.2%p, 에인절 스타디움 3.5%p 증가했으므로 모두 5% 미만이다.
① 에인절 스타디움의 평균 관중수용률은 매년 다른 홈구장에 비해 높다.
② 2023년 코메리카 파크의 평균 관중 수는 45,280 × 0.274 ≒ 12,407(명)이고, 부시 스타디움의 평균 관중 수는 48,581 × 0.283 ≒ 13,748(명)으로 부시 스타디움의 평균 관중 수가 더 많다.
④ 2022년 이후 홈구장을 증축한 곳은 수용인원이 늘어난 것으로 확인할 수 있다. 양키 스타디움과 체이스 필드, 시티 필드이다.
⑤ 2019년 평균 관중 수가 가장 많은 구단은 45,517 × 0.659 ≒ 29,996(명)인 에인절 스타디움이다.

27 ▸ ④

전년 대비 2025년 모든 홈구장의 평균 관중 수는 다음과 같다.
양키 스타디움 : 50,960 × 0.754 ≒ 38,423(명)
론디포 파크 : 36,742 × 0.6 ≒ 22,045(명)
체이스 필드 : 50,180 × 0.35 ≒ 17,563(명)
부시 스타디움 : 48,581 × 0.467 ≒ 22,687(명)
시티 필드 : 45,186 × 0.324 ≒ 14,640(명)

코메리카 파크 : 45,280 × 0.314 ≒ 14,217(명)
에인절 스타디움 : 64,406 × 0.771 ≒ 49,657(명)
따라서 2025년 평균 관중 수가 가장 많은 홈구장과 가장 적은 홈구장의 관중 수 차이는 49,657 − 14,217 = 35,440(명)이다.

28 ▸ ②

㉠ 장애인표준사업장의 경우 가산점 10점을, 업무수행 만족도 조사에서 '상' 등급을 받은 경우 2점의 가산점을 얻을 수 있다. 단, 중복될 경우 가장 높은 점수 하나만 인정하므로 가산점은 10점이다.
㉢ 85점 이상인 업체가 3개 미만인 경우 85점 이상인 업체만 선정한다. 재평가에 대한 언급은 찾아볼 수 없다.
㉡ 품질평가 기준에서 연구보고서와 LH인사이트 모두 본문 인쇄품질 평가 항목의 배점이 더 높으며, 이때 본문 인쇄품질 평가 항목에는 본문과 표, 그림의 편집 수준이 포함된다.

29 ▸ ①

A~F업체의 합산점수는 아래와 같다.(D와 F업체는 가점까지 계산한다. 단, 가점은 30점 만점인 실적평가 점수 내에서만 적용할 수 있다. 즉, 가점이 10점 적용되더라도 30점 만점이므로 30점 내로만 적용된다.)
A : 63+25+4=92(점)
B : 63+29+3=95(점)
C : 57+20+3=80(점)
D : 61+22+4=87(점), 가점 2점을 적용하면 89점
E : 58+21+3=82(점),
F : 62+18+5=85(점), 가점 10점을 적용하면 95점
따라서 85점 이상인 업체는 A, B, D, F이고 이 중 고득점을 받은 A, B, F가 선정된다.

30 ▸ ①

① 생애최초의 경우 3억 원까지 대출 가능하다.
② 부부합산 연소득 6천만 원 이하여야 대출이 가능하나, 2자녀가구라면 연소득 7천만 원 이하까지 가능하다.
③ 소유권이전등기 접수일로부터 3개월 이내까지 신청해야 한다. 3개월 이내이므로 대출 신청이 가능하다.
④ 주거 전용면적이 85m² 이하 주택이어야 한다.
⑤ 가입기간이 3년 이상이고 36회차 이상 납입한 경우에는 연 0.2%p 금리우대가 가능하다.

31 ▸ ③

(가) 기본 대출금리는 소득수준 2천만 원 초과~4천만 원 이하에 속하고 대출기간 15년이므로 연 2.10%이다. 연소득 6천만 원 이하 한부모가구이므로 연 0.5%p의 금리우대를 받는다. 또한 1자녀가구이므로 추가금리우대 연 0.3%p를 받는다.

따라서 2.10%에서 0.8%p 우대금리를 적용하면 최종금리는 연 1.3%이다. 단, 우대금리 적용 후 최종금리가 연 1.5% 미만이므로, 연 1.5%로 적용한다.
(나) 기본 대출금리는 소득수준 4천만 원 초과~7천만 원 이하에 속하고 대출기간 30년이므로 연 2.40%이다. 2자녀가구이므로 연 0.5%p, 청약저축 가입자이므로 연 0.2%p의 금리우대를 받는다. 따라서 2.40%에서 0.7%p 우대금리를 적용하면 최종금리는 연 1.7%이다.
(다) 기본 대출금리는 소득수준 4천만 원 초과~7천만 원 이하에 속하고 대출기간 10년이므로 연 2.15%이다. 생애최초 주택구입자이므로 연 0.2%p의 금리우대를 받고(장애인가구로 연 0.2%p의 금리우대에도 해당하나, 중복 적용되지 않으므로 한 개 항목만 적용), 청약저축 가입자이므로 연 0.1%p의 추가금리우대를 받는다. 따라서 2.15%에서 0.3%p 우대금리를 적용하면 최종금리는 연 1.85%이다.
(라) 기본 대출금리는 소득수준 4천만 원 초과~7천만 원 이하에 속하고 대출기간 15년이므로 연 2.25%이다. 생애최초 주택구입자이므로 연 0.2%p의 금리우대와, 1자녀가구이므로 연 0.3%p의 추가금리우대를 받는다. 따라서 2.25%에서 0.5%p 우대금리를 적용하면 최종금리는 연 1.75%이다.
대출금리가 가장 높은 경우는 (다), 가장 낮은 경우는 (가)이다.

32 ▸ ⑤

B업체의 학습내용 점수는 업체들 중 가장 높으므로 ㉠에 들어갈 점수는 29 또는 30이다.
E업체의 교수법 점수는 C업체보다는 높고 B업체보다는 낮으므로 ㉡에 들어갈 점수는 15 또는 16이다.
이를 적용하여 A~E 업체의 평가점수 총합을 구하면 다음과 같다.
A : 28 + 23 + 19 + 10 + 7 = 87
B : 29(30) + 25 + 17 + 8 + 10 = 89(90)
C : 24 + 30 + 14 + 9 + 9 = 86
D : 22 + 26 + 20 + 6 + 9 = 83
E : 21 + 20 + 15(16) + 9 + 8 = 73(74)
평가점수 총합이 가장 높은 2개 업체는 A업체(87점), B업체(89점 또는 90점)이다.
여기에 제시된 기준에 따라 가점을 부여한 최종 평가점수는 다음과 같다.
A : 사업기간이 17년이므로 2점 가점, 공사 기준 제시가격 수준이 95%로 3점 가점, 연평균 실적건수가 업계평균보다 높은 37건이므로 1점 가점이므로 총 6점의 가점이 부여되어 최종 평가점수는 93점이 된다.
B : 사업기간이 23년이므로 2점 가점, 공사 기준 제시가격 수준이 90%로 1점 가점이므로 총 3점의 가점이 부여되어 최종 평가점수는 92점 또는 93점이 된다.
⑤ ㉠에 들어갈 점수가 30점이라면 최종 평가점수는 A업체와 B업체 모두 동일하게 93점이 된다. 이 경우 '학습내용' 평가항목의 점수가 높은 업체의 시안을 선택하므로, '학습내용' 항목 점수가 30점인 B업체의 시안을 선택하게 된다.

① 학습체계 점수가 가장 높은 C업체 시안은 채택되지 않는다.
② ㉠에 들어갈 점수는 29 또는 30, ㉡에 들어갈 점수는 15 또는 16이므로, ㉠, ㉡에 들어갈 점수의 합은 44 이상 46 이하이다.
③ 0점 또는 3점의 가점을 부여받는다.
④ ㉡에 들어갈 점수가 '16'일 경우 E업체의 최종 평가점수는 74점으로, 5개 업체 중 평가점수가 가장 낮다.

33 ▸ ①

A~E 업체의 평가점수 총합을 구하면 다음과 같다.
A : 28 + 23 + 19 + 10 + 7 = 87
B : 20 + 25 + 17 + 8 + 10 = 80
C : 24 + 30 + 14 + 9 + 9 = 86
D : 22 + 26 + 20 + 6 + 9 = 83
E : 21 + 20 + 17 + 9 + 8 = 75
평가점수 총합이 가장 높은 2개 업체는 A업체(87점), C업체(86점)이고, 가점을 부여한 최종 평가점수는 다음과 같다.
A : 총 6점의 가점이 부여되어 최종 평가점수는 93점이 된다.
C : 사업기간이 12년이므로 2점 가점, 공사 기준 제시가격 수준이 98%로 3점 가점, 연평균 실적건수가 업계평균보다 높은 34건이므로 1점 가점이므로 총 6점의 가점이 부여되어 최종 평가점수는 92점이 된다.
따라서, 최종 평가점수가 가장 높은 A업체의 시안이 채택된다.

34 ▸ ②

㉢ 생계·주거·의료수급자 가구는 자산기준과 상관없이 청년 매입임대주택 입주자격 1순위이다.
㉠ 기숙사형 청년주택의 경우 자산기준이 없으므로 입주할 수 없다고 말할 수 없다.
㉡ 지원대상 한부모가족은 두 공급유형 모두에서 입주순위 1순위이므로 어느 유형이 입주확률이 더 높다고 말할 수 없다.
㉣ 자산기준인 자동차 가격 3,708만 원 이하이므로 입주 3순위가 되는 것이 가능하다.

35 ▸ ②

제시된 점수를 모두 더하면 다음과 같다.
갑 : 14 + 13 + 15 + 22 = 64(점)
을 : 13 + 10 + 16 + 27 = 66(점)
병 : 14 + 19 + 11 + 18 = 62(점)
정 : 15 + 14 + 10 + 19 = 58(점)
무 : 12 + 13 + 11 + 13 = 49(점)
따라서 총점이 가장 높은 을이 승진자가 된다.

36 ▶ ③

갑~무의 업무능률과 업무태도 점수를 계산하면 다음과 같다.

구분	갑	을	병	정	무
총점	64	66	62	58	49
가산 총점	−	−	71.3	66.7	−
업무능률	14	13	14	15	12
업무태도	13	10	19	14	13

병과 정이 각각 업무능률과 업무태도 점수가 가장 높으므로 두 사람의 총점에서 15%를 가산해야 한다. 이 경우 병의 총점이 71.3점으로 가장 높아 상여금을 받게 된다.

37 ▶ ⑤

수용인원 12명 이상, 빔프로젝터 설치, 가용시간 3시간 이상을 만족하는 곳은 E회의실뿐이다.
A회의실: 빔프로젝터가 설치되어 있지 않다.
B회의실: 수리 중이므로 사용이 불가하다.
C회의실: 예약 가능한 시간대가 없다.
D회의실: 12명이 회의를 할 수 없다.

38 ▶ ④

각 프로그램의 점수를 계산하면 다음과 같다.

구분	전문가 + 주민 점수	가산점	총점
입체조형 만들어 보기	58	0	58
논리력 기르기	49	0	49
스스로 창작	62	6.2	68.2
글짓기 교실	64	0	64
피아노 교실	68	6.8	74.8
연출노트	62	6.2	68.2
크로키 · 수채화 수업	65	0	65
항공 체험 캠프	65	6.5	71.5

피아노 교실과 항공 체험 캠프 2개의 프로그램이 운영된다.

39 ▶ ②

각 프로그램의 점수를 계산하면 다음과 같다.

구분	전문가 + 주민 점수 (1 : 2 비율)	가산점	총점
입체조형 만들어 보기	26 + 64 = 90		90
논리력 기르기	31 + 36 = 67		67
스스로 창작	37 + 50 = 87	8.7	95.7
글짓기 교실	36 + 56 = 92	9.2	101.2
피아노 교실	34 + 68 = 102		102
연출노트	32 + 60 = 92		92
크로키 · 수채화 수업	40 + 50 = 90	9	99
항공 체험 캠프	30 + 70 = 100		100

글짓기 교실과 피아노 교실 2개의 프로그램이 운영된다.

40 ▶ ⑤

내국세를 포함한 관세: 928,000 + 71,120 = 999,120(원)
체납된 관세(내국세가 있을 때는 그 금액을 포함)가 100만 원 미만인 경우에는 중가산금을 적용하지 않는다고 하였으므로 관세 999,120원에 대해 1차가산금만 부과된다.
따라서 U기업이 납부하여야 할 총 가산금은 999,120원 × 0.03 = 29,973(원)이다.

제4회 직업기초능력평가

01. ④	02. ④	03. ②	04. ⑤	05. ①
06. ③	07. ③	08. ②	09. ①	10. ⑤
11. ③	12. ④	13. ④	14. ①	15. ④
16. ②	17. ④	18. ②	19. ④	20. ②
21. ③	22. ①	23. ⑤	24. ③	25. ⑤
26. ④	27. ②	28. ⑤	29. ②	30. ①
31. ①	32. ④	33. ②	34. ③	35. ②
36. ⑤	37. ③	38. ③	39. ②	40. ②

01 ▸ ④

① 취업상담 및 컨설팅과 함께 직업훈련 연계서비스, 복지 서비스 지원 등을 종합적으로 제공한다.
② 전문 상담사들이 LH 임대주택 단지에 직접 방문해 상담을 진행한다.
③ 개인별 맞춤 상담을 제공하는 것은 맞으나, 사업 추진 예산을 2배 이상 확대한 것은 2022년의 경우이다. 2023년에도 사업을 지속적으로 추진한다고 하였으나 예산에 관한 언급은 없다.
⑤ LH 사장상은 많은 입주민의 취업을 도운 10개 임대주택 단지에 대해 수여했다.

02 ▸ ④

④ 옥상태양광 설치로 6,412호 대상 연 3만 원/호의 전기료 절감효과를 보였으므로, 6,412×3만 원=1억 9,236만 원의 절감효과를 거둔 것이다.
① LH 에너지 통합 플랫폼이 구축된 것은 맞으나, 이는 전국 LH임대주택단지에서 구축되었고, 이것이 인천지역 주택단지를 시작으로 구축되었는지는 알 수 없다.
② 연간 52,166MWh의 전력을 생산한 것은 맞으나, 이는 가구당 전기사용량 300kWh인 경우 15만 가구가 한 달간 사용 가능한 전력량에 해당한다.
③ 단지 총 주차면수의 2% 규모로 전기자동차 충전기를 설치하였다.
⑤ 지능형 계량기로 교체한 단지는 인천지역 3개 단지 총 2,403호이다.

03 ▸ ②

① 입주기간 도중 사회적기업 인증이 취소되는 경우에는 협약이 해지되며, 당해 시설을 원상복구하여 협약해지일로부터 1개월 이내 명도하여야 한다. 즉시 퇴거해야 하는 것은 아니고 1개월 이내에 퇴거해야 한다.
③ 1순위에 해당하는 사회적기업은 22025년 1월 10일 오후 4시(16시)까지 신청해야 한다.
④ 사업계획의 적합성, 지역사회 기여 등을 심사하나, 어느 항목이 심사에서 중요도가 더 높은지는 제시되어 있지 않다.
⑤ 입주신청서 외에 신청자격을 입증할 수 있는 서류, 사업자등록증, 법인등기부등본, 개인정보 수집·이용·제공 동의서를 구비해야 한다.

04 ▸ ⑤

ⓒ 현재 단지 내에, 조리 반찬류 소매업이 입점되어 있어 상가영업 충돌 방지에 해당되어 입주가 제한된다.
ⓔ 유급 근로자를 사용하지 않고 자원봉사로만 사업을 수행하는 기관에 해당돼 입주가 제한된다.
ⓐ, ⓓ은 업종제한에 해당되지 않으므로 단지 입주가 가능하다.

05 ▸ ①

ⓐ '청년 1순위' 전세임대 전세보증금 최대 지원액은 수도권인 경우 1억 2,000만 원이다.
ⓑ '자립준비청년' 전세임대는 혼인 중이 아닌 무주택자이면서 아동복지시설에서 퇴소한 지 5년 이내인 경우 신청할 수 있다. 을은 혼인을 했으므로 신청이 불가하다.
ⓒ '자립준비청년' 전세임대는 시 월 임대료가 50% 감면 적용되는 경우는 전세임대주택 거주 5년 이내이다. 만 22세 이하는 무이자가 적용된다.
ⓓ '자립준비청년' 전세임대 최대 30년 거주가 가능하나, '청년 1순위' 전세임대는 최대 10년 거주가 가능하다.

06 ▸ ③

③ 국토교통부는 LH 이외에 영구임대주택단지를 운영 중인 지자체를 대상으로 사업 수요조사를 진행하여, 희망하는 지자체에 총 사업비의 50~80%에 해당하는 국고보조금을 지원할 계획이다. 사업비 전액을 지원하는 것은 아니다.

07 ▸ ③

ⓒ 창업 단계를 고려해 공간을 이용할 수 있도록 1~2인실, 3~5인실, 6~10인실로 구성됐다.
ⓔ 인큐베이팅센터 입주기업 근로자가 우선 입주할 수 있는 것은 맞으나, 소득·자산 등 행복주택 입주요건을 충족해야 입주할 수 있다.
ⓜ 스마트시티 산업분야 11개 업종에 해당하는 창업 7년 이내의 창업기업은 입주할 수 있다. 창업 3년 이내 기업이 우대·선정된다.

08 ▸ ②

② 관할 소방서의 출동 단축시간 분석결과에 따르면 단지 입구에서 특정 동으로의 도착 시간이 19% 단축됐으며, 이중 주차 건수가 감소했다고 하였다. LH의 설문조사 결과에 따른 것이 아니다.

09 ▸ ①

① 영등포 쪽방촌 공공주택지구 사업시행 과정을 시간 순서대로 나타내면, 2020년 7월 공공주택지구 지정 → 2022년 8월 보상공고 실시 → 2022년 9월 지구계획 승인·고시이다. 보상공고 실시 1년 후에 지구계획이 승인·고시된 것은 아니다.
② 영등포 쪽방촌 공공주택지구 사업시행으로 공급되는 주택은 782호이며, 이 중 쪽방거주자를 위한 임대주택은 370호로, 전체의 약 47%로 절반이 채 되지 않는다.

10 ▸ ⑤

⑤ 월요일~일요일까지 운영한다.

11 ▸ ③

마지막 문단에서 전자책이 미디어 지형에 어떤 변화를 초래할지 예측이 어렵다고 하였다. 다만 전자책이 책 읽기를 부활시키고 종이 매체와 연관된 산업을 활성화시키는 것은 확실하다고 하였으며 전자책이 죽은 종이 미디어를 부활시킬 수 있는 가능성을 보여준다고 하였다. 따라서 전체 미디어 산업의 활성화를 견인하였다는 내용은 적절하지 않다.

12 ▸ ④

④ 마지막 문단에서 상황 1에서 잃어버린 금액은 심적 회계에 따라 오락비에 포함하지 않는다고 하였다. 따라서 잃어버린 금액이 더 커진다고 하여도 오락비는 여전히 만 원으로 상황 2에 비해 적은 금액이기 때문에 사람들의 선택이 달라진다고 보기 어렵다. 또한 설령 그것이 사람들의 마음에 영향을 준다고 하더라도, 금액의 변화가 사람들의 생각

을 바꾼다는 내용은 제시문에 나타나 있지 않으므로 선택이 바뀔지 여부는 추론할 수 없다.
① 첫 번째 문단에서 행동경제학은 기존 경제학이 인간의 비합리적인 행동을 설명할 수 없다는 점을 보완하기 위해 등장한 것임을 알 수 있다. 두 번째 문단에서 이러한 행동경제학의 뼈대를 이루는 것은 기대이론이며, 상황 1과 상황 2에서 질문에 대한 답변이 차이가 나는 이유는 기대 이론의 요소 중 심적 회계에 의한 것이다. 따라서 기존 경제학으로는 설명할 수 없는 현상이다. 마지막 문단에서도 '이 현상은 기존 경제학의 시각과 대립된다'고 하였다.
② 행동경제학은 인간이 제한적인 합리성을 가진다고 주장하며, 그 근거로 기대 이론을 제시한다. 손실회피성과 심적 회계는 기대 이론의 특징 중 하나이므로 옳은 추론이다.
③ 첫 번째 문단에서 행동경제학은 기존 경제학이 인간의 비합리성을 설명하지 못하는 점을 보완하기 위해 만들어졌다고 하였으므로 옳은 추론이다.
⑤ 두 번째 문단에서 손실회피성은 '똑같은 금액의 이익과 손실이 있을 때 이익보다도 손실을 더 크게 평가하는 경향'이라고 하였다. 따라서 원안을 포기했을 때의 손실을 수정안 선택 시의 이익보다 더 크게 평가할 것이고, 이에 기반하여 사람들은 원안을 포기하고 수정안을 선택하기보다 원안을 유지하는 방향을 선택할 것임을 예측할 수 있다.

13 ▸ ④

복수의 기술이 서로 경쟁하여 그중 하나가 사회에서 주도권을 잡는 과정을 분석해 본 결과, 이 과정에서 중요한 역할을 하는 것은 기술적 우수성이나 사회적 유용성이 아닌, 관련된 사회집단들의 정치적·경제적 영향력인 것으로 드러났다고 하였다. 결국 현재에 이르는 기술 발전의 궤적은 결코 필연적이고 단일한 것이 아니며, '다르게' 될 수도 있었음을 암시하고 있는 것이다.

14 ▸ ①

글의 흐름을 고려할 때, 2천 명이 넘는 인구를 수용한 마을은 거의 발견되지 않았다는 뒷 문장을 통해 앞 문장에는 2천 명이 넘는 인구를 수용한 마을이 발견되어야 한다는 내용이 들어가야 한다.

15 ▸ ④

④ 제2차 세계대전 이후 복지국가 개념이 쇠퇴한 것은 맞으나, 이는 선진국들이 사회주의 국가와의 대결 과정에서 복지에 과다한 지출을 해 복지병에 시달린 경험이 있기 때문이다. 전쟁 이후의 경제적 어려움이 복지국가 쇠퇴의 원인이 된 것이라고 볼 수는 없다.

16 ▶ ②

(가)의 앞 문장을 보면, "복지 재원 조달방식이 스스로 노력하는 자들을 역차별할 정도로 지나치게 고율이어서는 안 된다"고 했고, "복지제도가 음지에 있는 사람들을 양지로 이끌어내는 데 그 근본 목적을 두어야 한다"고 하였다. 즉 음지에 있는 사람들이 스스로 노력하도록 이끄는 것이 중요하다는 내용이 들어가야 한다. 이에 부합하는 것은 ②이다.

17 ▶ ④

④ 매년 40대 남자 관객 수가 증가한 뮤지컬은 N작품과 H작품인데, H작품은 매년 여자 관객 수가 감소하는 추이를 보이고 있다.
① H작품의 경우 2020년에 남자 관객 수보다 여자 관객 수가 많다.
② 조사기간 동안 뮤지컬 세 작품의 총 40대 남자 관객 수를 살펴보면 2020년에 898,000명, 2021년에 935,000명, 2022년에 973,000명, 2023년에 979,000명 그리고 2024년에 981,000명으로 2024년에 가장 많다. 이때 Y작품의 남자 관객 수는 전년 대비 감소하였다.
③ 2020년 뮤지컬 세 작품의 총 관객 수는 3,508,000명에서 2023년에는 3,583,000명으로 증가하였다.
⑤ Y작품 남자 관객 중 40대 비중은 $\frac{265}{621} \times 100 ≒ 42.7(\%)$ 이고, N작품 남자 관객 중 40대 비중은 $\frac{423}{859} \times 100 ≒ 49.2(\%)$이다.

18 ▶ ②

㉠ 2023년 서울특별시의 전체 자원봉사자 수는 경기도의 자원봉사자 수에 비해 $\frac{102,663 - 82,175}{82,175} \times 100 ≒ 24.9(\%)$ 많다.
㉡ 서울특별시와 경기도 지역 사회복지시설에서 봉사한 자원봉사자 수는 전체의 $\frac{81,813 + 75,645}{102,663 + 82,175} \times 100 ≒ 85.2(\%)$ 이다.
㉢ '60대 이상'을 제외하고 서울특별시의 연령대별 자원봉사자 순위는 20대(38,096) > 30대(11,386) > 50대(9,592) > 40대(8,628) > 10대(6,320) 순이고, 경기도의 연령대별 자원봉사자 순위는 20대(19,390) > 50대(10,829) > 40대(6,401) > 30대(5,518) > 10대(4,195) 순이다. 따라서 서울특별시와 경기도의 연령대별 자원봉사자 순위는 동일하지 않다.
㉣ 학생 비중은 서울특별시에서 26.8%, 경기도에서 17.7%로 모두 20% 이상은 아니다.
㉤ 서울특별시와 경기도 모두 '대졸 이상'과 '무응답'을 제외하고 살펴보면 학력이 올라갈수록 자원봉사자 수가 증가하였다.

19 ▶ ④

④ 서울특별시의 학생 자원봉사자 수는 27,511명이므로 옳지 않다.

20 ▶ ②

㉡ 2020년 대비 2023년 만족도 점수의 증감량은 다음과 같다.
블렌디드 : 5.1 - 6.8 = -1.7
에스프레소 : 7.2 - 4.0 = 3.2
콜드 브루 : 7.5 - 3.3 = 4.2
블론드 : 7.7 - 6.1 = 1.6
디카페인 커피 : 6.9 - 4.6 = 2.3
프라푸치노 : 6.4 - 6.8 = -0.4
논 커피 : 6.7 - 4.6 = 2.1
따라서 2020년 대비 2023년 만족도 증감량이 가장 큰 커피 종류는 콜드 브루이다.
㉢ 커피 만족도 점수가 매해 상승한 커피 종류는 에스프레소, 콜드 브루, 디카페인 커피뿐이다. 따라서 R카페의 서비스가 전체적으로 발전했다고 볼 수 없다.
㉣ 2023년 설문조사에 응답한 고객 수가 12,600명이라고 하면 커피를 구입할 때 가격을 최우선으로 고려한 고객은 22.5%이므로, 12,600 × 0.225 = 2,835(명)이다.

21 ▶ ③

2022년 커피 구입 시 고려사항 중 두 번째로 많은 비중을 차지하는 항목은 '브랜드'로 $a = 30.1$이다. 커피 종류별 만족도에서 가장 높은 점수를 차지하는 항목은 '블론드'로 $b = 8.3$이고, 브라질이 순위에 들어가는 해는 2020년, 2021년, 2023년으로 $c = 3$이다.
따라서 $\frac{10a + 100b}{c} = \frac{(10 \times 30.1) + (100 \times 8.3)}{3}$
$= \frac{301 + 830}{3} = 377$이다.

22 ▶ ①

2023년 설문조사에 응답한 고객이 10,000명이고, 커피 구입 시 최우선 고려사항이 원산지인 사람은 15.5%이므로 10,000 × 0.155 = 1,550명이다.
이때 고객이 선호하는 커피 원두 생산지가 브라질, 인도네시아, 멕시코인 비율이 4 : 3 : 2 : 1이라고 했으므로 인도네시아산 원두를 선호하는 고객 수는 $1,550 \times \frac{3}{4+3+2+1}$ $= 465(명)$이다.

23 ▸ ⑤

⑤ 환수 비율을 계산하면 2020년 약 45%, 2021년 약 40%, 2022년 약 34.8%, 2023년 약 33.6%, 2024년 약 28.8%로, 매년 감소하고 있다.

① 2020년 대비 2024년 환수 납부액 감소율은

$$\frac{1,143,670 - 190,300}{1,143,670} \times 100 ≒ 83.4(\%),$$

같은 기간 환수 결정액 감소율은

$$\frac{2,541,500 - 660,143}{2,541,500} \times 100 ≒ 74(\%)$$이므로 옳지 않다.

② 2021년, 2023년의 전년 대비 증가율은 각각 3.6%, 1.1%로 5% 미만이다.

③ 2022년 $\frac{3,246,170}{2,730} = 1,189.1$(천 원),

2023년 $\frac{1,755,250}{2,020} = 868.9$(천 원)으로 전년 대비 감소했다.

④ 환수 결정비율을 계산하면, 2020년 약 5.9%, 2021년 약 6.3%, 2022년 약 7.4%, 2023년 약 5.4%, 2024년 약 3.9%로 매년 증가하고 있지는 않다.

24 ▸ ③

③ 2024년 전자집적회로와 기계류의 수출액 비중은 전체 대인도 수출액의 $\frac{4,453,123 + 1,123,507}{9,010,039} \times 100 ≒ 61.9(\%)$를 차지한다.

① 전년도 대비 증감률을 이용하여 2023년 수출품의 수출액을 계산해보면 철강제품이 약 229,237,000달러, 석유화학제품이 약 200,657,000달러이다. 따라서 2023년 수출액이 가장 낮았던 품목은 석유화학제품이다.

② 2023년 대인도 수출액은 3년 전인 2020년에 비해 $\frac{8,213 - 7,012}{7,012} \times 100 ≒ 17.1(\%)$ 증가했다. 20% 이상 증가한 것은 아니다.

④ 2024년 대인도 스마트폰 수출액은 전년 대비 1.9% 감소한 900,457천 달러이므로, 전년도 수출액은 $\frac{900,457}{0.981} ≒$ 917,897(천 달러)이다. 917,897 − 900,457 = 17,440(천 달러) 감소했으므로 2,000만 달러 이상 감소한 것은 아니다.

⑤ 2019년도 대인도 수출액은 2020년의 전년 대비 수출액 증감률로 구할 수 있다. 계산하면 $\frac{7,012}{1.323} ≒ 5,300$(백만 달러)이다. 이는 2023년도 대인도 수출액 8,213백만 달러의 $\frac{5,300}{8,213} \times 100 ≒ 64.5(\%)$에 해당한다.

25 ▸ ⑤

⑤ 청소년 환자 수가 가장 많았던 질병은 2018년 급성기관지염 520명, 2023년 인플루엔자 582명이다. 582 − 520 = 62(명) 차이가 나므로 옳지 않은 설명이다.

① 2018년 급성인두염과 알러지성 비염 환자 수의 합은 226 + 315 = 541(명)이고, 2023년 급성편도염 환자수는 567명이므로 옳은 설명이다.

② 청소년 환자 다빈도 질병 1~3위는 2018년 급성기관지염, 인플루엔자, 알러지성 비염 순이고, 2023년에는 인플루엔자, 급성편도염, 급성기관지염 순으로 동일하지 않다.

③ 막대 그래프의 높이 차이로 볼 때, 급성편도염 다음으로 높이 차이가 나는 질병은 급성인두염이고 두 연도의 환자 수 차이는 5배가 넘지 않는다. 따라서 환자 수 차이가 5배 이상 나는 질병은 급성편도염뿐임을 알 수 있다.

④ 2018년 대비 2023년 골절의 환자 수 변화는 127 − 109 = 18(명)으로 환자 수 변화가 가장 적다.

26 ▸ ④

2023년 청소년 환자가 가장 많은 3개 질병은 인플루엔자, 급성편도염, 급성기관지염이고 환자 수는 582 + 567 + 428 = 1,577(명)이다. 2028년에는 10% 늘어난다고 했으므로 1,577 × 1.1 ≒ 1,734(명)이 된다.
2018년 위 3개 질병의 환자 수는 485 + 82 + 520 = 1,087(명)이므로, 2028년에는 2018년에 비해 3개 질병의 환자 수가 $\frac{1,734 - 1,087}{1,087} \times 100 ≒ 59.5(\%)$ 늘어난다.

27 ▸ ②

② 2022년 B사의 지점당 종사자 수는 $\frac{4,903}{9} ≒ 545$명이고 2023년에는 $\frac{4,882}{8} ≒ 610$명이므로 2022년에 비해 증가하였다.

① B사의 경우 매년 보유 대수가 감소하였지만 A사의 경우는 매년 증가하였다.

③ D사의 경우 2020년에 비해 2024년에 지점 수는 감소하였으나 종사자 수는 증가하였으므로 지점당 종사자 수는 증가하였음을 알 수 있다.

④ 2023년 A~D사의 종사자 수는
72,345 + 4,882 + 13,531 + 3,376 = 94,134(명)이다.
따라서 C사의 종사자 비율은 $\frac{13,531}{94,134} \times 100 ≒ 14.4(\%)$이므로 15%가 되지 않는다.

⑤ C사의 경우 지점당 트럭 보유 대수는
2023년에 $\frac{7,853}{87} ≒ 90$(대), 2020년에 $\frac{7,887}{93} ≒ 85$(대)이므로 2020년에 비해 증가하였다.

28 ▸ ⑤

⑤ 연 1회 이상 점검, 2년마다 평가를 통해 재계약을 진행한다.

29 ▶ ②

㉠ 월임대료의 24개월분을 초과하는 보증금은 임대료로 전환할 수 있다. 80만 원×24 = 1,920(만 원)으로 보증금이 이보다 적으므로 임대료로 전환할 수 없다.

㉢ 표의 '보증금 및 임대료 전환' 항목에 제시돼 있다.

㉡ 전환가능 보증금 한도액은 임대보증금의 30%로 이보다 보증금을 낮출 수는 없다. 7,500만 × 0.3 = 2,250만 원이므로, 2천만 원까지 낮출 수는 없다.

30 ▶ ①

① A의 ㉱ 항목 점수가 15점일 때 A의 최종심사 점수를 구하면,

20 + 23 + 17 + 15 − (2×3) − (0.5×6) = 66(점)이다.

60점 이상 70점 미만이므로 '허가 정지'로 판정한다.

② B의 ㉱ 항목 점수가 18점이라고 가정하고 B의 최종심사 점수를 구하면,

18 + 21 + 18 + 18 − (2×5) − (1.5×3) − (0.5×2) = 59.5(점)이다.

60점 미만이므로 '허가 취소'로 판정한다.

③ C의 최종심사 점수를 구하면,

23 + 18 + 21 + 16 − (2×4) − (3×1) − (1.5×2) = 64(점)으로 '허가 정지'에 해당한다.

만약 과태료를 부과받은 적이 없다면, 4회의 과태료 부과로 인해 감점당한 8점을 더 받게 되므로 64 + 8 = 72(점)을 받게 돼 '재허가'로 판정된다.

④ D의 최종심사 점수를 구하면,

20 + 24 + 15 + 18 − (2×1) − (3×1) − (1.5×1) − (0.5 × 4) = 68.5(점)이다.

C의 최종심사 점수가 64점이므로, C와 D 모두 '허가 정지'에 해당돼 심사 결과가 동일하다.

⑤ D의 제재 조치 중 경고와 주의 횟수를 2회씩 더하여 최종심사 점수를 다시 구하면,

기존 점수에서 감점 9점(경고 −6점, 주의 −3점)을 하면 된다.

68.5 − 9 = 59.5(점)이고, '허가 취소'가 되어 심사 결과가 달라진다.

31 ▶ ①

사업자 C와 D의 최종심사 점수를 구하면 다음과 같다.

C : 23 + 18 + 21 + 16 − (5×4) − (3×1) − (2×2) = 51(점)

D : 20 + 24 + 15 + 18 − (5×1) − (3×1) − (2×1) − (0.5×4) = 65(점)

㉠ C의 최종심사 점수는 51점으로 '허가 취소'로 판정된다. 감점 점수가 변경되기 전에는 '허가 정지' 판정이었으므로, 심사 결과에 변화가 있다.

㉢ C와 D의 최종심사 점수는 감점 점수가 변경되기 전보다 각각 13점, 3.5점 낮아졌으므로 모두 5점 이상 낮아진 것은 아니다.

㉡ D의 최종심사 점수는 65점으로 '허가 정지'로 판정된다. 감점 점수가 변경되기 전과 변화가 없다.

㉣ D의 ㉮외 ㉲ 항목 점수가 각가 3전씩 올라가면 치종심사 점수는 65 + 6 = 71(점)이 되어 '재허가'로 판정되므로, 심사 결과가 달라짐을 알 수 있다.

32 ▶ ④

직급이 차장 이상인 부장 갑과 차장 을의 성과급을 계산하면 다음과 같다.

구분	성과급
갑	(1,200만 원×0.25 + 700만 원×0.3)×1.05 = 535.5만 원
을	(1,200만 원×0.25 + 500만 원×0.4)×1.05 = 525만 원

갑과 을의 성과급 합은

5,355,000원 + 5,250,000원 = 10,605,000원이다.

33 ▶ ②

성과급 직급 가중치를 적용한 최종 성과급을 계산하면 다음과 같다.

구분	성과급
갑	(1,200만 원×0.25 + 700만 원×0.3)×1.05 = 535.5만 원
을	(1,200만 원×0.25 + 500만 원×0.4)×1.02 = 510만 원
병	(1,200만 원×0.25 + 500만 원×0.35)×1.02 = 484.5만 원
정	(1,200만 원×0.15 + 700만 원×0.25) − 20만 원 − 20만 원 = 315만 원
무	1,200만 원×0.1 + 700만 원×0.25 = 295만 원
기	700만 원×0.2 = 140만 원
경	500만 원×0.25 = 125만 원

② 병의 성과급은 4,845,000원이다.

34 ▶ ③

지원자 A~F의 총점을 나타내면 다음과 같다.

A : 40 + 30 + 32 + 38 + 8.7 = 148.7(점)

B : 50 + 25 + 32 + 37 + 6.4 = 150.4(점)

C : 45 + 30 + 28 + 31 + 7.2 = 141.2(점)

D : 45 + 20 + 37 + 29 + 6.9 = 137.9(점)

E : 50 + 20 + 31 + 34 + 8.9 = 143.9(점)

F : 40 + 25 + 34 + 37 + 9.1 = 145.1(점)

ⓛ 총점이 높은 상위 2명은 A, B이므로 B는 채용된다.
ⓒ 최종면접 점수를 4배로 하여 총점을 구하면, A 174.8점, B 169.6점, C 162.8점, D 158.6점, E 170.6점, F 172.4점이다. 총점이 두 번째로 높은 사람은 F이다.
ⓝ 총점이 가장 높은 사람은 150.4점인 B이다.
ⓔ 입사시험 점수가 하위 2명에 포함되는 사람은 D, E이고, PT면접 점수가 하위 2명에 포함되는 사람은 C, D이므로 D는 탈락한다.

35 ▸ ②
지원자 A~F의 총점을 나타내면 다음과 같다.
A : 5 + 96 + 32 + 38 + 8.7 = 179.7(점)
B : 10 + 89 + 32 + 37 + 6.4 = 174.4(점)
C : 7 + 94 + 28 + 31 + 7.2 = 167.2(점)
D : 7 + 86 + 37 + 29 + 6.9 = 165.9(점)
E : 10 + 84 + 31 + 34 + 8.9 = 167.9(점)
F : 5 + 92 + 34 + 37 + 9.1 = 177.1(점)
총점이 높은 상위 2명인 A, F가 채용된다.

36 ▸ ⑤
이동순서는 회사 → A → B → C → D이다.
ⅰ) 회사 → A : 도보 15분
ⅱ) A → B
지하철 이용 : 10분 이동 + 4정거장 × 3분 + 8분 이동 = 30분
버스 이용 : 5분 이동 + 6정거장 × 2분 + 10분 이동 = 27분 → 버스를 이용하여 이동한다.
ⅲ) B → C
지하철 이용 : 8분 이동 + 5정거장 × 3분 + 10분 이동 = 33분
버스 이용 : 10분 이동 + 10정거장 × 2분 + 6분 이동 = 36분 → 지하철을 이용하여 이동한다.
ⅳ) C → D
지하철 이용 : 10분 이동 + 1정거장 × 3분 + 8분 이동 = 21분
버스 이용 : 6분 이동 + 4정거장 × 2분 + 3분 이동 = 17분 → 버스를 이용하여 이동한다.
이동 시간 + 머문 시간 = 총 걸린 시간이므로
(15분 + 27분 + 33분 + 17분) + (20분×4) = 172분(2시간 52분)이다.

37 ▸ ③
ⅰ) 회사 → A : 도보 15분
ⅱ) A → B
버스 이용 시 대기시간 5분이 추가돼 32분이 걸린다.

ⅲ) B → C
지하철 이용 시 대기시간 10분이 추가돼 43분이 걸린다. 버스 이용 시 대기시간 5분이 추가돼 41분이 걸리므로 버스를 이용한다.
ⅳ) C → D
버스 이용 시 대기시간 5분이 추가돼 22분이 걸린다.
이동 시간 + 머문 시간을 계산하면,
(15분 + 32분 + 41분 + 22분) + (20분 × 4) = 190분(3시간 10분)이다.
오후 2시에 회사에서 출발하였으므로, D업체 방문을 마치고 나온 시각은 5시 10분이다.

38 ▸ ③
H트래블의 평가 기준을 적용한 각 호텔의 점수는 다음과 같다.

구분	조식 메뉴	이동 거리	가격	고객 평점	가점	총점
A호텔	3	4	4	2.5	1	14.5
B호텔	4	4	4	3	1	16
C호텔	5	5	3	4	0	17
D호텔	4	2	4	4.5	0	14.5
E호텔	5	2	3	5	0	15

C호텔의 총점이 가장 높다.

39 ▸ ②
갑의 평가 기준으로 매긴 각 호텔의 점수는 다음과 같다.

구분	이동 거리	가격	고객 평점	가점	총점
A호텔	3	5	1	2	11
B호텔	3	5	3	2	13
C호텔	5	2	5	0	12
D호텔	0	5	5	0	10
E호텔	0	2	5	0	7

B호텔의 총점이 가장 높다.

40 ▸ ②
15평인 사무실을 공기청정기 한 대로 정화할 수 있어야 하므로 커버 면적이 12평인 C는 적합하지 않아 제외한다.
남은 A, B, D는 모두 필터 등급이 H12 이상이지만 A의 소음 크기가 45dB로 B와 D보다 시끄러우므로 제외한다.
남은 B와 D 중에 보증기간을 살펴봤을 때 B가 보증 기간이 더 길고, 필터 등급도 높으며 필터 교체 비용, 가격 등 모든 면에서 더 우수하다.
따라서 김 대리의 입장에서는 B를 고르는 것이 가장 합리적인 선택일 것이다.

제5회 직업기초능력평가

01. ④	02. ⑤	03. ④	04. ②	05. ④
06. ③	07. ⑤	08. ②	09. ③	10. ③
11. ⑤	12. ②	13. ①	14. ②	15. ③
16. ③	17. ③	18. ④	19. ③	20. ①
21. ④	22. ②	23. ②	24. ③	25. ⑤
26. ⑤	27. ②	28. ②	29. ②	30. ④
31. ③	32. ④	33. ②	34. ①	35. ⑤
36. ③	37. ④	38. ②	39. ④	40. ②

01 ▶ ④

④ 다른 보험과 마찬가지로 예금보험도 도덕적 해이 문제가 발생한다고 하였다.
① 은행이 도덕적 해이를 보이면 오히려 파산이 증가할 수 있다.
② 대마불사주의를 보이면, 대형 은행은 고위험 자산을 더 많이 보유하려는 유인을 가진다. 작은 은행의 행태에는 어떤 영향을 미치는지 알 수 없다.
③ 기금의 관리자가 예금자에게 보험금을 지급하는 것을 예금보험이라고 한다.
⑤ 개인이 보호한도를 넘어서 예금이 보호된다는 기대를 가지는지는 추론할 수 없다.

02 ▶ ⑤

⑤ LH는 과제를 최대 4건 선정할 수 있다고 하였고 협약 체결 후 완료과제를 최종평가하고 사업비를 정산한다.
① 과제평가 결과 실패 시에는 개발비 지원이 환수 조치된다고 하였다. 50%만 환수 조치된다고 하지 않았으므로, 개발비 지원금 전액이 환수 조치된다고 이해할 수 있다.
② 자율주행은 '특화' 공모분야에 속한다.
③ 설비, 연구장비 등 사업화 비용 사용 시에는 사전허가가 필요하다.
④ 접수는 온라인 COTIS에서 가능하며, 접수기간은 2월 10일부터 12일까지 3일간이다.

03 ▶ ④

④ 프레젠테이션 순서에 대한 언급은 없다. 2차 평가에서 고득점자 순서로 기업이 선정된다는 언급만 있다.
① 1차 평가는 검토위원회가, 2차 평가는 심의위원회가 한다.

② 특화공모 부문에는 가점이 부여되므로, 이에 속하는 로봇, AIoT 분야에 공모한 기업에는 가점이 부여된다.
③ 2차 평가는 종합평가(평점 + 가점) 80점 이상 기업을 대상으로 한다고 하였다.
⑤ 동점자가 나올 경우, 개발 필요성 > 현장 적용성 > 사업화 가능성 > 사업비 적정성 고득점자 순서로 선정한다.

04 ▶ ②

② 신설1구역이 2008년 정비구역 지정 이후 장기간 사업이 정체된 것은 맞으나, 그 이유에 대해서는 정확히 제시되어 있지 않다. 또한, 신설1구역의 경우 주변환경이 노후된 것은 맞으나, 지하철 등 교통편의성은 우수하다.
① 거여새마을구역은 2022년 초 서울시 사전기획 절차를 착수한 이후 약 1년 만인 2022년 12월 정비구역 지정의 마지막 관문을 넘어, 정비구역 지정 절차를 획기적으로 단축시킨 사례로 평가받았다. 이에 반해 신설1구역은 2008년 정비구역 지정 이후 장기간 사업이 정체되었다가 2022년 12월 정비계획 심의를 통과해 10년 넘게 걸렸다.
③ 주변 지역은 재정비촉진사업을 통해 대규모 공동주택단지가 들어서고 대상지 동측에 위례신도시가 조성되는 등 해당 구역에 대한 개발 필요성이 지속 제기됐다.
④ 299세대 중 109세대가 일반공급, 110세대는 공적임대주택으로 공급될 예정으로, 공적임대주택이 1/3 이상 공급된다.
⑤ 위례공원과 자연스럽게 연결될 수 있도록 대상지 내 공원을 신설하는 한편, 공원 내 보행산책로 등을 확충해 지역 간 단절을 해소한다는 계획이다.

05 ▶ ④

㉠ 입주민 중에서 정신건강 고위험 입주민 270명을 발굴해 상담서비스를 추진할 계획이다.
㉢ '정신건강 입원비 지원사업'은 2022년 시범적으로 추진된다. 이후에 계속 시행될지 여부는 알 수 없다.

06 ▶ ③

① 접수된 민원은 법정처리기간을 기다리지 않고 최대한 신속히 처리한다.
② 지연사유 및 중간처리상황을 사전에 알린다.
④ 문의사항은 가급적 처음 받는 직원이 답변하도록 한다.
⑤ 행정정보 공개 여부는 청구를 받은 날부터 10일 이내로 결정한다.

07 ▶ ⑤

⑤ 맞춤형 공공임대주택은 2022년까지 공급 예정이다.
③ 현재는 보호종료아동을 대상으로 지원을 실시하고 있으며, 지원대상을 '청소년쉼터 퇴소자'에게까지 확대할 계획이다.

08 ▶ ②

① 부천시 지역전략산업에 종사하는 사람이면서 행복주택의 소득·자산 기준 등을 충족해야 한다. 두 가지 조건 중 하나가 아닌 두 조건 모두를 충족해야 한다.
③ 공용창작실은 일부 평형 주택이 아닌 모든 평형의 주택에서 이용할 수 있다.
④ 주변 시세의 72% 수준이다.
⑤ 당첨자 발표는 2023년 8월 9일, 계약은 8월 31일까지이므로, 발표 이후 약 3주 후에 계약을 완료해야 한다.

09 ▶ ③

③ 국내에 소재지를 두고 있는 국내 기업뿐 아니라 국내 기업 또는 한국인이 지분을 보유한 외국 소재 기업도 신청 가능하다.
① LH가 35%로 가장 많은 투자지분을 갖고 있다.

10 ▶ ③

③ LH는 사할린동포를 대상으로 총 1,925세대의 임대주택 주거지원을 시행했는데, 고향마을에는 약 480세대 770여 명이 거주하고 있다. 따라서 사할린동포의 절반이 되지 않는다.

11 ▶ ⑤

⑤ 공동주택용지의 경우 경우 세대수 5% 이상에 세대구분형 특화설계를 적용해야 한다. 이는 고양삼송지구가 아닌 아산탕정지구에 해당한다.

12 ▶ ②

② 첫 번째 문단을 보면, 2023년 7월 지구 표면 평균 기온이 이전 역대 최고 기록이었던 2019년 7월 기온보다 높다고 하였다. 따라서, 2019년 7월의 기온은 당시에는 관측 이래 최고치였음을 추론할 수 있다. 하지만, 1991년부터 2020년까지의 평균 기온보다 0.72도 높은 것은 2023년 7월 평균기온이다. 2023년 7월 평균기온이 2019년 7월 평균 기온보다 0.33도 높다고 하였으므로, 2019년 7월 평균 기온은 1991~2020년 평균기온과 비교하였을 때, 0.72 − 0.33 = 0.39도 높음을 알 수 있다.
① 세 번째 문단에서 찾을 수 있는 내용이다.

③ 두 번째 문단을 보면, 폭염이 홍수나 태풍과 달리 피해가 가시화되기 어렵고 취약계층에 주로 발생한다고 기술하고 있다.
④ 마지막 문단을 보면, 세계기상기구는 향후 5년 내에 지구 평균 기온이 산업화 이전 시기보다 1.5도 이상 높아질 확률이 66%라고 예상하고 있다. 비슷한 수준으로 유지되는 것이 아닌 이보다 높은 수준이 될 것이라고 보고 있는 것이다.
⑤ 마지막 문단에서, 당사국총회가 큰 관심을 받았으나 모호한 결론만을 남겼다고 했으므로, 기후변화와 관련해 정책에 영향을 끼칠 정도의 결론이나 합의를 끌어내지 못했다는 점을 추론할 수 있다.

13 ▶ ①

(가) 정부나 중앙은행에서 거래 내역을 관리하지 않고 블록체인 기술을 기반으로 유통된다고 하였으므로, 정부가 여기에 관여하지 않는다는 내용이 들어가야 한다. 즉, 정부가 보장하지 않는다는 것이 가상자산의 특징이다.
(나)에는 프라이빗 블록체인의 특징에 대한 내용이 들어가야 한다. 문장의 앞부분에 '반면'이라는 접속사가 쓰였으므로, '퍼블릭 블록체인'과 상반되는 내용이 들어가는 것이 알맞다. 이에 따라, '불특정 다수가 참여'하고, '규칙을 바꾸기 어렵고 속도가 느리다'는 것과 반대되는 내용인 '제한된 사람이 참여'하고, '속도가 빠르다'는 내용이 들어가야 한다.

14 ▶ ②

아람어 성서인 '탈굼'은 구전으로는 기원전 6세기 말엽부터 나오기 시작했고, '느헤미야'는 약 300년 후인 기원전 3세기에 편집되었다. 따라서 '탈굼'은 이미 존재하고 있었다.

15 ▶ ③

③ 거래 당사자가 높은 거래 비용 수준의 역치를 가지게 되면 상대적으로 높은 거래 비용 수준에서도 교섭이 성공할 것으로 믿을 것이기 때문에 틀린 설명이다. 낮은 거래 비용 수준에서 역치를 갖는 사람은 보다 낮은 거래 비용 수준에서만 교섭이 이루어질 수 있다고 판단하게 되고 따라서 그는 보다 많은 상황에서 법의 개입을 선호하게 된다.

16 ▶ ③

윤봉길 의거는 중국인들에게 단순한 한국인의 항일운동을 넘어서 중국 본토를 침범하는 일본 제국주의에 항거하는 중국 항일투쟁으로 받아들여졌다. 이러한 인식은 중국인들로 하여금 일본이라는 동일한 적을 둔 한국과 중국을 결속시키는 역할을 하였으며, 일본에 대항하는 동지라는 인식을 심어주게 되었다. ③ '시혜적 관점'은 우위에 있는 이가 하위에 있는 이를 내려다보는 관점으로, 동지의식과는 어긋나는 것이다.

17 ▸ ③

③ 국가공무원 증가율은 $\frac{637,654-621,313}{621,313}\times100 = 2.6(\%)$,

지방자치단체공무원 증가율은 $\frac{296,193-280,958}{280,958}\times100$

$= 5.4(\%)$로 지방자치단체공무원이 증가율이 더 크다.

① 2019년 국가공무원 수는 전년보다 감소하였고, 이때 여성이 차지하는 비율은 전년과 동일하므로 매년 증가하고 있지는 않음을 알 수 있다.

② 2020년에 국가공무원 중 여성 비율과 지방단체공무원 중 여성 비율의 차이가 16.4%p로 가장 작다.

④ 국가공무원 중 남성의 비율은 2020년 51%로 약 323,366명, 2021년 50.6%로 약 322,653명으로 약 713명 줄어들었다.

⑤ 지방자치단체공무원 중 여성 비율은 2020년과 2021년이 모두 32.6%로 같으나, 지방자치단체공무원의 수가 2021년 들어 전년도보다 증가했으므로 지방자치단체공무원 중 여성 수는 전년도와 비교하여 증가했음을 알 수 있다.

18 ▸ ④

④ 권역별 건축 건수 대비 건축공사비는 다음과 같다.

수도권 : $\frac{134,270}{120}$ ≒ 1,118.92(억 원)

중부권 : $\frac{114,720}{170}$ ≒ 674.82(억 원)

호남권 : $\frac{115,300}{150}$ ≒ 768.67(억 원)

영남권 : $\frac{200,370}{200}$ = 1,001.85(억 원)

제주권 : $\frac{100,370}{140}$ ≒ 716.93(억 원)

따라서 건축 건수 대비 건축공사비는 중부권이 가장 적다.

① 단독주택 건축공사비가 가장 적은 권역은 중부권으로, 중부권의 주거용 건물 건축공사비가 호남권보다 많다.

② 건축공사비에서 주거용 건물 건축공사비가 차지하는 비율이 가장 높은 곳은 영남권(약 5.4%)으로 모두 7% 이하이다.

③ 주거용 건물 건축공사비가 가장 많은 영남권의 건축공사비는 200,370억 원으로 모든 권역 중에서 가장 많다.

⑤ 건축공사비가 가장 많은 영남권의 주거용 건물 건축공사비 중 아파트 건축공사비가 5,500억 원으로 가장 많은 비율을 차지한다.

19 ▸ ③

㉠ 2019년 대비 2024년 불연성 폐기물 발생량 증가율은 다음과 같다.

폐토사류 : $\frac{92.2-30.9}{30.9}\times100$ ≒ 198.4(%)

연탄재 : 발생량을 구해야 한다. 2024년 폐토사류가 전체 불연성 폐기물 발생량의 23.1%라고 했으므로 전체 발생량 × 0.231 = 92.2(만 톤)이고, 이를 통해 전체 발생량을 구하면,

$\frac{92.2}{0.231}$ ≒ 399.1(만 톤)이 된다. 연탄재는 전체 발생량의 3.7%이므로, 399.1 × 0.037 ≒ 14.8(만 톤)이다.

증가율을 구하면, $\frac{14.8-7.2}{7.2}\times100$ ≒ 105.6(%)

폐유리류 : $\frac{56.3-50.4}{50.4}$ ≒ 11.7(%)

폐타일 및 도자기류 : $\frac{63.1-22.7}{22.7}\times100$ ≒ 178.0(%)

폐금속류 : $\frac{87.4-41.4}{41.4}\times100$ ≒ 111.1(%)

따라서 가장 큰 비율로 증가한 불연성 폐기물은 폐토사류이다.

㉣ 전체 발생량 중 폐토사류 발생량의 비중은 2024년이 23.1%, 2022년이 $\frac{38.6}{251.7}\times100$ ≒ 15.3(%)로 2024년의 비중이 더 크다.

㉡ '기타'를 제외하고 2019~2024년 동안 발생량이 매년 증가한 불연성 폐기물은 폐타일 및 도자기류, 폐금속류 2개이다.

㉢ 2023년 폐금속류 발생량은 2023년 연탄재 발생량의 $\frac{76.0}{12.8}$ ≒ 5.9(배)이다.

20 ▸ ①

2025년 연탄재 발생량은 14.8 × 1.2 ≒ 17.8(만 톤)이고, 폐금속류 발생량은 76.0 × 1.25 = 95.0(만 톤)이다. 따라서 두 값의 합은 17.8 + 95.0 = 112.8(만 톤)이다.

21 ▸ ④

④ 고등학교 여성 교장 수와 비율은 2002년이 180명, 8%, 2008년은 206명, 8.8%이다.

따라서, 고등학교 수를 구하면 2002년은 $\frac{180}{0.08}$ = 2,250(개), 2008년은 $\frac{206}{0.088}$ ≒ 2,341(개)이다.

고등학교 남성 교장 수는 2002년 2,250 − 180 = 2,070(명), 2008년 2,341 − 206 = 2,135(명)으로 2008년이 더 많다.

① 2005년 이후 중학교 여성 교장 비율은 매년 증가하고 있다.

② 2011년 초등학교 여성 교장 수는 2,084명이고 비율이 28.7%이므로, 이때의 초등학교 수는 $\frac{2,084}{0.287}$ ≒ 7,261(개)이다.

2014년 초등학교 여성 교장 수는 2,132명이고 비율은 31%이므로, 이때의 초등학교 수는 $\frac{2,132}{0.31}$ ≒ 6,877(개)이다.

따라서, 2011년 초등학교 수가 더 많다.

③ 중등학교 여성 교장 수는 2023년이 897명, 2002년이 398명으로 $\frac{897}{398}$ ≒ 2.25이므로, 2.5배가 채 되지 않는다.

정답 및 해설(제5회 직업기초능력평가)

- 29 -

⑤ 2023년 초등학교, 중학교, 고등학교 수를 구하면,

초등학교 : $\frac{2,488}{0.402}$ ≒ 6,189(개)

중학교 : $\frac{897}{0.284}$ ≒ 3,158(개)

고등학교 : $\frac{322}{0.124}$ ≒ 2,597(개)

3,158 + 2,597 = 5,755(개)이므로, 초등학교 수(6,189개)는 중학교 수와 고등학교 수의 합보다 많다.

22 ▶ ②

조건 1 : 2024년 특허출원접수 건수 대비 특허등록 건수 비율이 높은 상위 두 국가는 D(79%), B(73%)이다. 따라서 프랑스와 오스트레일리아는 B 또는 D이다.

조건 2 : 2023년 대비 2024년 특허등록건수가 증가한 국가는 A~D 중 C뿐이다. 증가율이 약 12.7%로, C는 영국이다.

조건 3 : 2023년 대비 2024년 특허출원접수 건수의 변동폭은 C, B, A 순으로 작으며, 따라서 세 번째로 변동폭이 작은 A가 일본이다.

따라서 조건에 부합하는 것은 ②이다.

23 ▶ ②

(A) = 166, (B) = 74, (C) = 46이므로 총합은 166 + 74 + 46 = 286이다.

24 ▶ ③

③ 여행의 목적을 휴식이라고 생각하는 응답자의 비율은 전체의 $\frac{196}{600}$ × 100 ≒ 32.7(%)이다.

① 20대와 40대 모두 인터넷 검색을 통해 여행지 관련 정보를 얻는다고 응답한 사람이 가장 많다.

② 40대는 일본이 아닌 동남아를 가장 인기 있는 여행지라고 생각한다.(74명 응답)

④ 여행사 홈페이지를 통해 여행지 관련 정보를 얻는다고 응답한 사람은 $\frac{72}{600}$ × 100 = 12(%)이고,

SNS를 통해 여행지 관련 정보를 얻는다고 응답한 사람의 비율은 $\frac{138}{600}$ × 100 = 23(%)이다.

따라서 두 비율의 차이는 23 - 12 = 11(%p)이다.

⑤ 20대가 고른 두 번째로 인기 있는 여행지는 국내이고, 30대가 고른 두 번째로 인기 있는 여행지는 동남아이며, 40대가 고른 두 번째로 인기 있는 여행지는 일본이다. 따라서 이 여행지들을 고른 응답자 수 총합은 54 + 60 + 70 = 184(명)이고 전체의 $\frac{184}{600}$ × 100 ≒ 30.7(%)이다.

25 ▶ ⑤

⑤ 2023년 12대 주요업종 가맹점 수 순위는 편의점, 한식, 치킨, 커피·비알코올음료, 생맥주·기타주점, 김밥·간이음식, 피자·햄버거, 제과점, 외국식, 의약품, 두발미용, 안경·렌즈 순이다.

2024년 12대 주요업종 가맹점 수의 순위는 편의점, 한식, 치킨, 커피·비알코올음료, 김밥·간이음식, 생맥주·기타주점, 피자·햄버거, 외국식, 제과점, 두발미용, 의약품, 안경·렌즈 순으로 2023년 순위와 일치하지 않는다.

① 2024년 12대 주요업종 중 구성비가 가장 높은 세 곳은 편의점(19.8%), 한식($\frac{29,209}{208,618}$ × 100 ≒ 14.0%), 치킨(12.0%)이다. 따라서 12대 주요업종 중 구성비가 가장 높은 세 곳이 차지하는 비율은 전체의 19.8 + 14.0 + 12.0 = 45.8(%)로 50% 이하이다.

② 2024년 전체 업종에서 12대 주요업종을 제외한 비율은 100 − (19.8 + 1.7 + 1.5 + 14.0 + 3.6 + 3.5 + 5.5 + 12.0 + 6.3 + 5.6 + 8.4 + 1.9) = 16.2(%)이다.

③ 2023년 대비 2024년의 의약품 가맹점 수의 감소율은 $\frac{3,893-3,632}{3,893}$ × 100 ≒ 6.7(%), 제과점 가맹점 수의 감소율은 $\frac{7,815-7,354}{7,815}$ × 100 ≒ 5.9(%)로 의약품 가맹점 수의 감소율이 더 크다.

④ 2024년 12대 주요업종 중 전년 대비 증감률이 큰 순서는 외국식, 두발미용, 김밥·간이음식 순이다. 따라서 2024년 12대 주요업종 중 전년 대비 증감률이 세 번째로 큰 업종은 김밥·간이음식이다.

26 ▶ ⑤

⑤ 2021~2024년 서비스업 취업자 수의 전년 대비 증가율은

2021년 $\frac{18,589-18,290}{18,290}$ × 100 ≒ 1.6(%),

2022년 $\frac{18,798-18,589}{18,589}$ × 100 ≒ 1.1(%),

2023년 $\frac{18,849-18,798}{18,798}$ × 100 ≒ 0.3(%),

2024년 $\frac{19,197-18,849}{18,849}$ × 100 ≒ 1.8(%)

로 2024년이 가장 높다.

① 취업자 수 = 경제활동인구 − 실업자 수이므로 2022년 취업자 수는 27,748 − 1,023 = 26,725(천 명)이다. 따라서 취업자 수는 매년 증가하고 있다.

② 경제활동참가율은 2020년 $\frac{27,153}{43,239}$ × 100 ≒ 62.8(%),

2021년 $\frac{27,418}{43,606}$ × 100 ≒ 62.9(%),

2022년 $\frac{27,748}{43,931}$ × 100 ≒ 63.2(%),

2023년 $\dfrac{27,895}{44,182} \times 100 ≒ 63.1(\%)$,

2024년 $\dfrac{28,186}{44,504} \times 100 ≒ 63.3(\%)$로 매년 60% 이상이다.

③ 취업자 중 건설업과 농림어업 취업자 수 합의 비중은

2020년 $\dfrac{1,854+1,337}{26,178} \times 100 ≒ 12.2(\%)$,

2021년 $\dfrac{1,869+1,273}{26,409} \times 100 ≒ 11.9(\%)$,

2022년 $\dfrac{1,988+1,279}{26,725} \times 100 ≒ 12.2(\%)$,

2023년 $\dfrac{2,034+1,340}{26,822} \times 100 ≒ 12.6(\%)$,

2024년 $\dfrac{2,020+1,395}{27,123} \times 100 ≒ 12.6(\%)$로

2021년이 가장 작다.

④ 2021~2024년 경제활동인구와 15세 이상 인구는 전년 대비 매년 증가하고 있다.

27 ▶ ②

② 1985년 대비 2010년 출생아 수 감소율은

$\dfrac{655,489-470,171}{655,489} \times 100 ≒ 28.3(\%)$로, 약 28%이다.

① 출생아 수가 가장 많은 해는 1995년이고, 이때의 출생률은 15.7로, 최고치인 16.1보다 0.4%p 낮다.

③ 1985년에 16.1로 가장 높다.

④ 1990년 대비 2000년 출생률의 감소폭 1.9%p보다 크다.

⑤ 2005년에 비해 2010년에는 출생아 수가

$\dfrac{470,171-435,031}{435,031} ≒ 8.1(\%)$로, 약 8% 증가하였다.

28 ▶ ②

② 맞벌이의 경우 월평균소득 합계가 전년도 도시근로자 가구원수별 가구당 월평균소득의 120% 이하여야 한다. 3인가구 기준 120%는 8,638,379원이므로 이를 초과한다. 따라서 선택지의 신혼부부는 입주자격을 얻을 수 없다.

① '소득 및 자산 기준' 표 아래 조건을 보면, 계층별 소득기준에 1인가구 20%p, 2인가구 10%p 각각 가산한 소득기준을 적용한다고 하였다. 따라서, 전년도 1인가구 월평균소득의 120%인 4,179,557원을 초과하지 않으므로, 입주자격을 얻을 수 있다.

③ 갑이 속한 세대의 가구원 수를 알 수 없고, 만약 1인가구라면 20%p 가산하여 월평균소득이 4,179,557원 이하여야 하기 때문에 요건이 되지 않는다. 하지만 2인가구라면 10%p 가산한 110%에 해당하는 5,957,283원 이하이기 때문에 입주신청이 가능하다.

④ 취업준비생이 아니라 취업했으므로 대학생 계층이 아닌 청년 계층에 속한다.

⑤ 월평균소득이 3인가구 월평균소득 7,198,649원 이하이고, 자산요건도 충족하므로 가능하다.

29 ▶ ②

② '임대보증금 감액분×2.5% ÷ 12개월 = 월 임대료 증가분'이므로, 2,400만 원×0.025 ÷ 12 = 5(만 원) 증가한다.

① '1. 입주대상 주택'의 주택유형을 보면, 입주대상자가 희망할 경우 작은 규모의 주택에 한하여 신청가능하다고 하였다.

③ 보증금 잔액을 임대료로 전환하고, 전환된 임대료는 주거급여를 통해 지원하는 것은 무보증금 월세제도이다. 무보증금 월세제도 적용대상자는 생계·주거급여 동시 수급자이다.

④ 임대기간은 2년이고 재계약은 9회 가능해, 최장 20년까지 거주 가능하다. 만 65세 이상 고령자는 재계약 횟수제한이 없으므로 20년보다 긴 기간 거주가 가능하다.

⑤ 수급자·차상위계층인 65세 이상 고령자의 경우 보증금 완화제도 적용대상자가 된다. 보증금 완화제도 적용 시 임대보증금을 해당 주택 월 임대료의 12개월분으로 하고, 임대보증금 차액을 월 임대료로 전환하고 해당 주택 월 임대료에 합산하여 계산한다.

30 ▶ ④

ⓒ 4인 가구 기준 월평균소득의 100% 이하인 7,622,056원 이하이므로 자격이 된다.

ⓔ 부 또는 모가 외국인인 한부모가족으로서 미성년 자녀(내국인)가 세대주인 경우에 신청이 가능하다. 을은 세대주가 아니므로 신청할 수 없다.

ⓐ 순위가 동일하다.

ⓑ 월평균소득 70%를 초과하므로 1순위에 해당하지 않는다.

31 ▶ ③

서면평가는 접수종료 후 근무일 기준 5일이 경과하는 23일까지 이루어져야 한다. 접수종료 다음날부터 2일간인 17, 20일에 이루어지고 21일에 검토를 한다.

발표평가는 22일에 할 수 있는데, 행사 전날이므로 27일로 미뤄야 한다.

발표평가 후 1일간 검토가 필요하기 때문에 28일에 검토(A팀장 출장과는 상관 없음)를 하고, 29일에 결과발표를 하는 것이 가장 빠르다.

32 ▶ ④

1시간 동안 회의를 해야 하므로 직원들의 업무 일정에서 1시간이 빈 곳을 찾아야 한다. 11시, 14시, 17시가 해당되는데, 회사 밖으로 가서 업무를 하는 경우 이동에 1시간이 소요된다고 했으므로 13~14시에 과장과 주임이 군부대를 방문하는 14시 시간대에는 회의를 할 수 없다.

따라서 11시 또는 17시에 회의를 해야 하는데 11시 시간대는 제1회의실, 제4회의실, 제5회의실 모두 예약이 되어 있고 제2회의실과 제3회의실은 보수 공사가 있어 회의실 사용이 불가능하다. 따라서 17시에 회의실을 예약해야 하는데, 가능한 회의실은 제1회의실과 제4회의실이다.

www.pmg.co.kr

33 ▶ ②

② 11시에는 대리 이하 모든 사원의 일정이 비어 있고, 다른 제약이 없으므로 가능하다.
① 대리와 사원이 시청에서 복귀하지 않아 면담을 할 수 없다.
③ 주임이 복귀하지 않아 면담을 할 수 없다.
④ 계장은 16시에 회의에 참석해야 하므로 15시에 외부로 나가는 업무를 맡을 수 없다.
⑤ 이전 문제의 상황들이 그대로 적용된다고 했으므로 17시에는 전 부서원이 회의를 해야 한다. 따라서 면담을 할 수 없다.

34 ▶ ①

파견시험 성적 항목과 어학성적 항목 점수 합이 40점 미만인 경우 파견 대상에서 제외된다고 하였다. 갑~기의 파견시험 성적과 어학성적 점수 합은 순서대로 46, 39, 42, 46, 46, 39점이므로 을과 기는 제외한다.
갑, 병, 정, 무의 점수 합을 구하면 아래와 같다.
갑 : 26 + 30 + 18 + 20 + 2(가산점) = 96(점)
병 : 22 + 25 + 14 + 20 + 2(가산점) = 83(점)
정 : 26 + 30 + 14 + 20 = 90(점)
무 : 26 + 25 + 20 + 20 = 91(점)
미국 지사로 파견되는 직원은 갑과 무이다.

35 ▶ ⑤

경력이 5년 미만인 갑은 파견대상에서 제외된다. 파견시험 성적이 C 미만인 직원은 아무도 없으므로, 을~기의 점수 합을 구하면 아래와 같다.
을 : 22 + 30 + 18 + 17 = 87(점)
병 : 22 + 25 + 14 + 20 = 81(점)
정 : 26 + 30 + 14 + 20 = 90(점)
무 : 26 + 25 + 20 + 20 = 91(점)
기 : 22 + 25 + 20 + 17 = 84(점)
미국 지사로 파견되는 직원은 정과 무이다.

36 ▶ ③

A사	(300페이지×200원 − 1,500원 + 5,500원)×150부 = 9,600,000원
B사	[(300페이지×210원) + (4,500원×0.9)]×150부 = 10,057,500원
C사	[(300페이지×180원 + 4,300원) − 2,000원]×150부 = 8,445,000원
D사	(300페이지×205원)×150부 = 9,225,000원

37 ▶ ④

A사	(240페이지×40원 + 2,600 + 1,400)×220부 = 2,992,000원
B사	[(240페이지×39원) + (3,200 +1,300)×0.9]×220부 = 2,950,200원
C사	(240페이지×39원 + 3,500 + 1,600)×220부 = 3,181,200원
D사	[(240페이지×41원) + 2,800 + 1,400]×220부 = 3,088,800원

가장 저렴한 곳은 B사이고, 이때 산출된 비용은 2,950,200원이다.

38 ▶ ②

각 부서의 회의실로 가능한 방은 다음과 같다.
가 : 계단 옆방(2·3·6·7), 가장자리 방(1·7·8·14), 화장실과 인접한 방(5·10·11)을 제외한 남향인 방은 4번 방 하나이므로 가 부서의 회의실은 '4번 방'이 된다.
나 : 가장자리 방(1·7·8·14) 중, 북향인 방은 8·14번 방이고, 이 중 화장실과 가까운 방은 8번 방이므로 나 부서의 회의실은 '8번 방'이 된다.
다 : 계단 옆방, 화장실과 인접한 방을 제외한 남향인 방은 1·4번 방이고 4번 방은 가 부서 회의실이므로 다 부서의 회의실은 '1번 방'이 된다.
라, 마 : 라 부서의 조건으로 보아 계단과 인접한 방인 2·3·6·7·9·12번 방 중 마 부서의 방과 인접한 방을 선택해야 한다. 마 부서의 경우 큰 방(7·12) 중 계단 옆이 아닌 방은 12번 방이므로 마 부서의 회의실은 '12번 방'이 된다. 이와 인접한 방은 3번 방이므로 라 부서의 회의실은 '3번 방'이 된다.
따라서, '라 부서'의 회의실은 '3번 방'이다.

39 ▶ ④

서울에서 대전까지의 거리는 237km이고, 왕복 거리는 총 474km이다. 이 중 100km까지는 1km당 300원으로, 나머지 374km는 1km당 200원으로 계산하면 교통비를 총 100 × 300 + 374 × 200 = 10만 4,800원 지급받게 된다.
대리 직급이므로 숙박비, 식비, 일비 모두 가장 낮은 준위로 지급받게 된다.
숙박비는 총 이틀이므로 4만 원×2 = 8만 원,
식비는 총 5식이므로(4일 저녁, 5일 아침·점심·저녁, 6일 아침) 5천 원×5 = 2만 5,000원,
일비는 9월 4일과 9월 5일은 1일 일비를 모두 받고, 9월 6일은 오후 2시 이전에 도착했으므로 1/2일 일비만 받아 16,000 × 2 + 8,000 × 1 = 4만 원을 받는다.
따라서 최 대리가 받을 수 있는 총 출장여비는
10만 4,800원 + 8만 원 + 2만 5,000원 + 4만 원 = 24만 9,800원이다.

40 ▶ ②

2021년에 승률에 따른 이자율은 0.46%이다. 여기에 포스트
시즌에 진출했으니 0.1%p를 더하면 0.56%이다.
2022년에 승률에 따른 이자율은 0.67%이다. 여기에 한국시
리즈에 우승했으니 0.3%p를 더하면 0.97%이다.
2023년에 승률에 따른 이자율은 0.52%이다. 여기에 한국시
리즈에 진출했으니 0.2%p를 더하면 0.72%이다.
2024년에 승률에 따른 이자율은 0.48%이다. 여기에 포스트
시즌에 진출했으니 0.1%p를 더하면 0.58%이다.
4년간 이자율의 평균은 0.71%이다. 여기에 1%p를 더한 것
이 이자율이므로 최종 이자율은 1.71%이다.

LH한국토지주택공사

직업기초능력평가

박문각